国家出版基金项目
NATIONAL PUBLICATION FOUNDATION

国家社会科学基金重大项目成果
湖南大学哲学社会科学高水平著作

中國經學史

先秦編

姜广辉◎著

岳麓書社·长沙

图书在版编目(CIP)数据

中国经学史/姜广辉著.—长沙:岳麓书社,2022.12

ISBN 978-7-5538-1571-8

Ⅰ.①中… Ⅱ.①姜… Ⅲ.①经学—历史—中国 Ⅳ.①Z126

中国版本图书馆 CIP 数据核字(2021)第 209805 号

ZHONGGUO JINGXUE SHI

中国经学史

姜广辉 著

出 版 人:崔 灿

出版统筹:马美著

策划编辑:周家琛

责任编辑:周家琛 陈文韬 刘书乔 黄金武

责任校对:舒 舍

营销编辑:谢一帆 唐 睿

装帧设计:山与水视觉设计工作室 刘 峰 刘 娟

岳麓书社出版发行

地址:湖南省长沙市爱民路47号

直销电话:0731-88804152 0731-88885616

邮编:410006

版次:2022 年 12 月第 1 版

印次:2022 年 12 月第 1 次印刷

开本:920mm×1230mm 1/32

印张:47.75

字数:1200 千字

ISBN 978-7-5538-1571-8

定价:398.00 元

承印:湖南天闻新华印务有限公司

本书封面书名选自马王堆汉墓帛书

如有印装质量问题,请与本社印务部联系

电话:0731-88884129

姜广辉，1948年生，黑龙江安达人，著名思想史家、经学史家，师承侯外庐、邱汉生先生，先后就职于中国社会科学院历史研究所、湖南大学岳麓书院。已出版著作有《颜李学派》(1987)、《中国文化传统简论》(合著，1989)、《理学与中国文化》(1994)、《走出理学》(1997)、《义理与考据》(2010)、《麓山雅集》(2012)、《易经讲演录》(2013)、《中国文化的根与魂》(2014)、《诗经讲演录》(2016)、《新经学讲演录》(2020)，主编《中国经学思想史》(全四卷六册，2010)、《郭店楚简研究》(1999)、《郭店简与儒学研究》(2000)、《经学今诠》初编至五编(2000—2010)、《论语讲习录》(2018)，校点《尚书考异·尚书谱》(2014)等。《中国经学思想史》于2013年获第四届中华优秀出版物奖和第六届高等学校科学研究优秀成果奖二等奖。

前　言

在中国古代文化中，经学是一个约定俗成的学术名称，专指有关儒家经典文本形成、传承、注解、诠释，以及经世致用的一套学问，是维护华夏民族统一性和稳定性的知识体系、价值原则和意识形态。

自汉代以后，经学一直是中国社会的指导思想，在中国文化中占有重要地位，这种状况一直延续到清代末年。此后一百年中，学术界进入了一个对两千年经学的研究时代。正如现代经学史家周予同所说："经学时代已经结束了，可是经学史的研究才刚刚开始。"[1] 但是由于学者受"五四"情结的影响和后来政治形势的制约，经学研究阻力重重，并不顺畅。

一　近百年经学研究的"冷"与"热"

当西方近代的先进文化于清末大举传入中国之后，中国旧有的知识体系和思想观念显得极其落后。当时一些倡导新学的文化先驱痛批传统的中国学术，而儒家经学首当其冲，被看作阻碍中国社会发展的总渊薮。随后发生的一系列事件，使经学一步步被打入冷宫。首先，清末书院改学堂，渐废经学不讲；辛亥革命后蔡元培任教育总长废除尊孔读经；"五四"时期激进主义学者吴稚晖说应将线装书丢进"茅厕"三十年以后再研究；20 世纪 40 年代初，毛泽东在延安写信给范文澜，鼓励他"用马克思主义清算经学",反对"大地主、大资产阶级的复古反动"。

有了上述背景,1949年新中国成立后经学研究几乎成为学术研究的禁区。人们对经学的认识似乎已经盖棺定论,即认为经学属于封建主义思想体系,即使按照"取其精华,去其糟粕"的精神看待传统文化,那也是应该去除的"封建性的糟粕"。1951年,顾颉刚明确说:"董仲舒时代之治经,为开创经学,我辈生于今日,其任务则为结束经学。故至我辈之后,经学自变为史学。"[2]此一时期学术界偶有经学研究的著作,那也基本上是批判性的,甚至是谩骂性的,如周予同在一篇题名为《僵尸的出祟》一文中竟然将研究经学比作"医学者检查粪便"[3]。

自改革开放后,学术界对传统文化的研究有了长足的进步,但对经学的研究却仍未走出"五四"时期的低谷。周予同的弟子章权才从事经学研究,他于20世纪90年代陆续出版《两汉经学史》《魏晋南北朝经学史》《宋明经学史》《清代经学史》等书,书中到处充斥诸如"新兴地主阶级""大地主阶级""中小地主阶级"的标签。而对于经学本有的问题却轻描淡写,甚至说错,如在《宋明经学史》讲到孔壁《古文尚书》与东晋梅赜所上《古文尚书》,竟将两者混为一谈。[4]这实在误人不浅。像这样的所谓经学史,还是不写为好。

不过,这种情况至我所主编的《中国经学思想史》第一、二卷于2003年出版后,得到了彻底的扭转。此书将经学作为人类文化现象来看待,将之定义为"中华民族价值观的集中体现",认为经学与其说体现某个阶级的思想体系,不如说是古代中国社会共同体的价值体系。从总体的历史作用看,它对于中国古代社会的长期稳定发展是起了积极作用的。毋庸讳言,自 16 世纪中晚期（明朝万历后期），中国科学技术已经开始落后于西方。但与其说是传统经学陈腐、僵化，阻碍了中国向近代社会的发展，不如说是中国的经典文化博大精深，学者陶醉其中，自我尊大，不愿窥探和认识外面的精彩世界。

《中国经学思想史》第一、二卷的出版，得到了国内外一些著名学者，如李泽厚、余敦康、庞朴、田浩等先生的好评。最有代表性的是余敦康先生，他在多种场合大力表彰此书。如他在《诠释学是哲学和哲学史的唯一的进路》的演讲中，首先批评了顾颉刚、范文澜、周予同等人的经学史观，他说：

> 我做学问的时候最反感顾颉刚那一套，把古代经典的文化理念、价值关怀，都给否定掉了，完全用科学实证主义的思想来搞人文。如果像顾颉刚那样搞下去，经书都要扔到垃圾堆里去。结果从那时候开始，整个 20 世纪都对经典不重视。后来则是范文澜、周予同，（他们）谁能够融入历史里，跟古人建立一个对话沟通的桥梁？他们没法沟通，只有谩骂。范文澜说了，今文经学就两个评语——一个是荒诞，一个是烦琐。尽管周予同不完全站在顾颉刚、范文澜同一个思路里，他在"文革"还是受了苦，可是你读一读周予同的经学史，没法读。[5]

接着，余先生对我们编著的《中国经学思想史》给予了热情洋溢的赞扬，他说：

> 可是你们说的跟他们完全不一样了。所以，现在大陆的学术界，我就认可你们思想史研究室搞的

《经学思想史》。从"五四"以来的一百年历史来看，既是一个颠覆性的，还是一个建构性的，重新树立了经学的权威。儒学是什么？是个"意义的信仰"。这是姜广辉说的。这就不是站在现代人的角度去说三道四，不是利用某一个标准来衡量是唯物的还是唯心的，是反动的还是革命的，而是一种对话。诠释就是对话，就是理解。我佩服你们的《中国经学思想史》，已出版的那两册书我都拜读了。我觉得你们的基本预设是好的。什么预设呢？就是一个民族，一个伟大的民族，她必有自己的经典，而经典的形成也就是那个文化的形成。这个东西带有原创性，带有开放性，可以允许各种不同的解释，它根据时代的需要不断地发展，绝对不是固定的。经学思想史按照我的理解，应该确立这么一个远大的目标，经学就是中华民族从远古一直到近代的精神现象学、精神发展史，精神由开辟、发展，到壮大，支持着我们这个伟大的民族，这是精神的支柱。[6]

感谢余敦康先生这一中肯的评价。知我者，余敦康先生也。我之所以要复述近百年来经学蒙尘的历史，不是有意抬高或拔高自己。我从事学术研究四十年，追求真知，自得其乐，个人的一时毁誉已经不觉得那么重要。重要的是应让后人知道，那样的一段历史不应该被人们遗忘。

近十余年随着"国学热"的兴起，学者重新思考经学在国学中的地位。在我看来，近年关于国学、儒学、经学三者的关系上，谈得最好的是李学勤先生，他说：

> 国学的主流是儒学；儒学的核心是经学。这不
> 是一个价值判断，而是一个事实判断。在中国文化
> 中儒学所占的比重和影响都特别大，而经学又是儒
> 学的核心。不研究和了解经学，就没有把握住我们
> 传统文化的主流和核心的部分。[7]

这种对传统经学的认识，与大多数人对传统文化的理解有
很大落差，但却客观地反映了历史实际。数十年来，我们更习
惯于哲学史的表述方式，什么本体论啊、认识论啊等等，而这
些问题在经学史上几乎不加讨论，经学史所注重的是价值观的
讨论。考虑到西方近代哲学家如康德、休谟、胡塞尔等人都拒
绝对于本体论的讨论，反衬出中国古代智慧自有其道理。这
种情况说明，世界各民族的文化皆有其各自特点，"他山之石，
可以攻玉"，应该取彼所长，补己所短，而不应弃此从彼，必
以西方哲学史范式为圭臬。

二 "哲学史""经学史"与"经学思想史"

中国古代没有"哲学"的概念，19 世纪 70 年代日本学者
西周首先使用"哲学"这两个汉字来转译希腊语 philosophia。
中国学者黄遵宪游学日本，移用了这一翻译名称，"哲学"作
为一门独立学科由此被近代中国人所认知。在西方，有一个哲
学的历史传承；在中国并没有哲学的历史传承。但是西方哲学
所讨论的那些问题，却分别散见于中华元典、诸子百家、魏晋
玄学、宋明理学等文献中。现代学者按照西方哲学的范式将
这些材料搜集、剪裁、组织起来，加以论述，而成中国哲学
史。学术界叙述中国各个断代学术史的特点，习惯于所谓先秦
诸子、两汉经学、魏晋玄学、隋唐佛学、宋明理学、清代朴学

（或称"汉学"）的认知，因而在撰述中国哲学史时，也本着这一认知。

然而实际的情况是，经学绝非只表现于两汉，而是贯穿于先秦、两汉、魏晋、隋唐、宋明以至清代的，并且是两千年的学术主流，而所谓先秦诸子、魏晋玄学、宋明理学、清代朴学等都是从属于这一主流学术的。换言之，在两千年的学术史中，作为学术发展实际主线的，乃是经学史，并没有所谓的"哲学"史。而以学术著作的形式呈现的《经学史》或《哲学史》只是到了20世纪初才有。传统经学即使从汉代说起，已有两千多年的历史，至清末已成尾声。而哲学概念从西方传入，以西方哲学范式编纂中国思想史料，方兴未艾。在此后的百十年间，不同版本的中国哲学史（或中国思想史）著作相继问世，名家辈出，气势如虹。

然而到了20世纪末，学界检讨百十年来的学术研究，有一种惘然若失的感觉。学者反思这种以西方哲学范式编纂中国思想史料的做法是否恰当，因而提出"中国哲学合法性"的问题，许多日本学者甚至提出，中国原本没有"哲学"概念，"中国哲学史"的提法不妥，而将其改为"中国思想史"。这种状况使在高等学校教授哲学史或思想史的学者感到彷徨。究竟怎样来论述中国式的哲学史（或思想史）？

而在中国经学史研究方面，相比于中国哲学史研究显得相当冷清。几部比较有名的经学史著作如皮锡瑞的《经学历史》、马宗霍的《中国经学史》、日本本田成之的《中国经学史》等，在经学研究的范式上也遇到了瓶颈，台湾学者徐复观教授对此作了准确的概括。他说：

中国过去涉及经学史时，只言人的传承，而不言传承者对经学所把握的意义，这便随经学的空洞化而经学史亦因之空洞化；更由经学史的空洞化，又使经学成为缺乏生命的化石，则此一代表古代文化大传统，在中国现实生活中的失坠，乃必然之事。即使不考虑到古代传统的复活问题，为了经学史自身的完整性，也必须把时代各人物所了解的经学的意义，作郑重的申述。这里把它称为"经学思想"。此是今后治经学史的人应当努力的大方向。[8]

徐复观提出研究"经学思想"乃是"今后治经学史的人应当努力的大方向"。不过，徐复观本人没有来得及做这个工作。这个工作是由我主持的"中国经学思想史"课题初步完成的。但我并不认为研究经学只应研究"经学思想"，研究"经学传承"也很重要。并且，在我看来，研究传统经学乃是研究中国式"哲学"的根本。我在2004年说过这样一段话：

检讨和反思八十年来中国哲学史和思想史的研究状况，我们得到这样一种认识：以往的中国哲学史（或思想史）缺少"根"，即经学，而以往的中国经学史又缺少"魂"，即价值和意义，因此要想写一部有"根"的中国哲学史（或思想史），须先写一部有"魂"的中国经学思想史。[9]

十七年过去了，我的这一理念没有改变。在我看来，研究中国思想文化的顺序应该是这样的：中国经学思想史—中国经学史—中国哲学史（思想史）。第一步，只有把握住经学的价值和意义，才能写出一部好的经学思想史。第二步，只有写出了一部好的经学思想史，才能写出一部好的经学传承史，没有"思想"的经学史势必会成为"缺乏生命的化石"。第三步，只有对中国元典精神有真切的理解，才能写出一部具有中国特色的思想史（或哲学史），因为在中国思想史（或哲学史）的发展长河中，经学一直起着举足轻重的关键作用。

在我这里，第一步工作已经完成，其成果就是《中国经学思想史》（四卷六册）；第二步工作刚刚完成，其成果就是这部《中国经学史》。如果天假余年，俾力少纾，我将致力于第三步的计划，写一部以经学研究为主导的"中国思想史"，亦即中国学术范式的"中国思想史"。而关于这部书的写作规划，已在拙作《新思想史：整合经学和子学》一文中阐述过[10]，兹不赘述。而新思想史强调经学和子学的整合，才是符合历史实际的陈述方式，而这种陈述方式的摸索，从 20 世纪初到今天，已经历了上百年的时光。

三 《经学史》与《经学思想史》的不同侧重点

无论《经学史》，还是《经学思想史》，都应该是经学传承与经学意义的统一。只不过各有所侧重而已。

（一）经学思想史的侧重点

讲经学，不能不讲经学思想。传统的经学史著作严重忽视了这一点，因而出现了徐复观所批评的情况："只言人的传承，而不言传承者对经学所把握的意义，这便随经学的空洞化而经学史亦因之空洞化。"这便使经学史变成一种枯燥乏味、于世无用的陈旧知识。难道在过去两千年中最被学界所看重的学问竟是一种千年不变的陈旧知识吗？其真正的意义究竟在哪里？徐复观有鉴于传统经学史的弊端，因而倡导"经学思想"的研究，但"思想"一词范围很大，它可以是政治思想、经济思想、军事思想、社会思想、史学思想、文学思想、美学思想等等，或是各种思想相加的总和。当然，经学中肯定包含这些思想。但若回答经学的主旨是什么，那我们必须说："经十三，一言以蔽之，曰：价值观。"经之所以为经，乃在于它所倡导的价值观。具体到儒家经典而言，乃是中华民族价值观的集中体现。只有认识到这一点，才有资格去谈儒家经学。如果经学只限于文献传本、文字训诂，那许多古籍都有文献传本、文字训诂的问题，何必一定是儒家经学！

所以，从已经出版的《中国经学思想史》一书看，它不仅仅是着眼于现象和过程的研究，而是更侧重于一种根源性和本质性的解释，因而尝试从"世界经典现象""内在根据""文化基因""意义信仰""理想政治"等角度去探讨和认识中国经学思想，这一点从该书的目录上即可看出，如绪论一"重新认识儒家经典——从世界经典现象看儒家经典的内在根据"；第一章"论中国文化基因的形成——前轴心时代的史影与传统"；第七章"儒学是一种'意义的信仰'——儒家礼仪与礼义关系再认识"；第九章"礼的道德意义"；第十一章"'文王演《周易》'新说——兼谈境遇与意义问题"；第十九章"《论语》的结集与早期儒学的价值观"；第二十六章"《孝经》的形成及其历史意义"；第三十章"政治经典与经典政治：《周礼》与古代理想政治"；第三十七章"郑玄《三礼注》的思想史意义"；第三十九章"今、古文经学之争及其意义"；等等。这部书所要凸显的就是经典的价值和意义。

（二）经学史的侧重点

然而现在我们手头的这部《中国经学史》，其处理方式与上面所说的《中国经学思想史》有所不同，它是在一定价值思想指导下，主要着眼于文本本身和学派传承研究。文本本身和学派传承是一种载体，经学价值、意义的传播必赖此载体而行。在这里，我们对"经学"与"经学思想"两个概念作适当的分疏应该是有必要的。在我看来，"经学"更重事实判断，"经学思想"更重价值判断；"经学"更重文本之意，"经学思想"更重言外之意；"经学"更重学问本身，"经学思想"更重社会意义；"经学"更重知识传承，"经学思想"更重意义传承；"经学"更重守护旧典，"经学思想"更重时代创新。如此等等。

我们设计的《中国经学史》的思路，分为经学形成史与经学流传史两大部分。经学形成史首先要向读者介绍什么是经，各专经都讲什么内容，是一种什么样的学问，有什么作用，经学是在什么历史背景下酝酿和形成的，等等。这一部分内容主要体现在本书的《先秦编》。经学流传史，是讲经学在历史上的发展和演变，以及解释这种发展和演变的社会思想原因。这一部分内容主要体现在本书的《汉唐编》《宋明编》和《清代编》。

1. 《先秦编》

严格说，先秦时期还没有"经学"的概念。但此一时期，作为中华元典的《诗》、《书》、《易》（包括解《易》的《易传》）、《礼》（包括解释《仪礼》的《礼记》各篇如《冠义》《昏义》等）、《春秋》（包括解释《春秋》的《左传》），以及《论语》《孟子》《大学》《中庸》《孝经》等皆已存在。这些文献在当时虽然大多数并没有被称作"经"，但已经有了准经典的地位而被反复称引。

这一编可以说是全书的纲要，其中辨析了经与经学的概念，论述了经典从先秦"六经"到宋代"十三经"的扩展；讨论了经学发生的历史文化背景，以及"六经"作为传统之源的原因；讨论了孔子、孟子、荀子等人创立和传承经典文化的历史作用。在具体讨论《尚书》这部经典时，特别提出了"老古文"和"新古文"的概念，指出尚书属于失落的"雅言"体系和幸存的远古记忆；在具体讨论《诗经》这部经典时，指出它曾是西周王官之学的首选教科书，探讨了其后孔子的解《诗》之法，列举并分析了历史上关于孟子"迹熄《诗》亡"说的十余种解释；在具体论述先秦礼学时，指出原始礼仪并非是由什么人制定，或由国家颁布强制推行的，而是由华夏民族长期的集体生活自然而然形成的，儒家看到了它所具有的内在价值和意义，自觉地加以守护与继承；在具体讨论《易经》这部经典时，分析了先秦各时期关于筮占与筮占书，以及《周易》文本的存在状况及其在当时的地位，被称为"十翼"的《易传》，记载了先秦学者对于《周易》的认识，以及若干解《易》方法；在具体讨论《春秋》这部经典时，将"微言"与"大义"区别对待，承认《春秋》"大义"的存在，并就学者公认的《春秋》"大义"加以论述；在具体讨论《论语》这部经典时，分析了孔子思想体系中有关"道""德""孝悌""仁""礼""和"等重要理念；在具体讨论《中庸》这部经典时，分析了子思思想体系中有关"中"与"诚"等重要理念，以及子思疑案与郭店楚简的关系；在具体讨论《孟子》这部经典时，分析了孟子推尊孔子的历史贡献，以及他所建立的一套经典诠释的原则和方法；在具体讨论《大学》这部经典时，阐发了此书作为儒学纲领的重要地位，以及书中所蕴含的"问题意识"；在具体讨论《孝经》这部经典时，指出"孝道"观念是中华文化的内核，论述了《孝经》的思想特色及其历史影响。如此等等。

2.《汉唐编》

秦朝所发生"焚书坑儒"的重大历史事件，影响了其后汉王朝文化政策的走向。西汉王朝自汉文帝以后，就着手儒学经典文献的征集，并通过建立博士制度对经典文献加以传承和守护。在此后相当长的时间里，学者对于经典的解释，还只限于训诂注疏，读懂文本，很少有对经典义理的发挥。

在这一编中，主要讨论了汉代今文经学与古文经学的分派，对廖平以至周予同关于二者的界标提出疑问。同时依据汉儒对儒家各经的重视程度，先后讨论了在汉代成书的《春秋公羊传》《春秋穀梁传》以及二者与《春秋左氏传》的相互斗争关系；讨论了西汉鲁、齐、韩、毛四家《诗》说的派分，并特别着墨于两千年来未曾被破译的齐诗"四始五际"理论；讨论了汉唐时期所谓"三礼之学"，即仪礼学、周礼学、礼记学的文本、传承与注疏；讨论了以孟喜"卦气"说、郑玄"爻辰"说、虞翻"八卦纳甲"说等为代表的两汉象数易学，以及曹魏时期王弼周易义理学的"除旧创新"的特点；讨论了汉唐时期《今文尚书》的流传和《古文尚书》的来历，以及孔颖达编纂《五经正义》的意义，及其对《古文尚书》的真伪误判；讨论了汉代关于《论语》的几个传本和注本，特别是敦煌吐鲁番《论语郑氏注》残卷的学术史意义，以及曹魏时期的何晏对于《论语集解》的编撰；讨论了汉唐时期孝经学今、古文两派的争议，以及唐玄宗亲注《孝经》之事。在此编中，还对王肃《孔子家语》是否造伪的千古疑案再加勘审，判定王肃造伪，不仅"事出有因"，而且"查有实据"！最后讨论了中唐啖助、赵匡、陆淳的新春秋学，认为它开启了由汉唐经学向宋代经学转化的契机。

3.《宋明编》

宋代儒者上承唐中期啖助、赵匡、陆淳舍传求经、断以己意的治学方法，由经学问题的阐发，逐渐酝酿出一种经学义理学，这种义理学受佛、道二教的刺激，以理气心性问题为致思对象，生发出一种称得上真正"哲学"的思想体系——理学（广义的理学，包括"理"本论、"气"本论、"心"本论等）。反过来又用其理学思想解释经典，而成为一种理学化的经学。

宋学可分为两大阶段：第一阶段，前"理学"时期，以范仲淹、欧阳修、胡瑗、刘牧、李觏、孙复、刘敞、王安石等人为其代表。这些人的思想虽然也走义理之学的路数，但与其后自称"道学"的程朱理学是不同的。第二阶段，"理学"化经学。此期代表人物众多，延续时间亦长，自二程、朱熹后，一直绵延至清代。

宋以后的经典诠释已经不局限于文本注疏和学派的传承，而更多着眼于经典诠释中所形成的"问题意识"，如春秋学中的"华夷之辨"问题、"会盟"是非问题、"王霸"之辨问题等；又如诗经学中的"毛诗小序"问题、"淫诗"说问题、《诗经》分部问题等等。

在中国传统经学中，历来有这样一条规则，即当无法确知文本原意，需要在不同的注释之间作出选择时，"以义长者为胜"。而在经学义理相互争胜的过程中，程颐、朱熹脱颖而出。依我们的看法，在古来解经著作之中，程颐的《伊川易传》、朱熹的《四书章句集注》冠绝古今，至今无人能超越。究其原因有三：一是程颐、朱熹建构了一套完备、系统的"天理"论体系，能从一种哲学的高度解释传统经典；二是程颐、朱熹并未丢弃汉唐以来的文献学和训诂学方法；三是程颐、朱熹的理学适应了那个时代的理论需要。有此三点，程颐、朱熹经学著作的胜出就是必然的了。

心学的代表人物如杨简，著有《慈湖诗传》和《杨氏易传》，用"本心"概念解经，贯彻始终。因为有太强的主观性，很难为学者普遍接受。

宋代的经筵讲席也值得一提，北宋以后，儒学的发展悄然呈现另一种走向，就是"帝王之学"，经筵讲席是其主要载体。历史上，帝王之热爱经筵学习，当以宋仁宗为最。宋明时期，帝王学最重要的著作便是南宋真德秀的《大学衍义》和明代丘濬的《大学衍义补》。这两部书可以看作是儒家经典原理应用于国家行政管理的实践方案。

明代中期的考据学开了清代考据学的先河。杨慎、梅鷟是其代表。他们可以说是顾炎武、阎若璩等人的先行者。

4.《清代编》

清代学术可分为三个阶段：清代初期对理学的总结与批判思潮、清代中期的经典考据学思潮和清代后期的春秋公羊学思潮。其中，经典考据学更能反映清代经学的特点。清代经典考据学，在清初已有不同凡俗的表现，至乾嘉时期而大盛，收入《皇清经解》与《皇清经解续编》的经解名著作达数百种。此时经学名著之多，绝不低于宋明时期。

清早期的经学以顾炎武、阎若璩等人为代表。清代儒者的著作中最受称道的是顾炎武的《日知录》，四库馆臣称"炎武学有本原，博赡而能通贯，每一事必详其始末，参以证佐，而后笔之于书。故引据浩繁而抵牾者少"[11]。相比之下，阎若璩虽然对《古文尚书》辨伪做出了决定性的贡献，但其所著《尚书古文疏证》却被四库馆臣批评为"往往衍及旁文，动盈卷帙……究为支蔓。又前卷所论，后卷往往自驳，而不肯删其前说"[12]。

清中期以惠栋吴派、戴震皖派为两大学术宗师。吴派以"求古"为学风，其所谓"古"，乃指汉代而言。惠栋标榜"汉学"，《易汉学》《九经古义》是其汉学代表作。他标榜"家法"，却又不守汉儒家法，所著《周易述》混众多汉儒为一家。惠栋"惟汉是从"的学风影响很大，如王鸣盛的《尚书后案》、江声的《尚书集注音疏》、张惠言的易学十书、刘文琪的《左传旧注疏证》等解经著作，专取汉儒之说。经学研究，本当坐集千古之智，不应汉儒所言皆是真理，汉儒以下全无是处。此等学风，即使偶有真知灼见，终究不过是抱残守缺。

皖派以"求是"为学风。"求是"的"是"可以理解为"正确"，引申而为"规律"，即从众多资料中发现真实的历史，从众多现象中求得事物的规律。那就解经而言，如何才能获得文本原意呢？戴震有段名言："经之至者道也，所以明道者其词也，所以成词者字也。必由字以通其词，由词以通其道，必有渐。"[13]换言之，解经必先识字，识字必先通音韵、训诂，由文字训诂以求文本义理。这样一来，解经的重点便落在了上古的文字学、音韵学、训诂学上了。于是皖派的重要人物如段玉裁、王念孙、王引之等便以文字学、训诂学、音韵学的成就名重学林，文字学、音韵学、训诂学被称为"小学"，为经学的"附庸"，皖派在这方面发现了许多规律，取得了突破性的成就，可说是"附庸成大国"。

清人治学最令人钦佩的，是资料搜集的功夫。无论是辑佚性著作、考证性著作，抑或是经解类著作，皆能"上穷碧落下黄泉"，将资料搜罗大备。辑佚性著作资料越全越好，如严可均《全上古三代秦汉三国六朝文》、马国翰《玉函山房辑佚书》等堪称其尤者。考证性著作在成书时应过滤掉雷同、近似的资料，资料太多反而会冗沓、累赘。考证类如惠栋《古文尚书考》、孙志祖《家语疏证》堪称其尤者。

经解类著作若供少数经师研究之用，当然不嫌其资料之多。但若以此成书，所收资料相互抵牾，那便会使学者无所适从。清人经解著作动辄卷帙浩繁，部头厚重，看着吓人。但其所论往往在前儒陈说基础上，略加敷陈。或者一些经解著作专辑汉人之解，全弃后儒之说，也只是抱残守缺而已。职此之故，皮锡瑞、梁启超对清儒的经解著作评价并不甚高。

我们在讨论清代经学时，更推重那些资料简明、思想性鲜明，并且具有时代特色的经解著作。皖派较吴派重视经学义理，戴震著《孟子字义疏证》提出"情"本论，由"以情絜情"言"理"，但与其说是注解《孟子》，不如说是阐述戴震自己的哲学观点。其后，戴震后学阮元提出新"仁"说，以"相人偶"解"仁"，虽亦可备一说，但终究未能建构起一套自己的哲学体系。凌廷堪提出"舍礼无学""舍礼无教""舍礼无道"的主张，有"唯礼主义"倾向，乃至反对对"理"概念的援引和使用，则不免降低中华民族的理论思维。

总之，无论是吴派还是皖派的经典考据学，皆比较缺乏哲学体系的建构，这是可以肯定的。其后，章学诚反对经典考据学，标举"六经皆史"论。"六经皆史"的提法并非章学诚首创，然在前人那里，承认六经首先是经，然后才说"六经皆史"。章学诚脱离六经首先是经的前提，孤立地宣扬"六经皆史"的观念，这就将经降低到史的地位。在经学逐渐衰亡的时代，此观点为后世新派人物所利用，成为反对经学运动的一面旗帜。

四 经学史研究方法论

凡讲治学方法，皆不好谈。讲经学史研究方法也是一样。

因为讲出来无非老生常谈。所以自古以来很少有学者专门谈论这个问题。然而在当代，我经常会看到一些侈谈经学史研究方法的论文，大多言不及义。而细究其底蕴，其人并没有多少经学研究的经历。

（一）典型人物、典型著作、典型问题

要写一部《中国经学史》，素材是很多的。从人物说，在两千多年的历史中，与经学相关的名人不胜枚举；从著作说，与经学相关的书籍汗牛充栋；从问题说，与经学相关的议题不可胜数。即以某个人物、某部经著、某个问题而言，要写一部专著都不会有很大困难。那么，要在一部百万字左右的《中国经学史》著作之中，勾勒出中国经学历史发展的轮廓和梗概，却不是一件轻松的事，关键是素材的取舍问题，写什么，不写什么，其中面临着艰难的选择。挂一漏万在所难免，关键是一定要把那些典型人物、典型著作、典型问题挂上，而不要漏掉。而典型人物、典型问题要以典型著作为载体。因此，《中国经学史》的写作最后还是要落实在对典型著作的分析上。

而所谓典型著作主要包括两个部分：第一是"经"，其范围包括十三经中除《尔雅》以外的其他十二经。因为《大学》《中庸》的特殊重要性，本书在处理时，会从《礼记》中抽出，重点加以论述。第二是"注"，其范围包括自汉代至清代关于此十二经的典型诠释著作，加以论述。

这里，我们要说的是，经典文本固然重要，诠释文本同样重要。经典以及对于经典的诠释，是世界文化史上的一个常见现象。经典的首要特点是神圣性，其神圣性是伴随某些文献被视为"经典"之时就已经形成的。树立经典神圣性的目的，就

是要使它成为社会共同体或宗教团体的精神信仰。不论是宗教经典或人文经典，其被创制的目的无非是为了安顿世道人心，凝聚社会共识，避免社会共同体或宗教团体人心涣散。在一定意义上说，某一民族的经典文献，承载着该民族的核心价值观，体现着该民族的文化精神。

常言说："经以载道。"但这个"道"有时不是在经书中明确说出的，它需要学人的体悟和阐释，即如《论语》所载孔子所言："人能弘道，非道弘人。"某一民族的经典文本，千年间一再为学人重新诠释，以致有成百上千的诠释文本。这是为了适应时代发展和人们心理变化的需要而形成的。经典的重要性是通过它的影响力来体现的，它不仅体现在经典文本的影响力，也体现在诠释文本的影响力。在一些历史时期，经典文本或诠释文本失去了活力，不具有先前那种影响力，这就需要具有全新活力的诠释文本出现。有时诠释文本的影响力甚至超过经典文本的影响力。如在中国汉唐时期，"宁道孔圣误，讳言郑、服非"[14]，郑玄、服虔诠释文本的权威性甚至超出了经典文本的权威性。又如在汉代不甚被重视的《大学》一书，经过宋代朱熹的诠释后成为了儒学的纲领性著作。由此可见，经典文本固然重要，诠释文本同样重要。经典文本与诠释文本共同构成了核心价值传承的载体。或者说，经典影响力乃是经典文本影响力和诠释文本影响力的总和。

历史上一部经典可能会有千百种诠释文本，其中相互雷同者居多。这些雷同的诠释文本并不具有影响力。而那些具有创新性的诠释文本，无异于是对经典文本的再创造，自然被学人所看重。因而在经学史的撰写上，更要选择那些具有思想创新性的诠释文本。而经典文本与那些具有思想创新性的诠释文本，就是我们所说的"典型著作"，这是本书主要的研究分析对象，而为了区分与《中国经学思想史》的不同，此书主要着眼于文本传承的分析。而在对这些"典型著作"进行研究分析的同时，也会连同对于其书的作者，以及其书所提出的"典型问题"进行研究和分析。

（二）王国维"三境界"说的治学方法论启示

王国维在《人间词话》里写道：

> 古今之成大事业、大学问者，必经过三种之境界："昨夜西风凋碧树。独上高楼，望尽天涯路"，此第一境也。"衣带渐宽终不悔，为伊消得人憔悴"，此第二境也。"众里寻他千百度，回头蓦见，那人正在灯火阑珊处"，此第三境也。[15]

经学史研究也是一种"大学问"，要成就此"大学问"当然也要经历这三种境界。以经学研究而论，所谓"独上高楼"，是指独立地占领理论制高点，而要占领经学的理论制高点，需要认识到：经之所以为经，在于它是民族价值观的集中表现。所谓"望尽天涯路"，是指尽可能地掌握第一手资料，并了解经学历史的来龙去脉。"衣带渐宽终不悔，为伊消得人憔悴"，是说对此学问无怨无悔所作的最大付出。"众里寻他千百度，回头蓦见，那人正在灯火阑珊处"，是说在研究过程中提出目标，反复求索，最后如愿以偿。而最后目标的达成又少不了灵感与悟性的参与。

人们对经学研究的印象，大概如《汉书·艺文志》所说："幼童而守一艺，白首而后能言。"[16]此即人们通常说的"皓首穷经"。这是说经学资料浩博，学者穷一生之力，未必能研究好。对资料的搜集爬梳、甄别整理、去伪存真的功夫，统称为"考据"功夫。然而历史上有许多学人，一生治学不可谓不勤，却了无收获，这是为什么？概言之，"考据"功夫不精到。在清人戴震看来，要治经学，当精通中国古代的训诂学、音韵学、天算学（包括天文、历法、算学）、礼制、历史地理学、工程学、博物学等许多专门之学，这些专门之学是理解经典的必不可少的工具性知识。戴震说：

> 至若经之难明，尚有若干事。诵《尧典》数行，至"乃命羲和"，不知恒星七政所以运行，则掩卷不能卒业。诵《周南》《召南》，自《关雎》而往，不知古音，徒强以协韵，则龃龉失读。诵《古礼经》，先《士冠礼》，不知古者宫室、衣服等制，则迷于其方，莫辨其用。不知古今地名沿革，则《禹贡》《职方》失其处所。不知少广、旁要，则《考工》之器不能因文而推其制。不知鸟兽虫鱼草木之状类名号，则比兴之意乖。[17]

戴震提出这个治经的标准，即使在当时也是很少人能做到的，像章学诚这样的学问家闻其言也感到震撼。但戴震所言确是经验之谈，古代以考据之学名家者恰恰皆精通这些专门之学。所以在资料的搜集爬梳、甄别整理、去伪存真方面，要"望尽天涯路"，又谈何容易！

研究经学，不仅需要"考据"功夫，也需要有"义理"高度。古代所谓"义理"，犹今日所言"理论"或"哲学"。所谓"义理"高度，就是"理论"高度或"哲学"高度。自清初开始，学术界有些人如顾炎武等将"经学"对应"汉学"，将

"理学"对应"宋学",这是有些偏颇的。汉学固然以经学为主,宋学则既有经学,也有理学。汉学偏重训诂考证,而宋学重视"义理",却也不废训诂考证。清代考据之学蔚为大观,考据学家往往偏重训诂考证之学,相对缺乏"独上高楼"的理论(或哲学)建构精神。对此,戴震深为不满。他说:

> 余于训诂、声韵、天象、地理四者,如肩舆之隶也;余所明道,则乘舆之大人也,当世号为通人,仅堪与余舆隶通寒温耳。[18]

面对清初以来方兴未艾的考据之学,戴震不再以自己擅长训诂学、音韵学、天文学和地理学作为傲人的资本,反而将此类学问贬抑为"肩舆之隶"即轿夫,而将自己所明之"道"比喻成轿中主人。认为当世即使"号为通人"的学问大家,不仅无资格与其轿中主人对话,甚至没有与其轿夫深谈的资格,最多只能寒暄几句而已。因为当时的汉学家只懂得一些专门知识,缺乏哲学思辨能力,不能将学问上升到"道"的层面。因而当戴震《原性》《原善》《孟子字义疏证》等著述问世时,当时学者皆不能知其价值,正如章学诚所描述的:"时人方贵博雅考订,见其训诂名物有合时好,以谓戴之绝诣在此。及戴著《论性》《原善》诸篇,于天人理气,实有发前人所未发者,时人则谓空说义理,可以无作,是固不知戴学者矣。"[19]

以上所说的"考据"功夫和"义理"高度,以王国维的"三境界"说衡量,应该只是第一境界。这是可以与外人道的治学方法。至于王国维所说的第二境界和第三境界,则是不可与外人道的治学方法。若从治学角度说,"衣带渐宽终不悔,为伊消得人憔悴"，可以理解为一种勤奋耕耘过程，其中每个人所经历的艰辛各有不同，如人饮水，冷暖自知，难与外人道。"众里寻他千百度，回头蓦见，那人正在灯火阑珊处"，可以理解为当治学陷入困境，百思不得其解之时，忽然由某种偶然之事触发灵感，获得妙契顿悟。其中过程如电光石火，转瞬即逝，也不足与外人道也。朱熹曾有"用力之久，一旦豁然贯通"之语，所说的就是这两种境界。

宋明时期的学者治经，二程、朱熹一派强调"用力之久"的积学功夫，陆九渊、杨简、王阳明一派强调"豁然贯通"的"易简"功夫。实则"豁然贯通"必有赖于"用力之久"的积学功夫，是可断言也。

最后我要说的是，《中国经学史》于2010年作为国家社会科学重大课题立项，至2020年最后完成，凡阅十寒暑。这期间我在岳麓书院给硕博生授课，教授中国经学史，边研究，边教学，与诸生切磋琢磨，古人说"教学相长"，信为至论。大家知道，在中国经学史中有不少令人犯怵的题目，凡是此类题目，我索性作为学生作业交给硕博生去做，许多时候我是在与学生讨论此类课题时突然触发灵感，解决一些历史遗留的疑难问题。这也就是说在指导学生研究写作时，也推进和丰富了自己的学术研究。所以，这部学术著作虽然是我的一部个人学术专著，其中也有姜门诸生的功劳在内。付梓前，诸生之中，对此书稿付出劳苦最多的是肖永贵和唐陈鹏，他们校对了全书，统一了体例，使此书得以顺利出版。

2021年7月7日

注释:

[1] 李学勤先生说：当年周予同曾经提出：经学时代已经结束，经学史的研究的时代刚刚到来的观点。（复旦大学历史学系编:《怀真集:朱维铮先生纪念文集》,上海:复旦大学出版社,2013年,第412页。）

[2] 顾颉刚:《顾颉刚读书笔记》第五卷,台北:联经出版事业公司,1990年,第2788页。

[3] 周予同原著,朱维铮编校:《经学和经学史》,上海:上海人民出版社,2012年,第53页。

[4] 参见章权才:《宋明经学史》,广州:广东人民出版社,1998年,第300页。

[5][6] 余敦康:《诠释学是哲学和哲学史的唯一的进路》,《中国思想史研究通讯》第5辑,2005年3月15日出版。

[7] 参见《中华读书报》2010年8月4日第15版。

[8] 徐复观:《中国经学史的基础》,台北:学生书局,1982年,第208页。

[9] 姜广辉:《经学研究的回顾与展望》,《中国社会科学院院报》2004年3月23日。

[10] 此文原载王中江主编《新哲学》第一辑,大象出版社2003年版,第90—110页。后收入拙著《义理与考据》,中华书局2010年版。

[11][12]〔清〕永瑢等撰:《四库全书总目》,北京:中华书局,1965年,第1029,102页。

[13][17]〔清〕戴震撰,杨应芹、许伟奇主编:《戴震全书（修订本）》第6册,合肥:黄山书社,2010年,第368,369页。

[14]〔宋〕欧阳修、宋祁等:《新唐书》,北京:中华书局,1975年,第5693页。

[15] 王国维著,陈永正注评:《人间词话·王国维词集》,上

海：上海古籍出版社，2016 年，第 28 页。

［16］〔汉〕班固撰，〔唐〕颜师古注:《汉书》，北京：中华书局，1962 年，第 1723 页。

［18］［19］〔清〕章学诚著，仓修良编:《文史通义新编新注》，北京：商务印书馆，2017 年，第 132，132 页。

总　目

先　秦　编

汉 唐 编

宋 明 编

清 代 编

先秦编

目录

导论：经与经学

在古代中国，某一学派的最重要的书，被称为"经"或"经典"，那所谓的"经"或"经典"，其原始的字义是什么？除儒家之外，在先秦还有哪些学派有其"经"或"经典"？何以"经学"二字不包括其他学派的经典，而成为有关儒家经典的学问的专称？儒家经典如何由六经扩充到十二经，其演变的过程如何？这是我们首先要弄清的问题。

第一节 "经"的字义与以"经"称书

（一）"册""典""经"的字义

"册"，是一个象形字，象以编绳将竹简编连在一起。单执一支简为"简"，将诸简编连在一起为"册"。

"典"，是一个象形加会意字。许慎《说文解字》谓："典，五帝之书也。从册在丌上，尊阁之也。庄都说：'典，大册也。'"[1]"丌"是垫物之具，或近于后世的几案。"典"是不寻常的"大册"，因为受人特别的尊重，而被放置在"丌"上。宋夏僎《夏氏尚书详解》卷二十谓："以其载事，故谓之册。以其载道，故谓之典。"[2]上古之时以"典"称重要之书，如《尚书》中有《尧典》《舜典》。

《尚书·多士》谓："惟殷先人，有册有典。"[3]这是文献中最早关于"册"和"典"的记载。它说明至少在殷商时代已经有了典册了。

"经"字，甲骨文中未见，金文中有"巠"字，依郭沫若先生的考释，"巠"即是"经"之初字，是挂着经线的织布机的象形，郭沫若说：

> 大盂鼎"敬雝德巠"，毛公鼎"肇巠先王命"，均用"巠"为"经"。余意"巠"盖经之初字也。观其字形，前鼎作"**工**"，后鼎作"**工**"，均象织机之纵线形。从丝作之经字，这稍后起者也。[4]

织布机以纵线为经，以横线为纬。织布之法，以经线常挂于织机之上，而以纬线穿梭往来于经线之间。故"经"又引申为"常"。战国时期学者以"经"称书，乃新起之义，盖谓此类书具有常法、常道、常理的地位，为最重要之书。战国时期的人更愿以"经"称载道之书，或因为"经"字多了常法、常道、常理的意义。

自汉代以后，"经典"二字常连用。如《汉书》载孙宝之言："周公上圣，召公大贤，尚犹有不相说，著于经典，两不相损。"[5]东汉王符《潜夫论·赞学》："先圣之智，心达神明，性直道德，又造经典，以遗后人。"[6]

（二）战国时期诸子之称"经"

以"经"称书大约始于战国时期，当时诸子开派立说，相趋以本派之书名经。王国维说："经者，常也，谓可为后世常法者也。故诸子百家同其先师之书，亦谓之经。"[7]以今日所掌握的资料而言，最先以"经"称书的可能是法家。

1. 法家有《法经》

《管子》为法家之书。其前九篇名为"经言"，其中第一篇《牧民篇》中有"士经"章。管子生在孔子之前，但今本《管子》一书，是汉代刘向编定的，实为杂收齐稷下先生著述的论文集。而韩非曾说："今境内之民皆言治，藏商、管之法者家有之。"[8]那应该是今已失传的另一本《管子》书[9]，司马迁曾研究过此书，说："吾读管氏《牧民》《山高》《乘马》《轻重》《九府》……既见其著书，欲观其行事，故次其传。"[10]由此可见，《牧民》又确是管子学派的著述。但"经言""士经"字样是否为刘向编定时后加的，不得而知。虽然管子是春秋时期的人，但由于我们不能断定《牧民》等篇是否为管子所自撰，即使该文中有"经言""士经"等字样，也不能断定春秋时期已经有了称"经"的文献。

《晋书·刑法志》曾言及战国时期魏文侯之师李悝（前455—前395）："撰次诸国法，著《法经》。以为王者之政，莫急于盗贼，故其律始于《盗贼》。盗贼须劾捕，故著《网捕》二篇。其轻狡、越城、博戏、借假不廉、淫侈、逾制以为《杂律》一篇，又以《具律》具其加减。是故所著六篇而已，然皆罪名之制也。商君受之以相秦。"[11]李悝约早于孟子八十年，因而《法经》应该是今日所知以"经"称书最早的例证。法家的特点是以政治资源推行本派经书。

2. 墨家有《墨经》

《庄子·天下篇》称："相里勤之弟子五侯之徒，南方之墨者苦获、己齿、邓陵子之属，俱诵《墨经》，而倍谲不同，相谓别墨。"[12]《墨经》之名首见于此，然其所指为何，学者所见不同，有以《墨子》一书中《经上》《经下》《经说上》《经说下》为《墨经》者[13]；有以此四篇加上《大取》《小取》为

《墨经》者[14]；有以《墨子》中《兼爱》《非攻》之类为《墨经》者[15]；等等，论者不一，难以确指。谭戒甫《墨辩发微·墨经证义》说："大抵经名之起，疑尚在三墨晚年；其时弟子众多，龙象卓越，结集群议，尊以'经'名，且决定后之墨者俱诵此经。"[16]其言《墨经》形成时代较为近理。墨家的特点是以近似宗教团体的力量来传播本派经书。

3. 儒家之称"经"

孔子、孟子虽然对《诗》《书》等典籍极为崇隆，但我们尚无可靠资料证明他们已称之为"经"。《庄子·天运篇》说："孔子谓老聃曰：'丘治《诗》《书》《礼》《乐》《易》《春秋》六经，自以为久矣。孰知其故矣。以干者七十二君，论先王之道，而明周、召之迹。一君无所钩用。甚矣，夫人之难说也，道之难明邪。'老子曰：'幸矣，子之不遇治世之君也。夫六经，先王之陈迹也，岂其所以迹哉！今子之所言，犹迹也。夫迹，履之所出，而迹岂履哉！'"[17]《天运篇》属《庄子》外篇，学者一般不认为是庄子所作。南宋黄震说："'六经'之名始于汉，而《庄子》之书称'六经'意，《庄子》之书亦未必尽出庄子也。"[18]近人罗根泽撰《庄子外篇探源》，认为《天运篇》是汉初作品。

儒家称"经"的材料见于《荀子》，《荀子·劝学》篇说："学恶乎始？恶乎终？曰：其数则始乎诵经，终乎读礼；其义则始乎为士，终乎为圣人……《书》者，政事之纪也；《诗》者，中声之所止也；礼者，法之大分，类之纲纪也，故学至乎《礼》而止矣。夫是谓道德之极。《礼》之敬文也，《乐》之中和也，《诗》《书》之博也，《春秋》之微也，在天地之间者毕矣。"[19]这里荀子提到诵经，而具体所指是《诗》《书》《礼》《乐》《春秋》，缺《易》未讲。

另，《吕氏春秋》曾引《孝经》之文说："《孝经》曰：'高而不危，所以长守贵也。满而不溢，所以长守富也。富贵不离其身，然后能保其社稷而和其民人。'"[20]是先秦时已有"孝经"之名。儒家的特点是利用教育的手段来传播本派经书。

4. 先秦道家似未以"经"名书

《史记·老庄申韩非列传》说："老子修道德，其学以自隐无名为务……著书上下篇，言道德之意五千余言。"[21]《老子》又名《道德经》，此当是后起之名。马王堆帛书《老子》甲、乙本亦分上、下篇。乙本字体是隶书，抄写年代可能在汉文帝时期。乙本上篇篇尾标有《德》篇题；下篇标有《道》篇题，并未后缀"经"字。

第二节 汉代儒学专经与"经学"名称的出现

（一）专经名称

先秦之时，《诗》《书》《礼》《易》《春秋》名称之后无缀"经"字之例。汉代称此五种书为"五经"，各书之后皆可加"经"字，于是便有《诗经》《尚书经》《易经》《春秋经》《礼经》等专经的名称了。

1. "诗经"名称

《史记·儒林传》："申公独以《诗经》为训。"[22]

《汉书·艺文志》："《诗经》二十八卷，鲁、齐、韩三家。"[23]

2. "尚书经"名称

《汉书·杨胡朱梅云传》："云敞……师事同县吴章，章治《尚书经》，为博士。"[24]

3. "易经" 名称

《汉书·魏相丙吉传》："相明《易经》，有师法。"[25]

4. "春秋经" 名称

《汉书·地理志》："《春秋经》曰：'卫迁于帝丘。'今之濮阳是也。本颛顼之虚，故谓之帝丘。"[26]

《汉书·杨胡朱梅云传》："《春秋经》曰：'宋杀其大夫。'《榖梁传》曰：'其不称名姓，以其在祖位，尊之也。'"[27]

5. "礼经" 名称

《白虎通义·德论上·爵》："天子之士，独称'元士'何？士贱，不得体君之尊，故加'元'以别诸侯之士也。《礼经》曰：士见大夫、诸侯之士。《王制》曰：'王者八十一元士。'"[28]

（二）"经学" 名称及经学史研究范围

"经学" 一词，未见于先秦文献，然在《汉书》中已多见之。如汉景帝时邹阳说："邹鲁守经学，齐楚多辩知，韩魏时有奇节。"[29] 汉武帝时，儿宽 "见上，语经学，上说（悦）之"[30]。欧阳生 "初见武帝，语经学"[31]。由此可知，自西汉景帝、武帝以后，"经学" 一词似乎已成为常用之语。[32] 由于我们见到的材料都是暗示与儒生有关的，因此经学名词的出现从一开始即是特指儒家的经典之学。虽然 "经学" 名称特指儒家的经典之学，但因为它代表着中国文化的主干，所以又不仅以诸子百家之一家视之，而以 "中国经学" 视之。由此而提出经学史研究的范围问题。

在中国学术史中，经学是一个专有名称，它是关于 "中华元典" 及其衍生经典的学问。这些经典是中国传统文化的 "根干"，承载着中华民族的价值理想。经学因此在中国文化中具有主导性的重要地位。"中华元典"，是指中国最古老的五部典籍：《周易》《尚书》《诗经》《仪礼》《春秋》。由此五部经典逐渐衍生，至宋代而有"十三经"之目，即《周易》《尚书》《诗经》《仪礼》《礼记》《周礼》《春秋公羊传》《春秋穀梁传》《春秋左氏传》《论语》《孝经》《尔雅》《孟子》。中国经学史的研究范围，简单说，就是关于这"十三经"诠释的学问。

第三节 从"六经"到"十三经"

（一）"六经"

前文言及，《庄子·天运篇》载孔子谓老聃曰："丘治《诗》《书》《礼》《乐》《易》《春秋》六经"云云，老子答以"夫六经，先王之陈迹也"云云，是文献所见"六经"字样最早的记录。但根据南宋黄震以及近人罗根泽的意见，《庄子·天运篇》或是汉初的作品。那么，先秦之时可能尚无"六经"的提法。

近年出土的《郭店楚墓竹简·六德》说："夫夫，妇妇，父父，子子，君君，臣臣，六者各行其职，而谗诌亡由作也。观诸《诗》《书》，则亦在矣；观诸《礼》《乐》，则亦在矣；观诸《易》《春秋》，则亦在矣。"[33]《郭店楚墓竹简》出自郭店一号墓，考古学界确定其下葬年代在公元前300年之前，《六德》篇将《诗》《书》《礼》《乐》《易》《春秋》六者相提并论，虽未明言为"六经"，但这六种书显然已经为作者所特别地重视。后世将此六种书合称为"六经"，并非没有缘由。

到了汉代，就有关于"六经"名目的明确记载了。如司马迁《史记·封禅书》载，汉文帝"使博士诸生刺《六经》中，作《王制》，谋议巡狩、封禅事"[34]。又，《史记·司马相如传》载司马相如《封禅文》："轩辕之前，遐哉邈乎！其详不可得闻也。五三、六经载籍之传，维见可观也。"[35]《史记索隐》："胡广云：'五，五帝也；三，三王也。'案：六经：

《诗》《书》《礼》《乐》《易》《春秋》也。"[36]而最具代表性的是班固《汉书·武帝纪》中的话："孝武初立，卓然罢黜百家，表章六经。"[37]由于《乐经》失传，或根本不曾有过《乐经》文本，汉代人其实只见到五经。但汉代人乃至后世学者仍以"六经"作为儒家经典的代称（如清代王夫之的名句"六经责我开生面"）。

（二）"五经"

汉代较早使用"五经"概念的是陆贾，其所著《新语》卷上《道基》谓："纲纪不立，后世衰废，于是后圣乃定五经，明六艺。"[38]

汉武帝建元五年（前136），"置五经博士"[39]，"五经"从此成为官学，皇帝、大臣甚至会相聚讨论经学问题，如汉宣帝时"诏诸儒讲五经同异，太子太傅萧望之等平奏其议，上亲称制临决焉"。由于中央王朝的崇隆，五经地位如日中天，以致西汉末的扬雄说："舍舟航而济乎渎者，末矣；舍五经而济乎道者，末矣。"[40]"大哉！天地之为万物郭，五经之为众说郛。"[41]

以上"六经""五经"的说法，是中国经学史上的主流。然而在汉晋的某个时段又有"一经""七经"的提法，下面附带论之。

（三）"一经"

在汉武帝置五经博士之前，汉文帝曾置《诗经》博士，又称"一经博士"，《东汉文纪》卷上载翟酺《上顺帝兴学奏》称："孝文皇帝始置一经博士。"[42]

对此，南宋王应麟《困学纪闻》说：

后汉翟酺曰："文帝始置一经博士。"考之汉史，文帝时申公、韩婴皆以《诗》为博士，五经列于学官者，唯《诗》而已。景帝以辕固生为博士，而余经未立。武帝建元五年春，初置五经博士。《儒林传赞》曰："武帝立五经博士，《书》唯有欧阳；《礼》后，《易》杨，《春秋》公羊而已。"立五经而独举其四，盖《诗》已立于文帝时，今并《诗》为五也。[43]

按：申公传鲁诗，韩婴传韩诗，两人为汉文帝时《诗经》博士。辕固生传齐诗，为汉景帝时《诗经》博士。是汉武帝之前只有"一经博士"。

这里值得一提的是，东汉桓帝时期的赵岐（约108—201）在《孟子题辞》中有这样一段话："孝文皇帝欲广游学之路，《论语》《孝经》《孟子》《尔雅》，皆置博士。后罢传记博士，独立五经而已。"[44]这件事在《汉书》中没有记载，所以朱熹曾怀疑此事的真实性。元代吴师道虽然不怀疑此事的真实性，却认为文帝时既然连传记皆置博士，那五经应该亦置博士。置五经博士不始于汉武帝而始于汉文帝。[45]

但清代阎若璩指出，《汉书·楚元王传》所载刘歆《移太常博士书》，是可以印证文帝时置"传记博士"一事的。刘歆《移太常博士书》说："孝文皇帝，……《尚书》初出于屋壁，……《诗》始萌芽，天下众书往往颇出，皆诸子传说，犹广立于学官，为置博士。"[46]有此佐证，则在汉文帝之时，除置《诗经》博士外，还设置了《论语》《孝经》《孟子》《尔雅》博士。不过在当时不被作为经学博士，而是作为"传记博士"，随后又被罢黜，罢黜之时不得而知。至于由此推论吴师道置五经博士始于汉文帝的说法，只可视为一家之言。这里需要指出的是，《论语》《孝经》《孟子》《尔雅》这四种书在宋以后作为

"四小经"，成为"十三经"的组成部分。

（四）"七经"

西汉时期，应该尚无"七经"的概念，直到西汉末期官方文献的表述即是如此。《汉书·平帝纪》中记载：汉平帝"征天下……以《五经》《论语》《孝经》《尔雅》教授者"[47]。此时，《五经》与《论语》《孝经》等是分言的，并未合称"七经"[48]。

东汉以后，有了"七经"的说法。但"七经"究竟包含哪七种经典，文献记载并不清楚。它大体上有两种意见：

一种意见认为《诗》《书》《礼》《乐》《易》《春秋》"六经"加《论语》。《后汉书》卷六十五《张纯传》载：张纯"乃案《七经谶》《明堂图》"云云。唐李贤注："七经，谓《诗》《书》《礼》《乐》《易》《春秋》及《论语》也。"[49]汉代《乐经》不传，我们颇怀疑李贤注的准确性。但汉代虽然《乐经》不传，尚有《乐纬》一类书，日本学者所编《纬书集成》就收有《乐纬》三种，即《乐动声仪》《乐稽耀嘉》《乐叶图征》。《乐经谶》或是此一类之书。所以，我们还不能轻易否定李贤注。

另一种意见认为《毛诗》、《尚书》、《周官》（即《周礼》）、《周易》、《春秋左传》"五经"加《论语》《孝经》。孔颖达《春秋左传正义》谓："傅咸为《七经诗》，……王羲之写。"[50]南宋王应麟《困学纪闻》说："今按《艺文类聚》《初学记》载傅咸《周易》《毛诗》《周官》《左传》《孝经》《论语》诗，皆四言，而阙其一。"[51]其所阙者，当即《尚书》。与前一种意见相比，少了《乐经》，而多了《孝经》。另外，前一种意见的《礼》是指《仪礼》一书，后一种意见则是指《周礼》一书。因为傅咸（239—294）是西晋人，其重《毛诗》《周礼》《左传》，应该说是受了郑玄等古文经学的影响。

（五）"九经"

"九经"的名称应该在唐太宗（599—649）时就有了。《旧唐书·儒学传》谓："谷那律，魏州昌乐人也。贞观中累补国子博士、黄门侍郎，褚遂良称为'九经库'。"[52]这是史书中所见"九经"字样的较早记载。

唐初孔颖达领衔修纂《五经正义》。此时的"五经"意涵与西汉时期有所不同，它以《礼记》和《春秋左氏传》取代了西汉时期的《仪礼》和《春秋公羊传》。

孔颖达之后，曾参与修纂《五经正义》的贾公彦另纂《周礼义疏》与《仪礼义疏》，此两部《礼》书皆本郑玄《注》而作义疏；而另一位参与修纂《五经正义》的学者杨士勋则另纂《春秋穀梁传注疏》，其书本晋范宁《集解》而作义疏；其后另有徐彦纂《春秋公羊传注疏》，其书本东汉何休《解诂》而作义疏。杨士勋与徐彦皆未入新、旧《唐书·儒林传》，且徐彦其人与年代皆不详。此"二《礼》二《传》"新疏在唐代尚属"私学"。据杜佑（735—812）《通典·选举三》载：唐玄宗开元八年（720）国子司业李元璀上言说："《周礼》，经邦之轨则；《仪礼》，庄敬之楷模；《公羊》《穀梁》，历代崇习。今两监及州县以独学无友，四经殆绝，事资训诱，不可因循。其学生请各量配作业，并贡人参试之，日习《周礼》《仪礼》《公羊》《穀梁》，并请帖十通五，许其入策。以此开劝，即望四海均习，九经该备。"[53]诏从之。这件事说明，《周礼》《仪礼》《公羊》《穀梁》虽然在唐代也被列为明经科的考试内容，但所考者只是经与注，而不涉及义疏。但先前的"五经"加上这"二《礼》二《传》"，被合称为"九经"则是明确的。

（六）"十经"

梁沈约（442—513）撰《宋书》，其书卷三十九《百官上》谓："国子助教十人，《周易》《尚书》《毛诗》《礼记》《周官》《仪礼》，《春秋·左氏传》《公羊》《穀梁》，各为一经，《论语》《孝经》为一经，合十经。助教分掌。"[54]这条材料，所列实际有十一部经典，但因为《论语》《孝经》合为一经，故称"十经"。然而所谓"十经助教"者，是"十位经典助教"的意思，它主要是讲职官设置，并不着重讲怎样来称呼经典。因此"十经"并不是作为专门概念提出的。

（七）"十二经"

唐陆德明撰有《经典释文》一书，四库馆臣谓其书"首为《序录》一卷，次《周易》一卷，《古文尚书》二卷，《毛诗》三卷，《周礼》二卷，《仪礼》一卷，《礼记》四卷，《春秋左氏》六卷，《公羊》一卷，《穀梁》一卷，《孝经》一卷，《论语》一卷，《老子》一卷，《庄子》三卷，《尔雅》二卷。其列《老》《庄》于经典，而不取《孟子》，颇不可解。盖北宋以前，《孟子》不列于经，而《老》《庄》则自西晋以来为士大夫所推尚，德明生于陈季，犹沿六代之余波也"[55]。《经典释文》包括了后世所谓"十三经"中的十二经，这意味着在唐初"十三经"中除了《孟子》之外的十二部经典，已经具有了经典的地位，但此时并没有"十二经"的名称，这里陆德明是把《老子》《庄子》也看作经典的。虽然如此，陆德明也并未因此提出"十四经"之说。

唐玄宗末年，科举考试，除了"九经"之外，也考《孝经》《论语》《尔雅》等书。据杜佑《通典·选举三》：唐天宝十一载（752），"明经所试，一大经及《孝经》《论语》《尔雅》，帖各有差"[56]。这说明唐代明经科的帖经考试，已经包括了今称"十三经"中除了《孟子》之外的十二经。此时已有"十二经"之实，而无"十二经"之名。《孝经》《论语》《尔雅》被称为"三小经"，而不与"九经"同等。

据《唐会要》卷六十六载：唐文宗于太和七年（833）命郑覃等人校刻石经，"敕于国子监讲堂两廊，创立《石壁九经》，并《孝经》《论语》《尔雅》"[57]。即于"九经"外，增加《孝经》《论语》《尔雅》三书。此石经至开成二年（837）完成，史称《开成石经》。

五代时，后唐明宗长兴三年（932）开始依《唐石经》文字雕造九经印板，此后虽然经历后晋、后汉、后周的朝代迭更，但此项雕版印经的工程却被各王朝接续下来，而于后周太祖广顺三年（953）最后完成，使得儒家经书从此可以广为传布。

杨伯峻《孟子译注·导言》称："到五代后蜀时，后蜀主孟昶命毋昭裔楷书《易》《书》《诗》《仪礼》《周礼》《礼记》《公羊》《穀梁》《左传》《论语》《孟子》十一经刻石，宋太宗又加翻刻，这恐怕是《孟子》列入'经书'的开始。"[58]依杨氏之说，《孟子》在后蜀孟昶时已经被作为经书了。杨氏此说不知何据？

据赵抃（1008—1084）《成都记》云："伪蜀孟昶有国，其相毋昭裔刻《孝经》《论语》《尔雅》《周易》《尚书》《周礼》《毛诗》《礼记》《仪礼》《左传》凡十经于石。"[59]范成大（1126—1193）《石经始末记》又称：北宋仁宗皇祐（1049—1054）中"田元均补刻《公羊》《穀梁》二传，然后十二经始全"[60]。

由上所述，从唐初的陆德明开始，一直到宋初雕版印经，十三经中除《孟子》之外的十二经已经被当作经书来对待了。

不过在许多时候，《孝经》《论语》《尔雅》被称为"三小经"，并不与九经相等同。故在这一时期的史书中，仍称"九经"，"十二经"并没有成为通行的名称。

（八）"十三经"

宋神宗熙宁二年（1069），王安石任参知政事，改革科举考试方法，"罢诗赋、帖经、墨义，士各占治《诗》《书》《易》《周礼》《礼记》一经，兼《论语》《孟子》，每试四场，初大经，次兼经"[61]。《孟子》一书自此以国家法典的形式正式升格为"经"。前面所说五代时蜀相毋昭裔曾刻十经于石，北宋仁宗时田元均补刻《公羊》《穀梁》二传，而成十二经，而独缺《孟子》。那么蜀中石经到底有没有《孟子》呢？有的。只是刊刻甚晚，直到北宋末年才有人补刻《孟子》。晁公武《石经考异序》称石经《孟子》成于北宋徽宗宣和（1119—1125）年间："石经《孟子》十四卷，皇朝席旦宣和中知成都，刊石置于成都学宫，云伪蜀时刻六经于石，而独无《孟子》，经为未备。"[62]

在十三经中，《孟子》是最后被确立经典地位的。《孟子》的经典地位一经确定，便意味十三经之实已经存在了。但是用以表示儒家十三部经典的整体性概念——"十三经"概念的出现，却是偏晚的。就笔者目前所见，较早见于文献记载的是元末戴良（1317—1383）《九灵山房集》卷二十："经者，出于圣人之手，而存乎《易》、《书》、《诗》、《礼》、《乐》、《春秋》、孔孟氏之籍，以故世有四经、五经、以至六经、九经、十三经之名。"[63]

至于第一次以"十三经注疏"为名，将十三部经书及其注解一同刻板印刷，则在明世宗嘉靖年间。所以清代杭世骏《经解》说："明嘉靖万历间，南北两雍前后并刻，而十三经之名遂遍海宇矣。"[64]而乾隆皇帝《御制重刻十三经序》则说："汉代以来，儒者传授，或言五经，或言七经，暨唐分三礼、三传，则称九经。已，又益《孝经》《论语》《尔雅》，刻石国子学，宋儒复进《孟子》，前明因之，而十三经之名始立。"[65]

注释：

[1]〔汉〕许慎:《说文解字》，北京：中华书局，1963年，第99页。

[2]〔宋〕夏僎:《夏氏尚书详解》，《景印文渊阁四库全书》第56册，台北：商务印书馆，1986年，第835页。

[3]〔汉〕孔安国传，〔唐〕孔颖达等正义:《尚书正义》，〔清〕阮元校刻:《十三经注疏》，北京：中华书局，2009年，第468页。

[4]郭沫若:《金文丛考·金文余释·释呈》，北京：人民出版社，1954年，第195页。

[5][23][24][25][26][27][29][30][31][37][39][46][47]〔汉〕班固:《汉书》，北京：中华书局，1962年，第3263，1707，2927，3137，1664，2925，2353，2629，3603，212，159，1968—1969，359页。

[6]〔汉〕王符著，〔清〕汪继培笺，彭铎校正:《潜夫论笺校正》，北京：中华书局，1985年，第13页。

[7]王国维:《经学概论·总论》，《王国维文集》第4卷，北京：中国文史出自版社，1997年，第88页。

[8]〔清〕王先慎撰，钟哲点校:《韩非子集解》，北京：中华书局，1998年，第451页。

[9]参见任继愈主编《中国哲学发展史·先秦卷》，北京：人民出版社，1984年，第353—355页。

[10][21][22][34][35][36]〔汉〕司马迁:《史记》，北

京：中华书局，1959年，第2136，2141，3121，1382，3064，3065页。

［11］〔唐〕房玄龄等：《晋书》，北京：中华书局，1974年，第922页。

［12］［17］〔清〕郭庆藩撰，王孝鱼点校：《庄子集释》，北京：中华书局，2016年，第1079，531页。

［13］如鲁胜《墨辩注序》、毕沅《经上题注》。

［14］如汪中《述学》、孙诒让《墨学传授考》"相里氏弟子"条案语。

［15］如胡适《中国哲学史大纲》第八篇第一章。（参见胡适：《中国哲学史大纲》，上海：上海古籍出版社，1997年，第132—137页。）

［16］谭作民：《墨辩发微》，上海：世界书局，1979年，第5页。

［18］〔宋〕黄震：《黄氏日抄》卷五十五，《景印文渊阁四库全书》第708册，第401页。

［19］〔清〕王先谦撰，沈啸寰、王星贤点校：《荀子集解》，北京：中华书局，1988年，第11—12页。

［20］许维遹著，梁运华整理：《吕氏春秋集释》，北京：中华书局，2009年，第192页。

［28］〔清〕陈立撰，吴则虞点校：《白虎通疏证》，北京：中华书局，1994年，第20页。

［32］参见庞朴：《中国儒学》第四卷，上海：东方出版中心，第11页。

［33］荆门市博物馆编著：《郭店楚墓竹简·六德》，北京：文物出版社，2003年，第49页。

［38］王利器：《新语校注》，北京：中华书局，1986年，第18页。

［40］［41］汪荣宝撰，陈仲夫点校：《法言义疏》，北京：中

华书局，1987 年，第 67，157 页。

[42]〔明〕梅鼎祚编:《东汉文纪》,《景印文渊阁四库全书》第 1397 册，第 242 页。

[43][51]〔宋〕王应麟:《困学纪闻》，上海:上海古籍出版社，2015 年，第 286，289 页。

[44]〔汉〕赵岐注，〔宋〕孙奭疏:《孟子注疏》,〔清〕阮元校刻:《十三经注疏》，第 5793 页。

[45]〔元〕吴师道《礼部集》卷十九《家塾策问二道》说:"文帝时传记尚有博士，五经岂得无之? 非始于孝武明矣。"(参见〔元〕吴师道著，邱居里、邢新欣点校:《吴师道集（下）》,杭州:浙江古籍出版社，2012 年，第 716 页。)

[48]《三国志·蜀书》称:"蜀本无学士，文翁遣相如东受《七经》，还教吏民，于是蜀学比于齐鲁。"这应是后人对前事的追述，并不意味西汉时已经有了"七经"的说法。(参见〔晋〕陈寿撰，〔南朝宋〕裴松之注:《三国志》卷三十八《蜀书》，北京:中华书局，1982 年，第 973 页。)

[49]〔南朝宋〕范晔撰，〔唐〕李贤等注:《后汉书》，北京:中华书局，1965 年，第 1196 页。

[50]〔晋〕杜预注，〔唐〕孔颖达等正义:《春秋左传正义》,〔清〕阮元校刻:《十三经注疏》，第 4592 页。

[52]〔后晋〕刘昫等:《旧唐书》，北京:中华书局，1975 年，第 4952 页。

[53][56]〔唐〕杜佑撰，王文锦等点校:《通典》，北京:中华书局，1988 年，第 355，356 页。

[54]〔梁〕沈约:《宋书》，北京:中华书局，1974 年，第 1228 页。

[55]〔清〕永瑢等撰:《四库全书总目》，北京:中华书局，1965 年，第 270 页。

［57］〔宋〕王溥:《唐会要》,北京:中华书局,1960 年,第 1162 页。

［58］杨伯峻:《孟子译注》,北京:中华书局,1960 年,第 9 页。

［59］［60］转引自〔明〕曹学佺:《蜀中广记》,《景印文渊阁四库全书》第 591,592 册,第 7,482 页。

［61］〔元〕脱脱等:《宋史》,北京:中华书局,1977 年,第 3618 页。

［62］〔宋〕晁公武撰,孙猛校证:《郡斋读书志校证》,上海:上海古籍出版社,1990 年,第 417 页。

［63］〔元〕戴良:《九灵山房集》,《景印文渊阁四库全书》第 1219 册,第 481 页。

［64］〔清〕杭世骏著,蔡锦芳、唐宸点校:《杭世骏集》第 1 册,杭州:浙江古籍出版社,2015 年,第 15 页。

［65］〔清〕鄂尔泰、张廷玉等编纂:《国朝宫史》,北京:北京古籍出版社,1994 年,第 669 页。

第一章
中国经学发生的历史文化背景

与世界上许多民族歌颂武力征服的英雄史诗不同，中华民族从一开始所歌颂的就是文明的缔造者。中华民族自古以来就是一个崇尚人文化成的民族，而不是崇尚武力征服的民族。这是这一章所要阐述的一个中心思想。

中国经学的起源，必然有其依托的历史和现实的文化背景。《周易》《尚书》《诗经》《仪礼》《春秋》是中国流传至今的最古老的文献，我们可以称之为"中华元典"。这些经典中谈到了伏羲、神农、尧、舜、禹、汤、文、武、周公等传说与历史人物，以及寄寓在他们身上的价值理想。其中传说部分的史学意义，今日学者的认识虽然有所不同，但那是传统学者所普遍认知的历史。所以在我们正式讨论中国经学之前，需要对经学发生的历史背景作一个交代，以便我们将"中华元典"放在一种能被人理解的历史文化情景中来考察和研究。

这个工作需要分几步来做。第一步，讲上古传说。"上古传说"是我们今天的说法，古人是把它当作真实的历史的。我们虽然说它是"上古传说"，但同时又认为，中国的上古传说与其他民族的早期神话体系有所不同，它有远古的史影在其中。第二步，讲西周文明。中国早期文明经历夏、商两代之后，至西周已达到如孔子所说的"郁郁乎文哉"的兴盛时代，

这也是"中华元典"产生的时代。第三步,讲经学的发生。春秋战国时期的长期战乱催生了"圣人救世"说,而由对圣人的崇拜又催化了经学的发生。下面次第论之。

第一节　上古传说

中国的上古传说有一个系统,即:有巢氏—燧人氏—伏羲氏—神农氏(炎帝)—黄帝—颛顼—帝喾—唐尧、虞舜、禹夏。然后逐渐进入有文字记载的历史:商[1]、西周。

中国的历史究竟应从何时开端,观点古来就有不同。五经中的中国历史开端,应该说是从尧、舜开端的,这表现在《尚书》中的首二篇:《尧典》和《舜典》。而汉代司马迁的《史记》关于中国历史的开端是从炎帝、黄帝开始的,这表现在《史记·五帝本纪》。司马迁的说法,有其文献的根据,比如,先秦文献《国语》中就讲到了黄帝、颛顼、帝喾的序列,以及颛顼最早对宗教的垄断——"绝地天通"之事。[2]今天我们常说炎黄子孙,就是认同了《史记》的说法。在这两种主要说法之外,《周易·系辞传》则将中华文明的开端更由炎帝、黄帝向前推到"包羲氏",即伏羲氏(古无轻唇音,"伏"读"包"音),所以后人又称伏羲为中华文明的"始祖"。[3]而《韩非子》在讲到上古传说之时,更向前讲到了有巢氏、燧人氏的传说。

我们现在处理这些材料,与顾颉刚先生"层累造成的中国古史"的假设不同,我们不认为这种传说的历史是先秦人编造出来的,而认为是古人的"口传历史",是一种文化记忆的表现。按照这种新思路来整合这些传说的材料,便形成我们上面所说的序列和系统。

美国民族学家、原始社会史学家路易斯·亨利·摩尔根（Lewis Henry Morgan，1818—1881）的《古代社会》将西方史前史分为蒙昧时代、野蛮时代、文明时代，前两个时代又各自分为低级阶段、中级阶段和高级阶段。其划分方法是综合文献学与考古学的材料，是以一些重要的发明为依据的。

按照摩尔根的分期，蒙昧时代分三个阶段：其低级阶段是人类的童年时期，为了在大猛兽中间生存，人们不得不住在树上；其中级阶段，人们已经懂得使用粗制的、未加磨制的石器，并掌握了摩擦取火的本领；其高级阶段，人们已经发明了弓箭，并开始使用磨制的（新石器时代的）石器，已经能用石斧等工具制造独木舟和木屋等。野蛮时代也分三个阶段：其低级阶段，人们掌握了制陶术，并开始由渔猎转入畜牧业，其特有标志是动物的驯养、繁殖和植物的种植；其中级阶段，人们知道了除铁之外的一些金属加工，但仍然不得不使用石制的武器和工具，此时人们已懂得谷物的种植；其高级阶段，从铁矿的冶炼开始，并由于文字的发明及其应用于文献记录而过渡到文明时代。以上是摩尔根对西方史前各文化阶段分期的大略。

以此为理论参照，中国古代传说中的"有巢氏"时代大致相当于蒙昧时代的低级阶段；"燧人氏"大致相当于蒙昧时代的中级阶段。《韩非子·五蠹》："上古之世，人民少而禽兽众。人民不胜禽兽虫蛇。有圣人作，构木为巢以避群害，而民悦之，使王天下，号曰有巢氏。民食果蓏蚌蛤，腥臊恶臭而伤害腹胃，民多疾病。有圣人作，钻燧取火以化腥臊，而民悦之，使王天下，号之曰燧人氏。"[4]

"伏羲氏"（或曰"包牺氏""庖牺氏""宓羲氏"）时代大致相当于蒙昧时代的高级阶段和野蛮时代的低级阶段。伏羲氏的社会特点是什么呢？《尸子》说："宓羲氏之世，天下多兽，故教民以猎。"[5]《世本辑补·作篇》说庖牺之臣芒作网、罗[6]。《白虎通·号》说："古之时，未有三纲六纪，民人但知其母，不知其父，……饥即求食，饱即弃余。茹毛饮血，而衣皮苇，于是伏羲……因夫妇，正五行，始定人道。"[7]这些资料说明伏羲氏时代相当于渔猎—采集的时代，当时正处于母系氏族的后期阶段。古人认为正是在这个时期，伏羲创造了类似结绳记事的"八卦"符号。

"神农氏"时代大致相当于野蛮时代的中级阶段。这一时期的主要标志是农业经济的发展。人们最初种植谷物可能是用作家畜的饲料，后来人们肉类食物不足，谷类逐渐成为人们食物的重要来源。《白虎通·号》说："古之人民，皆食禽兽肉。至于神农，人民众多，禽兽不足。于是神农因天之时，分地之利，制耒耜，教民农作，神而化之，使民宜之，故谓之神农也。"[8]《新语》说："至于神农，以为行虫走兽，难以养民，乃求可食之物，尝百草之实，察酸苦之味，教民食五谷。"[9]《逸周书·佚文》说：神农"作陶冶斤斧，破木为耜。锄耨以垦草莽，然后五谷兴，以助果蓏之实"[10]《世本辑补·作篇》说神农之臣垂作耒耜等，这些资料皆为中国农耕文明初期的反映。所以后世中国人把"神农"作为农耕和医药的祖先神。

中国古代传说的"黄帝"时代大致相当于野蛮时代的高级阶段，亦即华夏文明的酝酿期。传说黄帝时代有很多重要发明，如《新语》说："天下人民野居穴处，未有室屋，则与鸟兽同域。于是黄帝乃伐木构材，筑作宫室，上栋下宇，以避风雨。"[11]《汉书·地理志》说："黄帝作舟车，以济不通，旁行天下，方制万里，画野分州，得百里之国万区。"[12]《世本辑补·作篇》说：黄帝之臣"沮诵、仓颉作书"，"伯余作衣裳"，"化益作井"等等。[13]我们由现代考古学知道，仰韶及其以前的人们还不会凿井，凿井技术发明于龙山时期。中国传说的黄帝时期大约相当于龙山时期（说见后文），此亦一证。

又，《管子》一书载伯高对黄帝说："上有丹沙者，下有黄金；上有慈石者，下有铜金；上有陵石者，下有铅锡赤铜；上有赭者，下有铁。此山之见荣者也。"[14]《拾遗记》说："昆吾山，其下多赤金，色如火。昔黄帝伐蚩尤，陈兵于此地。……炼石为铜，铜色青而利。"[15]《史记·武帝本纪》说："黄帝采首山铜，铸鼎于荆山下。"[16]

由上所述，我们可以把摩尔根所述古代社会各文化阶段作为一个连续系列，把中国古代传说的各文化阶段也作为一个连续系列，两相比较，我们发现两者惊人的对应与一致，而绝无紊乱与错互！难道这是一种偶然的巧合吗？显然不是。这里只能有一种解释，那就是中国古代传说所反映的是上古时代的史影，有其真实可靠性。如果我们把这些传说完全看作后人的杜撰，而忽视其应有的价值，那就犯了一个大错误。

这里我们所应注意的是，不应将上古"圣王"理解为某个个人，而应理解为一个时代。《尸子》说神农氏传七十世；《春秋命历序》说黄帝传十世，少昊传八世，颛顼传二十世，帝喾传十世，而后尧、舜继之。上古之世，年代无征，不可强知。上述说法或记述异闻，或载于《纬书》，不足深信。但假如我们将伏羲氏、神农氏、五帝时期分别作为渔猎—采集时代、农业时代、部落联盟时代的象征和标志，那将获得新的意义。

因为根据现代考古学，我们可以知道这些时代的大致年代，中国的定居农业大约起源于距今八千年前，距今约七千年前长江流域的河姆渡遗址保存有古人种植的稻谷，距今约六千五百年前黄河流域的西安半坡遗址保存有古人种植的粟子，以时间推之，中国考古学上的仰韶文化时期年代距今约七千年至五千年，此期（或更早些）大致属于中国早期农耕时代，从而亦大致相应于中国古代传说的神农时代。接此之后中国考古学上的龙山文化时期，属于早期铜器时代，距今约五千年至四千年，大致相应于黄帝到尧舜，即司马迁所说的五帝时代。而禹夏进入文明时代，我们根据文献所记夏、商、西周的积年推算，大约距今四千年。凡此皆说明古代文献有关上古时代的传说，对于我们了解史前社会有一定的参考价值。

尧舜时代是原始共产制的全盛时期，那时人民有较充分的民主权利，尧、舜是最高统治者，同时也是民意的集中体现。《尚书》说尧能由近及远地团结天下人民："克明俊德，以亲九族；九族既睦，平章百姓；百姓昭明，协和万邦。"（《尚书·尧典》）《古今注》说尧立"谤木"以鼓励人民提出批评和建议："尧设诽谤之木，今之华表也。……或谓之表木，以表王者纳谏也。"[17]从这些传说中可以看出尧重视团结和民主的作风。尧舜禅让应该说是尚德授贤、以德居位的典范。后世儒家将尧舜作为人类的楷模（人人可以为尧舜），将其时代作为"大同"时代，这成为了儒家的最高价值理想。

由上可知，在原始时代相当长的和平时期，华夏先民的发展，不是凭武力，而是凭文化。所以，与世界上许多民族歌颂武力征服的英雄史诗不同，华夏民族从一开始所歌颂的就是文明的缔造者。

中国的文明时代大约是从夏代开始的。传说鲧治理洪水九年失败，其子禹复治水十三年，反映了上古人民连续数十年导江河、疏沟洫，协力治水的事迹。鲧和禹治水与随后早期国家的形成有其内在的联系。当时，禹平水土，可能出于公共事业的物质需要，观地定赋，任土作贡，殊方各进。随着人们战胜自然的能力的增强和财富的迅速积累，私有制和早期的国家也就相应产生了。《说苑》载："禹曰：尧、舜之人，皆以尧、舜之心为心。今寡人为君也，百姓各自以其心为心。"[18]《庄子》载子高对禹说："昔尧治天下，不赏而民劝，不罚而民畏，今子赏罚而民且不仁，德自此衰，刑自此立，后世之乱自此始矣。"[19]这些资料虽然具有传说的性质，但与今天历史科学所了解的中国早期国家的形成时期是相当吻合的，它大体反映了古代私有制产生、国家机器初备时的情形。

第二节 西周文明

夏、商之际与商、周之际最重要的事件是"汤武革命"。汤放黜夏朝的暴君桀而建立商朝，武王伐灭商朝暴君纣而建立周朝。后世儒家大加表彰，《周易·革·彖传》甚至说："汤武革命，顺乎天而应乎人。"

夏、商、周三代社会本质上都是氏族贵族制的文明。三代政治制度有所因革损益，而最值得注意的是西周初年实行的分封制。

西周与夏朝、商朝相比较，有许多重大的变化，夏朝、商朝的国家统治形式，尚有原始时代部落联盟的胎记，当时小邦林立，其对于中心王朝最多只是"宾服"，而不是"臣服"，因为前者对于后者往往并无直接的隶属关系。正如王国维所说：夏殷之世"诸侯之于天子，犹后世诸侯之于盟主，未有君臣之分也。周初亦然，于《牧誓》《大诰》皆称诸侯曰'友邦君'，是君臣之分亦未全定也。逮克殷践奄，灭国数十，而新建之国皆其功臣、昆弟、甥舅，本周之臣子；而鲁、卫、晋、齐四国，又以王室至亲为东方大藩。夏殷以来古国，方之蔑矣。由是天子之尊，非复诸侯之长，而为诸侯之君。……此周初大一统之规模，实与其大居正之制度相待而成者也"[20]。

西周王朝的疆域，从关中以至晋、卫、燕、齐，范围数千里，当时交通不便，政教不一，要在这样广大的区域实行有效的统治，不是一件容易的事情。但是周武王、周公作为伟大的政治家实行分封制，充分利用血缘姻亲的默契关系对广大疆域实行控制和统治。分封制的社会背景是氏族制，血缘关系成为天然的政治纽带，这种关系的内部有一种自然的和谐，所谓"同姓则同德，同德则同心，同心则同志"，所谓"非我族类，其心必异"。这是西周王室以分封制实施政治统治的现实原因。

分封制解决了对被征服区域控制的问题，但也引出一些新的问题，这主要是如何防止周族内部的权力之争和王室如何控制所分封的诸侯的问题。于是，以嫡长子继承法为核心的宗法制度便因此产生。

中国古代的政治制度带有顺乎"自然""天定"的成分，由于每次权力更替之际都可能因相互争夺权力而引发一场内战，因而权力的传承便限制在一个小范围内如家族、兄弟、父子之间进行，直到严格规定最高权力只能由嫡长子继承。限制的范围越小，则每次权力更替时社会的动荡也越小。因此这种传子制度在历史上有其合理性和必然性，并不纯粹是统治者的一己之私。顾颉刚先生说：

> 我们推想，这也许是在客观要求下的一个新发展的家长制。在先，周太王不传太伯、虞仲而传给王季，文王不传伯邑考或伯邑考的儿子而传给次子武王，可见周人本没有什么所谓嫡长继承制，和商代的前期、中期一样。可是到了武王克殷以后，尤其是到了周公东征以后，周王的产业空前的庞大，如果不确立一个法定的继承者，便很难保持王族内部的长期团结，倘使因此而引起争夺的纠纷，周的政权就不能稳固，环伺的殷人又将乘机而动。周公看到商朝自康丁以下已四世传子，王室比较安定，所以就自动地把王位让给武王的长子，使得

周王的位子永远有一个比较固定的继承者，周王的产业不致为了争夺继承权而突然垮台。[21]

杨向奎先生说：

> 宗周宗法制的完善，始自周公，这一方面是周公的宏谟，同时也是时势造成。……嫡长子制定，然后可言大宗小宗，否则同为兄弟，同是大宗，大宗林立而争夺起。[22]
>
> 西周"国家成立后，以大宗长代部落酋长；部落联盟变作诸侯与天子之间的从属关系。于是由横向联系转为纵向联系。这纵横的演变即阶级的出现，而氏族之间的横向联系转向纵深，即大小宗的出现。大宗为君，故云'宗之君之'，而小宗为臣，变作附庸。由大宗为君而变为长子继承制，自周公始确立。宗法确立后对安定当时的政治局面起了一定的作用"[23]。

以嫡长子继承制择定的统治者未必是贤明的。这是一种代价，是一种默契：为了社会的秩序与和谐——这一社会价值的落实，大家都要拥戴这个即便是平庸的统治者。[24]这也正如王国维所说："所谓'立子以贵不以长，立嫡以长不以贤'者，乃传子法之精髓。……盖天下之大利莫如定，其大害莫如争。任天者定，任人者争；定之以天，争乃不生。"[25]

西周还有一个重要的文化贡献，就是"礼乐文明"。"礼"作为礼俗是很早就存在的。关于它的起源，自古以来有各种说法，或认为礼起于祭祀；或认为礼始于饮食；或认为礼源于贸易；等等。这些说法都有一定的合理性。但这里所谓的"礼"，是作为礼俗形式而存在的礼，不是周人的礼制之"礼"。礼制并不是简单地将礼俗制度化，而是将等级制度化，并使之贯彻于一切社会生活之中。周人之所以这样做，是因为要解决周贵族——当时社会的统治阶级的自身矛盾的问题。这实际是一个更重大而根本的问题，因为这不是贵族间一时的利益分配问题，而是关系周王朝长治久安的大问题。当武王去世、成王初立之时，周贵族中管叔、蔡叔便发动了武装叛乱。而周公统兵平叛后，经过深思熟虑，便规划了以"礼"治国的大政方针。《尚书大传》说："周公摄政，一年救乱，二年克殷，三年践奄，四年建侯卫，五年营成周，六年制礼作乐。"[26] 由此可见"制礼作乐"有其现实政治的紧迫性，而这里所谓的"礼乐"，并不单纯是玉帛钟鼓之类的礼仪形式，而是由确立嫡长子继承制所引发的一系列问题，需要建立相应的礼制来解决。所以王国维独具慧眼，指出："欲观周之所以定天下，必自其制度始矣。周人制度之大异于商者，一曰立子立嫡之制，由是而生宗法及丧服之制，并由是而有封建子弟之制，君天子臣诸侯之制；二曰庙数之制；三曰同姓不婚之制。此数者，皆周之所以纲纪天下，其旨则在纳上下于道德，而合天子诸侯卿大夫士庶民以成一道德之团体。"[27]

礼制的特点是"亲亲"与"尊尊"的统一，即血缘关系与政治关系的统一。血缘关系有亲疏远近，政治关系有尊卑贵贱。由于周人以自然的人伦关系来确定尊卑上下的名分，使得这一等级制度罩上一层温情脉脉的面纱，表现出一种为后世所称羡的特点：既有森严等级，所谓"贵贱有等"，又有敬让和睦，所谓"礼让为国"。所以后世许多儒者主张为治当效法"三代"，如宋代的张载、清代的颜元等即认为："为政不法三代者，终苟道也。"[28] 所谓"法三代"，实际是效法西周的礼乐文明。

西周初中期，主要的社会矛盾是周人与殷顽民的矛盾，以及各新封国与周围原有方国部族的矛盾。周人贵族之间虽然也有矛盾，但并不居于主要地位。这时，礼治对于维系周人贵族间的秩序与团结是有成效的。然而随着时间的推移，前两个矛盾逐渐化解，各不同血缘的氏族逐渐融合而组成地缘性的政治实体。这时代表各自利益的贵族集团——各诸侯国之间的矛盾便格外突显出来，西周文明由此开始走向衰落，西周分封制开始显现出它的弊病来。

我们知道，分封制是建立在血缘宗法关系基础上的。周人为了减少内部的纷争，通过宗法规定只有嫡长子，即"宗子"有继承一切爵位、财产，乃至祭祀祖先的权力。这虽说有顺乎自然、天定的成分，但也是一种人为的规定。若从亲情而论，众子本自平等，何以嫡长子独有此特权？此在余子及其族党那里仍难免不平，而明争暗斗。更何况亲族关系，每下一代，即疏远一层，数传之后即形同路人。若保持一族共尊大宗子之正嫡，虽百世而团结不散，就未免过于理想化了。吕思勉先生《中国制度史》第八章《宗族》注中说："行封建之制者虽强，有自亡之道焉。……亲亲以三为五，以五为九，至矣，无可复加矣。而立宗法者，必欲以百世不迁之大宗抟结之，使虽远而不散。其所抟结者，亦其名焉而已，其实则为路人矣，路人安能无相攻？"[29]

诸侯始封，其实力并不很强，并且由于与周围原有部族人民存在矛盾，尚需借重周王室和同姓邻国的威势，因而对周王室礼敬有加，诸侯国间也很少冲突。慢慢地各受封诸侯与周围原有部族人民融合一体[30]，蔚为大国，对周王室渐成尾大不掉之势，诸侯国间亦因土地与人口资源的利益冲突而形成对峙相攻的局面，所以吕思勉先生在其《中国制度史》第八章《宗族》注中又写道："封建之始，地广人稀，诸侯壤地，各不相接，其后则犬牙相错矣。封建之始，种族错杂，所与竞者，率多异族，其后则皆伯叔甥舅矣。国与家，大利之所在也。以大

利之所在，徒临之以宗子之空名，而望其不争，岂不难哉？此诸侯卿大夫之间，所以日寻干戈也。"[31]

第三节　春秋以降的"圣人"崇拜思潮

西周时期之后，为东周时期，这是以周平王迁都洛阳为标志的。东周的前半期，史家习惯上称之为"春秋时代"；东周的后半期，史家习惯上称之为"战国时代"。

春秋以降，周室衰微，逐渐失去了天下共主的权威，数百年间诸侯相互攻伐兼并，弱肉强食，毫无理性和正义可言。频繁的战争使广大人民处于水深火热的痛苦之中。这时人们普遍期盼一种有序的力量，一个伟大的人物——"圣人"出现，来结束这一局面。而在先秦诸子那里，都有这样一个理念：既然社会必不可少统治者和管理者，那就理所应当由"圣人"来担当这样的重任。因此，"圣人"观念便和政治这样那样地联系在一起，因而在诸子百家文集中经常可以看到"圣王""圣君""圣臣"等名目。圣人政治，说到底，是追求有序化的权威主义政治。

"圣人"崇拜思潮的兴起，除了政治原因之外，也还有当时宗教制度方面的原因。盖中国上古宗教表现为"天神崇拜"和"祖先崇拜"，由于经过颛顼"绝地天通"和周公立"宗子法"的两次宗教改革，而最终成为一种由天子、诸侯、宗子垄断祭祀权力的身份性宗教。[32]对此，其他人的涉足和过问都会被视为"僭越"[33]。由于天子只有一人，宗子之间不相联络与统属，因而这种宗教体系形不成宗教组织，当然也没有教主、教宗之类人物。再加上这种宗教体系没有什么文本性的教义，因而处在这一宗教体系圈子中的人不可能发展宗教思想学说。另一方面，无缘进入这种宗教体系圈子中的人也不愿冒着"僭越"的巨大风险，去发展与其相关的宗教思想学说。在这种宗教文化背景下，孔子及先秦诸子没有资格和可能在宗教思想领域中进行理论创作，因而另辟蹊径倡导"圣人崇拜"。

顾颉刚曾撰《"圣""贤"观念和字义的演变》一文指出："聖"字甲骨文中未见，金文中或省作"耴"，是会意字，意谓"声入心通"。"聖"的意义，最初只是聪明人的意思，并无崇高和神秘的意味，春秋以前的一些典籍出现的"聖"，都是最初的原意；春秋以后，圣人观念变得非常崇高，并逐步向神秘和玄妙莫测的方向发展。[34]

顾先生进一步论证"圣人崇拜"观念是从孔子之时才有的，也是孔门最先倡导起来的。

子贡曾经问孔子："如有博施于民，而能济众，何如？可谓仁乎？"孔子回答："何事于仁，必也圣乎！尧、舜其犹病诸。"（《论语·雍也》）这是说，能做到"博施于民，而能济众"，不只是"仁"的表现，而是已经达到了"圣人"的标准。在这一点上，连尧、舜也并未完全做到。孔子自负"天生德于予"（《论语·述而》），"文王既没，文不在兹乎？"（《论语·子罕》）但又不敢以圣人自居，"若圣与仁，则吾岂敢！"（《论语·述而》）孔子还说："圣人吾不得而见之矣，得见君子者斯可矣。"（《论语·述而》）连孔子也见不到"圣人"，圣人真是高不可攀了。

将孔子本人视为"圣人"是从孔子弟子开始的。孔子死后，其弟子后学赞美孔子是自有人类以来最有盛德的圣人，连尧舜也不如他，如子贡说："自生民以来，未有夫子也！"（《孟子·公孙丑上》）有若说："自生民以来，未有盛于孔子也！"宰我说："以予观于夫子，贤于尧、舜远矣！"有若说："出于其类，拔乎其萃，自生民以来未有盛于孔子也。"（同上）其后

孟子则称"孔子，圣之时者也。孔子之谓集大成"（《孟子·万章上》）。

孟子甚至提出了"圣人救世"论，他认为，华夏民族曾经历三次大的灾难。第一次大灾难是，"当尧之时，水逆行，泛滥于中国，蛇龙居之，民无所定；下者为巢，上者为营窟"。尧、舜、禹三圣协力治水，"然后人得平土而居之"。第二次大灾难是，"尧舜既没，圣人之道衰，暴君代作，……及纣之身。天下又大乱"。周文王、武王、周公三圣两代"翦商"除暴，"天下大悦"。第三次大灾难是，"世道衰微，邪说暴行有作，臣弑其君者有之，子弑其父者有之。孔子惧，作《春秋》"。（《孟子·滕文公下》）孔子成《春秋》而乱臣贼子惧。按照孟子的意思，大禹是通过"治水"来救世，武王是通过"革命"来救世，而孔子则是通过"作《春秋》"宣传仁义忠孝的理念来救世。

这也就是说，影响中国两千余年的"圣人崇拜"思想，是由孔子及其开创的儒家学派首先倡导起来的。"圣人崇拜"思想首先影响了先秦诸子百家，先秦诸子无论是墨家、法家和道家等等，尽管思想观点可能大相径庭，却都无一例外地主张"圣人崇拜"。

先秦诸子时代是个理性的时代，在这个时代中，没有哪位思想家提出要靠神灵降世来救世。他们不约而同地将目光投向人类自己，从中寻求伟大的人物——圣人来救世。在他们的著作中，通常是以圣人如何如何来表达他们所认为正确的观点，在这个意义上，"圣人"就是真理的化身。

在先秦文献中，我们可以见到"圣王""圣臣""圣人"等不同的称述方式。相比而言，"圣人"是一个外延较宽的词语，它不仅包括掌握国家政治、军事权力的君王和大臣（如武王、周公），也包括那种以其思想学说救世的布衣之士。出现这种将"圣人"范围扩大到民间无身份之人的现象，本身就是一种进步。这种进步绕开了那些垄断宗教资源的天子、诸侯、宗子们，而从哲学、伦理学、政治学的方向寻求突破，来实现"救世"的宏伟目标。先秦诸子学说及其各自学说的文献载体正是在这种文化氛围中产生的。因此，"圣人崇拜"背后隐藏的实际是一种"学术救世"论。这种历史文化背景正是中国经学孕育的温床。

注释：

[1]《尚书·多士》："惟殷先人，有册有典。"

[2]《国语·鲁语上》："黄帝能成命百物，以明民共财，颛顼能修之，帝喾能序三辰以固民。"（徐元诰撰，王树民、沈长云点校：《国语集解》，北京：中华书局，2002年，第156页。）《国语·楚语下》："颛顼受之，乃命南正重司天以属神，命火正黎司地以属民，使复旧常，无相侵渎，是谓绝地天通。"（同前，第515页。）

[3] 关于《易传》，古人多认为成于孔子之手，今人多认为成于战国时期。

[4]〔清〕王先慎撰，钟哲点校：《韩非子集解》，北京：中华书局，1998年，第442页。

[5] 李守奎，李轶：《尸子译注》，哈尔滨：黑龙江人民出版社，2003年，第64页。

[6][13] 周渭卿点校：《世本辑补》，济南：齐鲁书社，2000年，第64，66页。

[7][8]〔清〕陈立撰，吴则虞点校：《白虎通疏证》，北京：中华书局，1994年，第50—51，51页。

[9][11] 王利器：《新语校注》，北京：中华书局，1986年，第10，11页。

［10］黄怀信、张懋镕、田旭东撰：《逸周书汇校集注》，上海：上海古籍出版社，1995年，第1222页。

［12］〔汉〕班固：《汉书》，北京：中华书局，1962年，第1523页。

［14］黎翔凤撰，梁运华整理：《管子校注》，北京：中华书局，2004年，第1355页。

［15］〔晋〕王嘉撰，孟庆祥、商微姝译注：《拾遗记译注》，哈尔滨：黑龙江人民出版社，1989年，第284页。

［16］〔汉〕司马迁：《史记》，北京：中华书局，1959年，第468页。

［17］〔晋〕崔豹：《古今注》，北京：中华书局，1985年，第22页。

［18］〔汉〕刘向撰，向宗鲁校证：《说苑校证》，北京：中华书局，1987年，第8页。

［19］〔清〕郭庆藩撰，王孝鱼点校：《庄子集释》，北京：中华书局，2016年，第431页。

［20］［25］［27］王国维：《王国维手定观堂集林》，杭州：浙江教育出版社，2014年，第254—255，250，248页。

［21］顾颉刚：《周公执政称王——周公东征史事考证之二》，郭伟川编：《周公摄政称王与周初史事论集》，北京：北京图书馆出版社，1998年，第49页。

［22］［23］杨向奎：《宗周社会与礼乐文明》，北京：人民出版社，1992年，第142，158页。

［24］从这里我们可以理解以"和谐"为核心的中国哲学的历史底蕴。而我们在作中、西文明比较时发现，在西方古希腊的文明中有另一种传统和逻辑，即认为政治是管理公众之事，公众有权参与政治事务。因而以个人、阶级、政党形式的斗争来公开角逐政治权力，上演一出出英雄、精英对决的历史。因而其哲学也

便是以斗争为特点的哲学。

［26］〔汉〕伏胜:《尚书大传》卷五,《万有文库》本,长沙:商务印书馆,1937年,第44页。

［28］〔元〕脱脱等:《宋史》,北京:中华书局,1977年,第12723页。

［29］以三为五:谓上亲父,下亲子;以父亲祖,以子亲孙。以五为九:谓以祖亲曾、高祖,以孙亲曾、玄孙。(参见吕思勉:《中国制度史》,上海:上海三联书店,2009年,第210页。)

［30］许倬云先生指出:"周人在北方黄土地带的优势,虽是征服,却不应当作异民族间的征服与被征服,而是大文化圈内族群间关系的重组合。"(参见许倬云:《西周史》,北京:生活·读书·新知三联书店,2012年,第163页。)

［31］吕思勉:《中国制度史》,上海:上海三联书店,2009年,第210页。

［32］天子为天下共主,诸侯为一国之主,宗子为宗族之主。

［33］春秋战国时期,原有的宗法等级秩序已经崩解,逾礼"僭越"现象日渐严重,儒家谴责之词屡见于文献。这在世界文化史上是很独特的。

［34］顾先生说:"'圣'的意义,从语源学上看,最初非常简单,只是聪明人的意思,'圣人'也只是对聪明人的一个普通称呼,没有什么玄妙的深意。它所有的各种崇高和神秘的意义,完全是后人一次又一次地根据了时代的需要加上去的。……甲骨文中,'聖'字未见。金文中,'聖'或省作'耵',……从形体上看,'聖'只是'声入心通','入于耳而出于口'的意思。……春秋以前的一些典籍里出现的'圣',都是最初的原意,在以后的书中,有些'圣'字仍沿用了这原意。"(参见顾颉刚:《"圣""贤"观念和字义的演变》,载《中国哲学》第一辑,北京:生活·读书·新知三联书店,1979年,第80页。)

第二章
"六经"——传统之源

　　"六经"是中国文化传统的最早源头，也是华夏民族核心价值的集中体现。虽然历史上也曾有外来文化汇入中国文化的情况，但这个最初之"源"对中国文化的发展一直起着主导性的作用。本章之所以采用"传统之源"的题目，意在讲明中国文化之"源"乃是"六经"，诸子百家只是其"流"。我们可以将中国思想史划分为这样两个阶段："先秦的元典时代"和"汉以后的经学时代"。这个"元典"既包括"六经"的"元典"，也包括继起的诸子学"元典"。而"六经"又是诸子学之"源"。

第一节　"六经"是中华文化之源

　　人们常说，中国文化传统源远流长。以"源远流长"四字来比喻中国文化传统，应该说是很贴切的。这个"远源"就是中国上古文化的最初之"源"，而反映中国文化传统最初之"源"的载体，便是所谓"六经"。"六经"是先秦诸子百家之学乃至汉以后主流文化的共同渊源。[1]虽然历史上也曾有外来文化汇入中国文化的情况，但这个最初之"源"对中国文化的发展一直起着主导性的作用。

　　春秋战国时期，诸侯异政，诸子异说。其时，墨家、法家、道家都曾对传统文化采取了这种那种批判、扬弃的态度。而唯独孔子说"述而不作，信而好古"（《论语·述而》），对传统文化采取了极力维护和传承的态度。孔子传承的主要学问也就是后世所称的"六经"之学。所谓"六经"，是指《诗》《书》《礼》《乐》《易》《春秋》。"六经"不仅从现在看来是中国最古老的典籍，即在孔子那时也是仅有的可供讲习的学问。也正因为如此，它便成了中国上古文化的最可靠而基本的文献载体。

　　"六经"不仅是中国文化传统的最早源头，而且也是华夏民族核心价值的集中体现。只有在这个意义上，我们才能理解"六经"的文献价值，以及两千年经学史的真正意义。

　　20世纪初，民国肇建，宣布废除"尊孔读经"，两千年的经学传统从此断裂。自那时起的近百年间，儒家经书一直被当作沉重的包袱、讨厌的累赘。20世纪初，胡适撰写出了第一部中国哲学史著作:《中国哲学史大纲》，蔡元培1917年为其书作序，称赞此书:"截断众流，从老子、孔子讲起。这是何等手段！"[2]胡适之所以对老子、孔子之前的中国元典[3]置而不论，其目的在于否定"六经"的"皇皇法典"地位，其后的各家中国哲学史著作大体遵循了这个范式，因而有了中国哲学发展各阶段的划分：所谓先秦子学、两汉经学、魏晋玄学、隋唐佛学、宋明理学和清代考据学等。冯友兰的《中国哲学史》虽然只划分两个大的阶段，即先秦诸子至《淮南子》的子学时代和汉武帝以后的经学时代，同样也是受了胡适"截断众流"方法论的影响。20世纪的中国学术的主导思想，要用一句话概括，就是"变经学为史学"。1941年，范文澜在延安讲授《中国经学史的演变》，明确提出"必需改变经学为史学，必须反对顽固性的道统观念"[4]。十年后，即在1951年，顾颉刚先生更明确地说："董仲舒时代之治经，为开创经学，我辈生于今日，其任务则为结束经学。故至我辈之后，经学自变而为史学。"[5]"文革"时期，不仅是儒家经学成为学术研究的禁区，即整个传统文化都被戴上了"封建"的帽子，甚至"传统"本身也被完全看作一种惰性的、负面的力量。改革开放以后，学术界开始辩证地认识"传统"，提出"继承、弘扬优秀传统文化"的主张。但是何谓"优秀"，何谓"非优秀"，其界限甚为模糊。而在相当一些学者中仍视儒家经典为"元恶大憝"。这种看法使"中国文化传统源远流长"的命题受到质疑，中国文化传统若无其"源"，何来其"流"？若其"源"恶，其流缘何而善？

我们认为，中国文化之"源"乃是"六经"，诸子百家只是其"流"，而不是"源"。"六经"是当时社会的公共文本，那时虽不加"经"名，但只要看先秦书中频繁引用《诗》云""《书》云"等等，即可知那时《诗》《书》已经具有了经典的地位。在我们看来，用"子学"概括先秦学术也是不准确的。我们以为，应该将冯友兰先生关于中国哲学史的"两阶段说"作一修正，即"先秦的元典时代"和"汉以后的经学时代"。这个"元典"既包括"六经"的"元典"，也包括继起的诸子学"元典"。而"六经"又是诸子学之"源"，如班固所说，诸子之学皆"六经之支与流裔"。近代熊十力则特别强调"诸子之学，其根底皆在经也"[6]。"诸子百家之学，一断以六经之义理，其得失可知也"[7]。

我们提出"六经"是中国传统文化之"源"的观点，目的并非主张要去复兴那遥远的信仰和文化，也不是鼓吹人们要像前人那样去啃读经书。而只是要大家清楚这个客观的历史事实："六经"是中国传统文化之"源"，这是传统文化研究者所应尊重的基本的历史事实。对历史的认识与评价容许有不同的

方法和观点，但尊重历史事实，则是学术讨论的前提条件和基本态度。

"六经"既然是中国传统文化之"源"，那我们就要翻开"六经"，看一看自上古以来，中国的文化传统究竟有哪些内涵？换言之，中国传统文化的"基因"是什么？

第二节 "六经"的形成时代及其文献特点

"六经"作为华夏民族最早的文献，主要反映的是初民时代的社会生活和精神生活。所谓"初民时代"，从传说的尧、舜部落联盟，经历夏、商的早期国家形态，至西周社会而臻于鼎盛。这个时期相当漫长。这是一个由原始人类向文化人类过渡，而至文明大备的时代。西周文明虽然"郁郁乎文哉"，其文化发展较原始时代有了跨越式的发展，但较之后世而言，还只能说是文明社会的早期，而远非文明的过度发展。

这个时代无论从社会而言，还是从个人而言，在许多方面仍保留原始时代的自然性。当时的统治者强调贵族阶层践行并习惯于新的礼乐文明，但"礼不下庶人"，在人民大众的身上还保留许多原始的自然习性。人际关系较为开放，原始的平等意识还有残留，男女之防亦不甚严。《礼记·大传》所谓"亲亲也，尊尊也，长长也，男女有别"[8]，是对社会全体成员提出的遵守文明新秩序的四项基本的原则。

如果说文明的过度发展会导致人性异化、道德堕落的话，那初民时代的人们相对于后世而言，正表现为一种尚未被文明所异化的、质朴的精神本性。换言之，初民时代的社会规则、道德规范对于后世而言，不能说是束缚过多的。

然而西周之后，即进入春秋时期，社会已经走向衰乱。春秋二百四十二年间，弑君三十六、亡国五十二，从任何道德评价体系而言，这都不是值得称道的。孔子作《春秋》，所记正是这段衰乱的历史。孔子生当衰世，感慨时事，他像所有的人一样不能预测未来社会的发展，因而他回首眷顾西周文明盛世，是完全可以理解的。

"六经"中，《尚书》从尧舜讲起，而《春秋》已经写到了孔子晚年的春秋末期，因此，所谓"六经"，即是从尧舜到孔子约 1700 年的历史。儒家传承"六经"，寻绎这 1700 年之间的兴衰治乱之迹，总结其中历史的经验和教训，意在告诫后人怎样做会使社会走向太平盛世，怎样做会使社会走向衰乱危亡。后世统治者对"六艺之科、孔子之学"的重视，其主要的原因也就在这里。

我们如果孤立地去读"六经"，也许并不能了解它的特异处。若将它与世界其他民族的早期文献作比较，我们就不难发现它的许多特点。这些特点所显示的恰恰是中华文明与世界其他文明的不同之处，由此可以发现"我们究竟是谁"。这里，我们只想指出"六经"的三个突出特点：

第一，"六经"特别重视人与人的关系。《郭店楚墓竹简·六德》篇说："夫夫，妇妇，父父，子子，君君，臣臣，六者各行其职，而谗谄无由作也。观诸《诗》《书》，则亦在矣；观诸《礼》《乐》，则亦在矣；观诸《易》《春秋》，则亦在矣。"[9] 战国时期的人为什么会对"六经"作出这样的概括？盖中国人的学问，总体上而言是关于人和人关系的学问。中国人的"自我"是投射到对象中的，我是谁？我是我父亲的儿子，我是我儿子的父亲，我是我妻子的丈夫，我是王的臣，如此等等。这个"自我"可以说是"责任自我"。相比之下，我们从古埃及的纸草诗中可以看到诗人对死亡的赞颂，对太阳神的赞颂，与自己灵魂的对话，等等，这些歌咏更强调的是"纯

粹自我"，这在中国的《诗经》中是看不到的。《诗经》中的诗篇总是在表现我与他人的关系。人们所理解的"生命"就是"人活着的责任"。这样一种思想，从某种特定的意义上说，似乎缺乏哲学的意味，但从广义上看，也许是一种更深刻的哲学。

第二，"六经"具有"信史"的资质。我们现在一提到"六经皆史"的观念，就会将它同清代章学诚联系在一起。实际上这个观念几乎是贯通于汉以后的学术史之中的。[10]对于这个观念究竟应该怎样解读，学者可能会见仁见智。这里，我们想从世界早期文明发生的视角来解读它。因为，我们无论去读古巴比伦的《吉尔伽美什》史诗，古印度的《罗摩衍那》和《摩诃婆罗多》史诗，古希腊的《荷马史诗》，还是基督教的《圣经》、伊斯兰教的《古兰经》等，都无一例外地看到那些史诗和经典中的英雄如何周旋于神、人、魔、怪的不同世界中。虽然那些富有想象力的神话故事非常引人入胜，但它们不是"信史"，这是显而易见的。但中国的"六经"则不同，"六经皆史"是说六经中的每一经都具有"信史"的资格。中国学人之所以对"六经皆史"有不同的评价，不是争论"六经"不是"史"，而是认为将它简单看作"史"，是贬低了"六经"的地位。"六经"首先是"经"，在中国文化中，"经"的地位是高于"史"的。

"六经"更多体现中国文化的人文特点，它不是像《圣经》那样，给我们带来一个系统的创世纪式的神话。它本身不甚强调故事性，也较少神话、神学色彩。它所展现的是一个上古社会的生活样态和思想风貌。"六经"中各书体裁跨度很大，以今人的观点看，大体上《诗》为文学科目；《书》为古代历史科目（关于上古的历史文献）；《礼》为礼仪、礼制科目；《乐》为音乐科目；《易》为哲学科目；《春秋》亦为历史科目，相传是孔子亲修的他那个时代的编年体简史。就当时代而言，可以说"六经"涵盖了学问的一切方面。所以《荀子·劝学》称赞说:"在天地之间者毕矣。"[11]

第三,"六经"反映中华民族的深层文化心理及核心价值观。由于其他古代文明皆已中断,目前世界各国的文化皆属次生文明,而唯独中华文明属于原生文明。"六经"正是这种原生文明的载体。它之所以没有在历史发展过程中被否弃和淘汰,在于它本身具有合理性的内核。"六经"全方位地展现了上古以来的历史,特别是展现了由周公主导的西周礼乐文明(包括制度、信仰、价值观念和行为方式等)。孔子曾对之发出由衷的赞叹:"郁郁乎文哉,吾从周。"(《论语·八佾》)将西周作为社会发展的理想目标。而"六经"中所反映的当时"敬天法祖"的宗教观念、道德规范、对家庭和邦族的感情,正是华夏民族原始心理的自然表露,后世之所以愿意尊"六经"为经典,并不仅仅因为孔子等少数哲人的提倡或统治者的诱导,而更多地是因为大多数人一直依恋着这种传统,或者说天生就需要这种传统。它经过学者的创造性诠释,仍然适用于已经变化了的社会。这也正是"六经"被后世人们尊为经典、代代传承而绵延不绝的深层原因。

第三节 "六经"的基本内容及其思想价值

"六经"的基本内容及其思想价值是什么呢?下面我们逐一加以概要介绍:

(一)《尚书》的基本内容和思想价值

《尚书》是讲尧、舜以及夏、商、西周三代的上古历史,有了这部书,我们才能对中国上古近两千年的历史有个基本的

了解。反之，少了这部书，我们通常所说的中国五千年历史就会大打折扣。

今传本《尚书》为东晋梅赜所献，经清代阎若璩等学者考证，其中有二十五篇为伪《古文尚书》，余三十三篇与西汉伏生二十九篇《尚书》内容相合[12]，这是我们今天讨论《尚书》的可靠资料。

在《今文尚书》中收有关于尧、舜事迹的《尧典》《舜典》等文献。尧、舜是传说时代的人物。按照前人的考证，现在的《舜典》除篇首二十八字外，原本属于《尧典》的内容。《尧典》写定的时代可能较晚，这是一个由口传历史向成文历史转换的过程。尧、舜时代，国家尚未正式形成，社会的组织形式是部落联盟。尧在小邦林立的族群关系中，能做到"协和万邦"，这是极其难能可贵的。而尧、舜禅让，也被当作尊贤任能、天下为公的楷模。

《尚书》中记载了多次圣贤吊民伐罪之事，彰显了商汤王、周武王推翻暴君的合理性，承认臣民有革命的权力。这种革命传统世代相传，从未在历史上泯灭，因而也成为历史上许多次农民革命的思想动力。近百年来"革命"成为最响亮的词语，尽管革命者要冲决一切网罗，要与传统彻底决裂，但他们也并没有逃脱传统的掌心，因为"革命"本身也正是上古文化以来的一种传统。

《尚书》重视德治的思想，《尧典》称尧"克明俊德"，《皋陶谟》载皋陶对禹大谈"德""三德""六德""九德"等。《尚书》中的《周书》特别强调德治的重要。周公本人是一位大力倡导德治的政治家，他的德治思想反映在十多篇诰类文献中，这些内容多出自周公之口或与周公有关。

在《尚书》中特别值得一提的是关于敬德、敬畏的思想，"敬畏"思想是各个宗教都有的精神要素，中国文化虽然相对缺乏宗教性，但却有很强的崇重敬畏的精神要素。

上述《尚书》中的"协和万邦"、汤武"革命"、德治，以及崇重敬畏的思想等成为中国文化传统的重要元素。

（二）《诗经》的基本内容和思想价值

《诗经》是中国最早的诗歌总集。现存305篇，分为《国风》《小雅》《大雅》《颂》四个部分。

从史的方面说，《诗经》与《尚书》可以说是相辅相成。如《商颂·玄鸟》记叙了商的始祖契的传说故事，《大雅·生民》记叙了周的始祖后稷的传说故事，契和后稷都是尧舜时代的人。这是从时间上向前的追溯。在空间上有十五国的风谣，反映广袤地域中各种不同的风土人情。当时社会的人们是有等级之分的，《诗经》全方位地反映了不同阶层人们的社会生活和精神生活。在这个意义上，《诗经》具有史诗的意义。[13]

按传统的说法，《国风》中的很多诗篇是西周王官通过民间采风搜集来的，统治者通过王官"采诗"来"观风俗，知得失，自考正"。这些风谣一类诗直抒胸臆，感情真挚，充满生命的活力。像《将仲子》"将仲子兮，无逾我墙，无折我树桑。岂敢爱之？畏我诸兄；仲可怀也，诸兄之言亦可畏也"，这种偷情诗歌能在上古社会共同体中传唱、流传，最后被王朝采诗官采集到，经过整理后，又被上层社会接纳，并加以传习。如果没有一个相对开放的人际关系和共同的审美情趣，王朝采诗官是不会将之宣之于大庭广众的。

《诗经》并未因为其草创而显得粗犷、鄙野，相反，在很多方面其艺术造诣是后世无法企及的。例如对远征士卒内心世界的描写："昔我往矣，杨柳依依。今我来思，雨雪霏霏。行道迟迟，载渴载饥。我心伤悲，莫知我哀！"（诗经·小雅·采薇）又如对女性美的描写："巧笑倩兮，美目盼兮。"（《诗经·国风·卫

风·硕人》)等等，即是如此。《诗经》中也有不少揭露、讽刺社会丑恶现象的诗篇，如《伐檀》，写一群伐木者对不劳而获的贵族阶层予以愤怒斥责，《硕鼠》更将那些贪官污吏比作大老鼠。从王朝统治者对这些政治讽刺诗的宽容和接纳来看，当时统治者的心态是相当自信和开放的。

《诗经》向我们展示当时人们的精神生活的"样态"。他们的生活是具体的、琐碎的，乃至重复的，几乎是无须记述的，但这些生活乃至具有此生活的人们的精神是那样的鲜活，它被一种诗歌的形式记录下来，并且一直被传诵，被解释，而由此，这种生活乃至具有此生活的人们的精神被"诗化"了，我们或许可以将之称为"诗化人学"。尽管汉代以后曾有一个"礼化诗学"的过程，但是"诗化人学"的传统一直借助文学的形式被继承和发展，也就是说，后世人们一直用诗来唱诵自己的生活。

通观历史，中国可称得上诗的国度，尤其是唐诗更发展到一种巅峰的程度。但人们仍称《诗经》为经，而不称后世的任何诗篇（包括唐诗）为经，这是为什么？在我们看来，《诗经》的深层的魅力，在于它是一部情感母题的结集。

与后世的诗歌相比，《诗经》没有过多强调技巧、格律，也没有刻意追求绮丽的词藻，但它却完好地保留了诗的原始抒情本质。那时的人们，动于心而发于口，天机自动，天籁自鸣，他们所抒发的情感，无论喜怒哀乐，都是那么真实自然，没有一丝矫揉造作。而抒发情感正是诗歌的本质。诗人沈方在《诗歌的原始样式》一文中提出："真正的诗歌，就是原始样式的诗歌"，"只有回到诗歌的原始，才能得到本质的诗歌"。[14]这种看法是很有见地的。

（三）"礼"的基本内容和思想价值

"六经"中的礼经，是指《仪礼》，内容是当时社会生活的各种礼仪程式。在孔子之前，这些礼仪程式长期以"演礼"的方式相传承。由于《仪礼》所记只是一些周旋揖拜之类的繁复程式，缺乏义理性，所以唐代孔颖达的《五经正义》不以《仪礼》为礼经，而以《礼记》为礼经。《礼记》是孔子后学关于"礼"的认识和讨论。半释《仪礼》，半为通论。其中的《冠义》《昏义》《祭义》《射义》《乡饮酒义》《燕义》《聘义》等是对《仪礼》"意义"的直接阐释。我们今天谈礼经，应合并《仪礼》与《礼记》一起讨论。

礼在古代被分为四大类：冠礼（即青年的成人礼）、婚礼、丧礼、祭礼，其中以祭礼为最重要。梁漱溟先生指出："古时人的公私生活，从政治、法律、军事、外交，到养生送死之一切，既多半离不开宗教，所以它（儒家）首在把古宗教转化为礼，更把宗教所未及者，亦无不礼乐化之。"[15]梁漱溟先生正确地揭示了"礼"的宗教根源。从根本上说，西周的所谓"礼"是古代宗教仪式的蜕变。古代的原始宗教有许多祭神的仪式，也有许多生活的禁忌，后来宗教迷信逐渐澄清，儒家通过自觉努力，促使礼由宗教意义向社会意义转化。

"礼"是为防止人们纷争而制定的，它是宗族安全、社会稳定的一种保护机制，也是人类由野蛮进入文明的一种标识。礼仪从根本上说，是表现敬重的形式，它通过一套讲究的规矩，推行其社会规则和价值标准。

儒家因为有"六经"，从而有《诗》教、《书》教、《礼》教、《乐》教、《易》教、《春秋》教之说。因为"礼"有更突出的地位、更深广的含义，所以"礼教"也就成为儒学、儒教的代名词。在以后的儒学发展中，"礼教"也沉淀了一些腐朽、没落的成分，以致五四时期的先进人士称之为"吃人的礼教"。不过，即使如此，那些先进人士也特别注意将其中优秀的礼仪文明剥离出来。如当年"只手打孔家店"的健将吴虞曾经声明："我们今日所攻击的乃是礼教，不是礼仪。礼仪不论文明、野蛮人都是有的。"[16]五四时期的先进人士反对儒家"礼教"，自有其道理。儒家礼教的确有其痼疾，这主要表现在：

第一，"血缘宗法性"。所谓"血缘性"，是说西周分封制下的各级政治架构是以血缘关系为纽带建立起来的。所谓"宗法性"，即西周的"宗子法"，即规定一宗族之嫡长子为宗子，具有法定的继承权，并具有主持宗族事务、裁决宗族内纷争的权力。由嫡庶长幼的关系转化为政治的等级关系。

第二，等级性。在血缘宗法制度下所制定的"礼"，皆具有鲜明的等级性。所谓"礼别尊卑"，即不同的等级实行不同的礼仪，而礼仪的等级亦在显示尊卑之别。因而春秋战国之时常有僭越礼制的事情发生。

第三，烦琐性。古代礼仪程序极其繁缛琐碎，这是宗法等级社会和慢节奏的农业文明的观念反映。

总之，传统文化中有关"礼"的部分，精华与糟粕的表现比较分明，其中既有优秀的礼仪文明的精华，也有明显的血缘宗法性、等级性、烦琐性的糟粕。

（四）"乐"的基本内容和思想价值

关于"六经"中的《乐经》，历史上曾有两种解释：古文经学认为《乐经》毁于秦火，汉代即已失传。今文经学认为乐本无文字，不过是与《诗》、礼相配合的乐曲。笔者也曾认为先秦曾有《乐经》，因为《郭店楚墓竹简·六德》篇曾说："夫夫，妇妇，父父，子子，君君，臣臣，六者各行其职，而谗谄无由作也。观诸《诗》《书》，则亦在矣；观诸《礼》《乐》，则亦在矣；观诸《易》《春秋》，则亦在矣。"若乐仅是乐曲，如何从中来"观"夫妇、父子、君臣的伦常关系？现在想来，这个证据还嫌太单薄。实际可能的情况是，从西周王官之学到孔子所讲的《诗》《书》、礼、乐，其中的"礼"和"乐"应该属于践行、演习的范畴，并不一定通过文献形式来传授。"礼"是后来才写成文本的，写出的只是周旋揖拜的仪节程式而已。而后来儒者关于这些仪节及其意义有过许多讨论和研究，这可以从《礼记》一书中得到证实。"乐"一向掌管于乐官，乐官如太师、少师、瞽蒙等皆系盲人，本不以文本形式传授技艺。因此"乐"可能一直未有文本写出。这样解释，或许更为合理。虽然"乐"未曾有文本写出，但儒者却有许多关于既有之"乐"的认知与理解，这从《乐记》之文可以得到证实。如同我们须从《礼记》各篇来看"礼"的精神实质一样，我们也可从《乐记》等文献来看"乐"的精神实质。

《礼记·乐记》说："乐也者，情之不可变也；礼也者，理之不可易者也。乐统同，礼辨异，礼乐之说，管乎人情矣。"[17]这是讲，"礼"和"乐"是一种辩证互补的关系。"乐"发自于心，听之则使人欢悦，是情之不可变者。而待人处事，礼貌得体，是理之不可易者。所谓"礼辨异"，即用"礼"来区别贵贱尊卑，但只讲等级贵贱，会使整个社会心理和情感失衡，因而又要讲"乐统同"。所谓"乐统同"，即用"乐"来使社会各阶层和合团结。此礼乐之说，所以能管摄人情。

（五）《春秋》的基本内容和思想价值

以传世文献而论，《春秋》算是最早的史学著作。春秋之际，列国皆有史，如孟子所称晋之《乘》、楚之《梼杌》、鲁之《春秋》之类即是。相传孔子据鲁《春秋》所记当时之事而修史，而以其义法定天下之邪正，所修之书仍名之为《春秋》。[18]其后，由于秦始皇焚书，"史官非秦记皆烧之"，列国之史后世无有存者，其详略亦无从得知。因而春秋时期之史事，全赖孔门《春秋》经传得以传之后世。孔子所作《春秋》记载了鲁国

自隐公至哀公十二公时期所发生的大事件。然其书过于简略隐晦，若无《左传》《公羊传》《穀梁传》等书解说，后人很难了解它的意思。以致宋代曾有人称它为"断烂朝报"。

《春秋》一书为孔子所作，这是自孟子以来的说法。《春秋》本质上是对现实的批判。春秋时代，诸侯为了争霸天下，"贪饕无耻，竞进无厌"[19]；各国之间动相征伐，"兵革更起，城邑数屠"[20]。更其荒谬者，统治集团内部争夺权力，以至于"臣弑其君者有之，子弑其父者有之"。春秋时期二百四十二年之间，弑君三十六，亡国五十二。面对这样一个无序、荒谬的社会，孔子起而作《春秋》，其目的即在彰显"乱臣贼子"的罪恶，将他们钉在历史的耻辱柱上。所以《春秋》的确不是一部单纯的历史编纂著作。

孔子之后出现了三部阐释《春秋》的重要著作：《春秋公羊传》《春秋穀梁传》和《春秋左氏传》，即所谓"春秋三传"。"三传"各成体系，异同互见。其中《春秋公羊传》宣称阐释孔子《春秋》的微言大义，首次提出"大一统"的观念，认为孔子尊尚周王朝的"一统"。"大一统"的"大"字是一个动词，是尊大、尊重之意，"大一统"的意思就是重视国家的统一。这一观念从此成为中华民族的核心价值之一。《公羊传》向往多民族的融合统一，它不以种族、地域等因素区分中国和夷狄，而以文化的先进与否来作为区分的标准。它认为如果"夷狄"遵循礼义，认同"中国"的文化，即可以进为"中国"，而如果"中国"放弃了礼义，也可以退为"夷狄"。《公羊传》提出了文化落后民族在先进民族的影响下，逐步摆脱落后面貌，共同走向进步的设想。这是一种进步、平等的民族观。

（六）《周易》的基本内容和思想价值

《周易》包括《易经》和《易传》。《易经》六十四卦，三百八十六爻（包括《乾》《坤》二卦的用九、用六爻）。《易传》又称"十翼"，史称"孔子作十翼"。《易传》未必是孔子本人所作，但将它视为先秦学者对于《易经》的最早的理论阐释，应无问题。

南宋时朱熹曾提出"《易》本卜筮之书"的著名论断，千百年来学者颇信其说。而只要我们细心研究历史，就会发现《周易》不必然为卜筮之书。《论语·子路》记载孔子说："不占而已矣。"长沙马王堆汉墓帛书本《周易·要》有这样的内容：子贡问孔子："夫子亦信其筮乎？"孔子回答："我观其德义耳。""史巫之筮，乡（向）之而未也。"[21]荀子也讲："善为易者不占。"[22]孔子、荀子的易学即是一种不讲占筮的易学。因而我们曾提出：在易学史上一直有两个传统，一个是"筮占"的传统，即迷信、神秘的传统；一个是"演德"的传统，即理性、人文的传统。

纪晓岚《四库全书总目·易学总论》提出在易学史上有"两派六宗"，他批评：《易》遂日启其论端，两派六宗互相攻驳，三教九流又援《易》以为说，故易说愈繁。[23]在他看来，《周易·大象传》乃是圣人之学的根本，他说："夫六十四卦《大象》皆有'君子以'字，其爻象则多戒占者，圣人之情见乎词矣。其余皆《易》之一端，非其本也。"我们认为，《周易》是以六十四卦的形式设定不同的处境来建立道德原则的，所表现的是境遇与境界的关系问题，其中对境界问题有着极为全面的、洞见性的研究。六十四卦《大象传》多有"君子以……"的字样，如《乾》卦《大象传》"天行健，君子以自强不息"、《坤》卦《大象传》"地势坤，君子以厚德载物"、《屯》卦《大象传》"云雷，屯，君子以经纶"、《蒙》卦《大象传》"山下出泉，蒙，君子以果行育德"等等，就是讲在不同境遇下君子所应具有的境界。

个体生命在面对人生社会的各种境遇时，经常会面临道德的选择。人们平时习惯于将道德看作一种一成不变的规则约束，但境遇各种各样，应对之方也随宜变化。道德并不是一成不变的僵化规则，它也没有因为境遇的变化而时有时无。可以说，只有经历境遇磨炼的道德才是真正的道德。美国著名伦理学家约瑟夫·弗莱彻（Joseph Fletcher）说："哪里有了境遇所提出的问题，哪里就有真正的伦理学。"[24]人生无不在境遇中，境遇伦理学所直接面对的是重要的人生价值的问题，它要人们从具体境遇出发，充分发挥人的能动性因素，导出事物的正当性的原则。《周易·大象传》所预设的境遇是方方面面的，其应对之方也是随宜变化的。尽管不同境遇下应对的方法不同，却坚定不移地朝着一个积极向上的人道目标，其中体现着非凡的道德智慧。

《庄子·天下》篇说："《诗》以道志，《书》以道事，《礼》以道行，《乐》以道和，《易》以道阴阳，《春秋》以道名分。"[25]《礼记·经解》说："温柔宽厚，《诗》教也；疏通知远，《书》教也；广博易良，《乐》教也；洁静精微，《易》教也；恭俭庄敬，《礼》教也；属词比事，《春秋》教也。"[26]《荀子·劝学》篇说："《礼》之敬文也，《乐》之中和也，《诗》《书》之博也，《春秋》之微也，在天地之间者毕矣。"[27]这些论述反映了这样一个基本的事实，即后世所说的"六经"，在先秦之时就已经被作为一个整体来看待了。

如上所述，"六经"是中国传统文化的最古老的典籍，其中反映了华夏先民的知识、好尚、信仰、礼仪、习俗、制度、规范等，以及在此基础上所产生出的共同的文化心理和民族凝聚力。对待"六经"，不能仅从知识的层面来理解，那样理解就未免过于狭隘了。历史在向前发展，若胶着于"六经"的知识，那一定会落伍的。因而读经必着眼于它关于天道自然、心性道德、政教礼刑等方面的合理内核与感悟智慧。"六经"之作为"经"正是在这个意义上说的。

注释:

[1] 余敦康先生曾提出:"重建中国诠释学,肯定要回到传统,回到经典。对我们自己而言,就是回到先秦与《五经》。……作为先秦经典的《五经》才是我们所要着力的主要资源。我们能否或者说如何还原乃至重建它所体现出来的具有普遍意义的世界历史结构,从而努力发扬中国哲学的诠释精神,将是重建中国诠释学的主要课题。"(余敦康:《中国诠释学是一座桥》,见《光明日报》2002年9月26日。)又说:"我们一定要从源头上把这个儒、墨、道、法诸子百家搞清楚,他们是流而不是源。"(余敦康:《国学的源头》,见《光明日报》2006年8月25日。)余敦康先生所言,可谓先得我心。

[2] 胡适:《中国哲学史大纲》,上海:上海古籍出版社,1997年,第2页。

[3] 冯天瑜先生在其《中华元典精神》一书中首次提出并阐述了"元典"的概念,其中说:"只有那些具有深刻而广阔的原创性意蕴,又在某一文明民族的历史上长期发挥精神支柱作用的书籍方可称为'元典'。"(参见冯天瑜:《中华元典精神》,上海:上海人民出版社,2014年,第2页。)

[4] 范文澜:《范文澜全集》第10卷《文集》,石家庄:河北教育出版社,2002年,第76页。

[5] 顾颉刚:《顾颉刚读书笔记》第五卷,台北:联经出版事业公司,1990年,第2788页。

[6][7] 熊十力:《读经示要》,北京:中国人民大学出版社,2006年,第3,3—4页。

[8][17][26] 〔清〕孙希旦撰,沈啸寰、王星贤点校:《礼

记集解》，北京：中华书局，1989 年，第 907，1009，1254 页。

［9］荆门市博物馆编著：《郭店楚墓竹简·六德》，北京：文物出版社，2003 年，第 49 页。

［10］参见赵彦昌：《"六经皆史"源流考论》，载《社会科学战线》2004 年第 3 期。

［11］［22］［27］〔清〕王先谦撰，沈啸寰、王星贤点校：《荀子集解》，北京：中华书局，1988 年，第 12，507，12 页。

［12］系从伏生书《尧典》分出《舜典》一篇；从《皋陶谟》分出《益稷》一篇；又将《盘庚》分为上、中、下三篇，而有三十三篇之数。

［13］18 世纪下半叶巴黎相继出版的汉学巨著多卷本《北京耶稣会士札记》，收有法国汉学家希伯神父（Le·P·Fibot）的《古代中国文化论》，其中说："《诗经》的篇什如此美妙，如此和谐；总领全集的可爱而崇高的古代情调，如此连贯一致；诗集里的风俗画面则又如此朴素，如此细致。所有这些特点足以证明这部诗集的真实性。"（转引自周发祥：《诗经在西方的传播与研究》，见《文学评论》，1993 年第 6 期，第 71 页。）

［14］沈方：《诗歌的原始样式》，载《诗刊》2001 年 08 期。

［15］梁漱溟：《中国文化要义》，《梁漱溟全集》第 3 卷，济南：山东人民出版社，1990 年，第 112 页。

［16］吴虞：《墨子劳农主义》，《吴虞集》，成都：四川人民出版社，1985 年，第 186 页。

［18］《孟子·离娄下》："王者之迹熄而《诗》亡，《诗》亡然后《春秋》作，晋之《乘》、楚之《梼杌》、鲁之《春秋》，一也。其事则齐桓、晋文，其文则史。孔子曰：'其义则丘窃取之矣。'"（参见〔清〕焦循撰，沈文倬点校：《孟子正义》，北京：中华书局，1987 年，第 572—574 页。）

［19］何建章注释：《战国策注释》，北京：中华书局，1990

年，第 1356 页。

［20］〔汉〕司马迁:《史记》，北京：中华书局，1959 年，第
1344 页。

［21］裘锡圭主编，湖南省博物馆、复旦大学出土与古文字研
究中心编纂:《长沙马王堆汉墓简帛集成》第 1 册，2014 年。

［23］〔清〕永瑢等撰:《四库全书总目》，北京：中华书局，
1965 年，第 1 页。

［24］〔美〕约瑟夫·弗莱彻著，程立显译:《境遇伦理学》，北
京：中国社会科学出版社，1989 年，第 119 页。

［25］〔清〕郭庆藩撰，王孝鱼点校:《庄子集释》，北京：中华
书局，2016 年，第 1071 页。

第三章

先秦的经典传承

——从孔子到荀子

　　孔子曾说:"人能弘道,非道弘人。"(《论语·卫灵公》)经学运动之兴起,乃是早期儒学大师们不懈推动的结果。这些儒学大师通过自觉的努力,将一种历史文化资源加以创造性的诠释,提炼、升华为中华民族的核心价值观。如果我们认同这样一种认识,那我们就要进一步追问,这个过程是如何发生的?

　　在我们看来,中华民族的核心价值观的建立并不是一蹴而就的,而是有一个漫长的过程。如果我们把孔子当作一个起点,那它至少在董仲舒的时候才真正确立。而孟子、荀子是这个过程中不可或缺的重要环节。有鉴于此,这一章着意研究孔子、孟子、荀子的经典诠释轨迹,看他们在对六经的诠释与推尊上所做出的卓越贡献。

第一节　孔子与儒家经典

　　看到这个题目,也许有人会问:孔子是因为倡导、并阐释了儒家经典的价值观,才成为圣人呢,还是因为孔子首先是圣人,他所整理、编纂的文献才是经典? 其实这两个问题是互为

因果的。要进一步理解这个问题，我们要分析一下孔子在文化教育上的贡献。

（一）中国第一位私学教师

孔子的祖先是宋国贵族，是殷商王族微子之后。到了孔子的曾祖父辈，因为躲避政治迫害，迁居鲁国。父亲叔梁纥老年娶年轻女子颜徵在为妻。孔子三岁时父亲去世，他在穷困的家境中，艰苦力学，成为当时知识渊博的学者。当时的教育背景是"学在官府"，其情形应如《礼记·王制》所说："乐正崇四术，立四教，顺先王《诗》《书》《礼》《乐》以造士，春秋教以《礼》《乐》，冬夏教以《诗》《书》，王大子、王子、群后之大子、卿大夫、元士之嫡子，国之俊选，皆造焉。凡入学以齿。"[1] 这里讲了受教育者的资格，就是说，只有贵族子弟有受教育的资格，一般平民子弟没有受教育的机会。然而到了春秋末世，官学没落，学术下移，原来许多从事王官之学的人才流落民间，如司马迁就曾说他的先祖"司马氏世典周史，惠、襄之间，司马氏去周适晋……自司马氏去周适晋，分散，或在卫，或在赵，或在秦"[2]。这种情况使得民间有了接受"王官之学"的机会。相传孔子就曾问礼于老聃，问官于郯子，问乐于苌弘，学琴于师襄等。孔子学成"王官之学"，便首开私人讲学之风，"有教无类"，即不问出身，不分阶级，实施平民教育。所以说孔子是中国第一位私学教师。

（二）第一个将贵族文化转化为全民文化的人

但是单说孔子是第一位私学教师还不够周延，他同时还是第一个将贵族文化转为全民文化的人。当时文化上正呈现"礼崩乐坏"的趋势，贵族阶层对原有的文化非但不加爱惜和保护，反而肆意破坏。出现这种情况固然有时代的原因，但也有制度上的原因。周公当年"制礼作乐",目的在于维护周人的宗法制度。王国维曾盛赞周人的嫡长子继承法说:"'立子以贵不以长,立嫡以长不以贤'者,乃传子法之精髓。……天下之大利莫如定,其大害莫如争。任天者定,任人者争;定之以天,争乃不生。"[3]嫡长子继承法固然对周人的政局起了长期稳定的作用,但王国维未能看到,这一制度也有它的弊端。因为政治上缺乏必要的竞争机制,就难免经常会出现庸主执政的局面。庸主执政,最容易导致的就是大权旁落,我们在春秋时代经常会看到一个"僭"字,诸侯僭天子,大夫僭诸侯,陪臣僭大夫,在春秋之世已是见怪不怪的常事。君弱臣强,政在大夫,王室愈卑;大夫之家,又为陪臣(家臣)所制,以致孔子讥刺其时代是"陪臣执国命"(《论语·季氏》)。恰恰是这些诸侯、大夫、陪臣们的贵族群体,感到原来的那些礼乐制度对自己不利,所以肆意破坏它。这是周公制礼时所始料不及的。当此"礼崩乐坏"之时,孔子出于强烈的保护历史文化遗产的心态,竭力去全面复原它,并开创私学,向民间传播它。而民间的有志之士长期以来一直渴望学习贵族文化而无从问津,闻孔子讲学,不远千里负笈而来。此种情况正如司马迁在《史记·孔子世家》中所说:"鲁自大夫以下皆僭,离于正道,故孔子不仕,退而修《诗》《书》《礼》《乐》,弟子弥众,至自远方,莫不受业焉。"[4]而孔子所讲授者,正是原来"王官之学"的内容。所以我们说,孔子同时又是第一个将贵族文化转化为全民文化的人。

(三)第一个自觉对经典进行创造性诠释的人

孔子曾说过"述而不作,信而好古"的话,此语颇为人诟病,被看作保守、复古。这恐怕是一种误解。依孔子的思路,"述"是述其历史,"信"是珍视历史中内含的价值观,这种价值观是经受了历史检验的，它比现实中那种人为造作的价值观更可靠。历史中自有价值，所以要"述而不作"；现实中价值失落，所以才"信而好古"。价值观是民族文化心理中深层次的东西，只能到本民族的历史文化传统中去发现和发掘，从而来彰显它、继承它。如果一个社会共同体不能从自身的历史文化中去发掘它，而要用当代某家某派的理念强加于这个社会共同体之上，其结果多半以失败而告终。我们现在反思孔子"述而不作，信而好古"的话，会理解到其中深刻的含义。

孔子倡导研习诸经，这一点从《论语》等书中很容易看到，这里不拟赘言。近年一些出土简帛资料向我们展示，孔子不仅研究经典，并且对经典的深层价值曾加以发掘和诠释。我们先来看孔子对《诗经》的诠释。上海博物馆藏战国楚竹书《孔子诗论》载：

> 孔子曰：吾以《葛覃》得祇初之诗，民性固然，见其美，必欲反其本，夫葛之见歌也，则以缔绤之故也，后稷之见贵也，则以文、武之德也。吾以《甘棠》得宗庙之敬，民性固然，甚贵其人，必敬其位，悦其人，必好其所为，恶其人者亦然。【吾以《木瓜》得】币帛之不可去也，民性固然，其隐志必有以俞（喻）也。其言有所载而后内（入），或前之而后交，人不可干也。[5]

这段话比较晦涩，我们可以把它翻译成白话文。孔子说：我从《葛覃》的诗中得到崇敬本初的诗意，人们的性情就是如此，看到了织物的华美，一定会去了解织物的原料。葛草之所以被歌咏，是因为缔和绤织物的缘故；后稷之所以被人尊重，是因为（他的后人）周文王和周武王的德行。我从《甘棠》的诗中得到宗庙之敬的道理，人们的性情就是如此，如果特别尊重那个人，必然敬重表示他所在的位置。喜欢那个人，一定也喜欢那人所有的作为。（反过来），厌恶那个人也是这样（一定厌恶那人所有的作为）。（我从《木瓜》的诗中）得到币帛之礼不可去除的道理。人们的性情就是如此，他们内心的志愿必须有表达的方式。他希望结交的心意要先有礼物的承载传达而后再去拜见，或直接前去拜见而后送上礼物。总之，与人纳交是不可没有礼物的。《孔子诗论》还有许多孔子对《诗经》诠释的资料，这里不再胪列。

我们再来看孔子对《周易》的诠释。马王堆汉墓帛书《周易·要》篇记载：

> 子曰：……《易》，我后其祝卜矣！我观其德义耳也。……史巫之筮，乡（向）之而未也，好之而非也。后世之士疑丘者，或以《易》乎？吾求其德而已，吾与史巫同涂而殊归者也。君子德行焉求福，故祭祀而寡也；仁义焉求吉，故卜筮而希也。祝巫卜筮其后乎！[6]

为了便于理解，我们将上一段话也译成白话：孔子说：对待《易经》，我把祝卜放在靠后的位置。我主要是观察《易经》中的道德义理。……对于史巫的占筮，我曾有意向学而不心许，喜好它却又不以为然。后世学人若有怀疑我孔丘的，或者就是因为《周易》吧！我求其德而已，我与史巫虽然同样讲《易经》，但目标不同。君子以实践德行去求福报，因此祭祀求神就比较少；以施行仁义去求吉祥，因此问卜占筮也很少。这样，祝巫卜筮不是放在靠后的位置上了吗！

孔子对经典加以诠释，体现了他对传统文化资源的高度重视。他通过整理、删修六经来阐释其中的价值观内核，这些价值观内核就是仁、义、礼、智、信等德目。孔子并不认为这些

德目是他的发明，他认为这些德目早存在于历史文化之中，儒者所要做的工作就是把它们发现、开掘出来，加以彰显，加以弘扬。

（四）第一个建立中国道德哲学体系的人

孔子建立了一个以"仁"为最高理念的道德哲学体系，这个体系包含了孝、忠、恕、礼、义、智、勇、恭、宽、信、敏、惠等许多德目。统治者的责任是要通过教化的手段将其落实在社会共同体成员的身上，使之成为共同体成员的内在品德和人与人之间的道德规范，从而建立一种良好的社会秩序。儒家推崇和弘扬"道德"，认为道德教化是一种最为人性化和社会成本最小的社会管理方式。朱熹称"道德"为"规矩禁防"[7]，道德有如堤防，当洪水不发时，堤防看似无用，且占用土地；可是若无堤防，一旦洪水肆虐，人们的生命和财产都将受到严重的威胁。道德的作用与此类似。"道德"平时看似一种束缚、一种令人生厌的说教，但一旦道德的堤防垮掉，就会人心蛊坏、物欲横流、互相侵害。而要重建道德堤防，非数十年不能奏功。正因为孔子建构了这样一种道德思想体系，中国古代社会才能获得长时期的稳定与发展。

（五）第一个以布衣身份站在道德高地上批评权贵的人

以往一些学者多指责孔子维护旧秩序的负面价值，而很少看到孔子批判社会现实的正面价值。这种理解是很片面的。我们不妨来举例说明。《礼记·哀公问》记鲁哀公问于孔子说：今之君子为什么不依礼制行事。孔子回答说："今之君子，好实无厌，淫德不倦，荒怠傲慢，固民是尽，午其众以伐有道。求得当欲，不以其所……今之君子莫为礼也。"[8]所谓"今之君子"即指当时各诸侯国的卿大夫们。在古代，卿大夫已致仕（退休）的称为"先生"，未致仕的称为"君子"。[9]正是这些当政的权贵首先破坏了"礼"，造成当时的社会危机、意义危机。上面一段话比较晦涩，我们把它翻译成白话就容易明白了。孔子的意思是说：今天的所谓"君子"（权贵们），喜好财富充实，贪得无厌；放纵淫欲，无休无止；荒于事而心怠，傲于物而心慢。尽民之力而不计其劳。众者，人之所顺，反而忤逆之；有道，人之所尊，反而讨伐之。求其得而称所欲，不顾义理。"今之君子莫为礼也"，社会风气全坏在这帮权贵们的手上。

而更突出的例子当然要属孔子所作的《春秋》，这部书是孔子根据《鲁春秋》精心编纂的，其中寄寓了孔子的"微言大义"。《孟子·滕文公下》记叙其事说："世衰道微，邪说暴行有作，臣弑其君者有之，子弑其父者有之。孔子惧，作《春秋》，《春秋》，天子之事也。是故孔子曰：'知我者其惟《春秋》乎！罪我者其惟《春秋》乎！'……孔子成《春秋》而乱臣贼子惧。"孔子这部《春秋》，如果把它当作纯记事之史，未免语焉不详，以致宋代有人讥其为"断烂朝报"；如果说其中暗寓褒贬之意，那它确是一部旷世未有的奇书。须知一切近代史、当代史都不好写，因为被评判者的子孙甚至他本人都在世，你有什么资格对那些当事人评头品足，说好说坏呢？况且在那个时代，对诸侯大夫赏罚本来是天子之事，只有天子才有资格做这种评判者。可是因为周王室早已衰微不振，天子本人尚且难以自保，怎么还能行赏罚之权，以伸张人间正义呢！孔子竟然以一介布衣平民的身份，以褒贬来代行天子赏罚。理解孔子的，会认为孔子以他的《春秋》一书伸张了人间正义；不能理解孔子的，会认为他狂妄，竟以布衣僭行天子之事。所以孔子才说："知我者其惟《春秋》乎！罪我者其惟《春秋》乎！"

（《孟子·滕文公下》）假如今天有一位平民历史学者撰写一部近当代的历史，对这一时期的大人物们加以褒贬论列，那将会招来多大的麻烦呢！以此例彼，可见孔子之为难能而可贵。

第二节　孟子：第一个将孔子奉为"教主"的人

任何学派的宗师，其地位之确立，除了其自身的非凡品格和造诣外，还需要有影响力的后学不遗余力地弘扬。那些有影响力的后学，在弘道的过程中也同时在其学派史上刻下自己的名字，孟子正是这样一位有影响力的孔子后学。大约在孟子之前，"圣人"的观念还不那么崇高，孔夫子的形象也不那么伟大，以儒家的立场树立"圣人"的崇高地位，并以孔子为宗主、至圣者，其大端在孟子。

（一）第一个将孔子奉为"集大成"的"至圣"

"圣人崇拜"观念产生于长期的民族苦难，春秋时期二百四十二年之间，弑君三十六，亡国五十二。因为当时的社会现实太无序、太黑暗、太荒谬，所以人们盼望代表秩序的权威人物出现，此正如孟子所说，"民望之，若大旱之望云霓"（《孟子·梁惠王下》）。"圣人崇拜"的倡导，是对无序、荒谬的社会现实的批判，是对正义和秩序的呼唤。

春秋战国时期社会上普遍流行"圣人崇拜"思潮，以为圣人出来便可以拯救乱世，但究竟谁是圣人呢？管仲、墨子、荀子、韩非子等都曾被人称为"圣人"，但却没有什么有影响力的人站出来呼应，因而也就不被学界和社会所认可。当然，孔子在当时曾被许多人称为"圣人"，但最重要的是，他得到了当时具有影响力的人物的强力呼应，这个人就是孟子。在孟子看来，孔子不仅是"圣人"，而且是有史以来的"集大成"的"至圣"。孟子提出："自有生民以来，未有孔子也。"就是说，自有人类就不曾有过孔子这样的"圣人"。孟子还说："孔子，圣之时者也。孔子之谓集大成。"（《孟子·万章下》）可以说，他对孔子的评价已经达到无以复加的地步。而后世称孔子为"大成至圣""万世师表"，其实不过概括孟子之意。我们虽然不认为儒学是宗教，但后世儒学确实起了类似宗教的作用，而孟子就是第一个将孔子奉为"教主"的人。

（二）独立知识分子立场上的经典诠释

《礼记·儒行篇》讲有一类"特立独行""上不臣天子，下不仕诸侯"的士人和儒者，所谓"特立"，就是"独立"，用今天的话说，就是"独立的知识分子"。在战国初中期，出现了一批这样的知识分子。例如，魏文侯的老师田子方就属于这一类特立独行的人。《史记·魏世家》记载，太子击（后来的魏武侯）路上与田子方相遇，下车施礼谒见，田子方傲不为礼，太子击很生气地问田子方："是富贵者应该骄人呢，还是贫贱者应该骄人？"田子方回答："当然是贫贱者应该骄人了。若是诸侯骄人就会失其国，若是大夫骄人就会失其家。贫贱者行有不合、言有不用，则去楚、越蛮乡，就像脱掉了一双草鞋，这两者怎么能相比呢！"子思是孔子之孙，也是一位特立独行的人。《孟子·万章下》记载，鲁穆公会晤子思说：千乘之国的国君要同士人交朋友，如何？子思很严肃地回答说：恐怕应该说国君以士人为师吧，怎么能说交朋友呢？子思表现出一身的刚风傲骨，曾子曾对他说："吾观子有傲世主之心，无乃不容乎！"[10] 1993 年出土的《郭店楚墓竹简》中有《鲁穆公问子思》一篇，再次印证了子思的特立独行。鲁穆公问子思："怎样做，可以称得上忠臣？"子思回答："经常指出君主

错误的，可以称得上是忠臣。"

孟子是子思的再传弟子，他同样也是一位特立独行的人。上古时代，以所谓"圣王"来代表社会公正，战国时期"圣王不作，诸侯放恣，处世横议"，谁能代表社会的公正与良心呢？孟子已不像孔子那样寄希望于统治者，他更希望士人能担负起道义的责任。他说："无恒产而有恒心者，惟士为能。"（《孟子·梁惠王上》）认为"天将降大任于是人"，士人要有"舍我其谁"的历史主动精神，以天下为己任。他同时认为，士人应该有顶天立地的大丈夫精神："得志，与民由之；不得志，独行其道。富贵不能淫，贫贱不能移，威武不能屈。"士人见了那些权贵大人们，不要觉得他"巍巍然"，形象多么高大，"说大人，则藐之，勿视其巍巍然"。孟子见了梁惠王之后，便说他"望之不似人君"[11]。后世在君主专制制度下，朝臣不管君主多么昏庸，都诚惶诚恐地称之为"圣上"，所谓"臣罪当诛兮，天王圣明"[12]。奴颜婢膝，完全丧失了孟子所高扬的尊道自尊精神。相比而言，孟子确是一位具有独立精神的知识分子典型。

汉代赵岐《孟子题辞》说："孟子通五经，尤长于《诗》《书》。"[13]《孟子》一书引《诗》、论《诗》凡38处，引《书》、论《书》凡20处，说明孟子确实是"长于《诗》《书》"的。而孟子对《诗》《书》等经典所进行的诠释和发挥，正是站在独立知识分子的立场上的。

孟子解释《尚书》，言必称尧舜，是因为尧舜有"公天下"之心，称颂文、武、周公的德治，是认为他们能实行仁政。在孟子的解释框架下，"民"是最高范畴，"天视自我民视，天听自我民听"（《孟子·万章上》），连天都是以人民的意志为意志的。所以孟子提出，"民为贵，社稷次之，君为轻"（《孟子·尽心下》）。统治者有责任保障人民的生命与生活，"明君制民之产，必使仰足以事父母，俯足以畜妻子，乐岁终身饱，凶年免于死亡"（《孟子·梁惠王上》）。如果遇到暴君统治，臣民有革命的权利。齐宣王问孟子："汤放桀，武王伐纣，有诸？"孟子对曰："于传有之。"曰："臣弑其君，可乎？"曰："贼仁者谓之贼，贼义者谓之残，残贼之人谓之一夫。闻诛一夫纣矣，未闻弑君也。"（《孟子·梁惠王下》）孟子的这些话实际上也是对儒家经典的发挥。经典本来可以这样发挥，也可以那样发挥，关键在于你是站在一种什么样的立场上。孟子所代表的正是先秦独立知识分子的立场。可惜这样的解经立场没有被后世儒者所继承，而走了汉唐训诂注释、宋明理气心性的诠释路线。

第三节　荀子：推崇"五经"达于极致的儒者

（一）第一个提出"五经"备天地万物之道

荀子推崇"五经"，他说："学恶乎始，恶乎终？曰：其数则始乎诵经，终乎读礼；其义则始乎为士，终乎为圣人……《礼》之敬文也，《乐》之中和也，《诗》《书》之博也，《春秋》之微也，在天地之间者毕矣。"[14]他认为，学者从学为士到学为圣人，只学习"五经"就够用了。因为"五经"已经包含了天地之间的学问。所谓"在天地之间者毕矣"，"毕"是"尽"的意思，是说天地之间的学问尽在这里了。这是从学问方面说的。若从政治上说，也是一样，所以荀子又说："圣人也者，道之管也。天下之道管是矣。百王之道一是矣。故《诗》《书》《礼》《乐》之归是矣。《诗》言是其志也，《书》言是其事也，《礼》言是其行也，《乐》言是其和也，《春秋》言是其微也。……天下之道毕是矣。"[15]"管"是枢纽，圣人是"道之管"，道之枢纽。圣人的学问尽在"五经"之中，百王之道也

尽在"五经"之中。所以无论是学人也好，还是统治者也好，都应抓住"五经"这个根本。（值得注意的是，荀子此时所提到的"五经"，是指《诗》《书》《礼》《乐》《春秋》而言，尚不包括《周易》。）荀子第一次把儒家经典提到了承载万物之道的地位，这就为后世汉武帝、董仲舒"罢黜百家，表章六经"的政策提供了理论的依据。

（二）系统传授经学

如果我们把子思、孟子一派归为"弘道派"的话，那么或许可以把子夏归为"传经派"，荀子则兼弘道、传经为一身。但他所弘扬的"道"与思孟学派有所不同，这一点我们留待下面来说。在孔子之后，先秦时期系统传授儒家经典的有两位大儒，前期是子夏，后期是荀子，荀子应该也是传自子夏。儒者传经，即使是同一经师，然弟子各记所闻、各抒所得，在传承过程中便会渐行渐远，形成不同的流派。此在子夏之后是如此，在荀子之后也是如此。

关于子夏传经的情况，唐代陆德明《经典释文·序录》详列传经之儒的名字，于《周易》首列《子夏易传》，自注：卜商字子夏，卫人，孔子弟子。于《毛诗》，云子夏授曾申（曾参之子），四传而至荀子，荀子传大毛公。于《公羊春秋》，则云公羊高受之于子夏。于《穀梁春秋》，则引《风俗通》云穀梁赤为子夏之门人。等等。《仪礼·丧服》亦有子夏《传》。而孔门弟子中，除了子夏外，并不见其他人系统地传经，所以康有为说："传经之学，子夏为多。"[16]

关于荀子传经的情况，《经典释文·序录》称，《毛诗》由荀子传大毛公。《汉书·楚元王传》谓传《鲁诗》的申公，受《诗》于浮丘伯，而浮丘伯是荀子的门人，是《鲁诗》亦出于荀子。《韩诗》今存《外传》，其中引荀子说《诗》凡四十四

则，是《韩诗》亦与荀子经学相合。《经典释文·序录》又称，
《春秋左氏传》由左丘明作，传曾申，五传至荀子，是《左传》
亦传于荀子。《汉书·儒林传》谓瑕丘江公受《春秋穀梁传》
于申公，而申公为荀子再传弟子，是《穀梁传》亦传于荀子。
另从《荀子》一书看，其中有许多讨论礼的内容，是荀子应当
也传《礼经》。正因为荀子是战国后期几乎唯一系统传经的儒
者，所以康有为说："传经之功，荀子为多。"[17]"孟子之后无
传经。"[18]"二千年学者皆荀子之学也。"[19]荀子经学虽然多
传自子夏，但荀子却批评子夏是"贱儒"，这着实不太好理解。
荀子说："正其衣冠，齐其颜色，嗛然而终日不言，是子夏氏
之贱儒也。"[20]"嗛"通"慊"，是志得意满的意思；"终日不
言"，务于沉默，这似乎是批评子夏没有尽到传经的责任。或
许荀子认为，儒者不能单纯"传经"，亦应同时担负起"弘道"
的责任。

注释：

[1][8]〔汉〕郑玄注，〔唐〕孔颖达等正义：《礼记正义》，
〔清〕阮元校刻：《十三经注疏》，北京：中华书局，2009年，第
2905，3496页。

[2][4]〔汉〕司马迁：《史记》，北京：中华书局，1959年，
第3285—3286，1914页。

[3]王国维：《王国维手定观堂集林》，杭州：浙江教育出版
社，2014年，第250页。

[5]引自姜广辉：《古〈诗序〉复原方案（修正本）》，载姜广
辉主编：《中国哲学》第24辑《经学今诠三编》，沈阳：辽宁教育
出版社，2002年，第175页。按：本书中上海博物馆藏战国楚竹
书《孔子诗论》释文文字均引自此文，而原图版则可参见马承源

主编:《上海博物馆藏战国楚竹书（一）》,上海:上海古籍出版社,2001年。

[6]廖名春:《帛书〈要〉释文》,载廖名春:《帛书〈周易〉论集》,上海:上海古籍出版社,2008年,第389页。

[7]〔宋〕朱熹撰,朱杰人、严佐之、刘永翔主编:《朱子全书（修订本）》第24册《晦庵先生朱文公文集》卷七十四《白鹿洞书院揭示》,上海:上海古籍出版社;合肥:安徽教育出版社,2002年,第3586页。

[9]参见胡培翚《仪礼正义·乡饮酒礼》注引王引之语。

[10]傅亚庶:《孔丛子校释》,北京:中华书局,2011年,第130页。

[11]有人曾问朱熹:"望之不似人君,此语孔子还道否?"朱熹回答:"孔子不说。孟子忍不住,便说。"（〔宋〕黎靖德编,王星贤点校:《朱子语类》,北京:中华书局,1986年,第1222页。）

[12]〔唐〕韩愈撰,〔宋〕魏仲举集注,郝润华、王东峰整理:《五百家注韩昌黎集》,北京:中华书局,2019年,第609页。

[13]〔汉〕赵岐注,〔宋〕孙奭疏:《孟子注疏》,〔清〕阮元校刻:《十三经注疏》,第5790页。

[14][15][20]〔清〕王先谦撰,沈啸寰、王星贤点校:《荀子集解》,北京:中华书局,1988年,第11—12,133—134,105页。

[16][17][18][19]康有为:《万木草堂口说》,楼宇烈整理:《长兴学记·桂学答问·万木草堂口说》,北京:中华书局,1988年,第93,72,186,195页。

第四章
先秦尚书学的再认识

《尚书》于儒家经典中最为古老，也最难懂。从语言文字而言，韩愈、朱熹等人已明白承认它的一些篇章"佶屈聱牙""已不可解"。而从思想内容而言，其所记多为上古帝王的为治"心法"，因而为后世学者追溯"道统""治统"的主要凭借。唐代刘知幾对《尚书》评价甚高，认为《尚书》是"七经之冠冕，百氏之襟袖。凡学者必先精此书，次览群籍"[1]。

近现代学者对于《尚书》的研究，大体有两个方向：一是关于思想史的研究，因为学者不能完全看懂《尚书》文献，因而多为寻章摘句、断章取义式的评论和议论，所作结论或不免偏颇。二是关于语法学的研究，因为所作是纯粹语法类型、结构的研究，这对于想要阅读《尚书》经典文本的读者而言，还不能起到一种"导读"的作用。职是之故，笔者主张，今后的尚书学研究，应注意思想史与语言学的结合。

第一节 《尚书》：一种失落的"雅言"体系

以笔者之见，中国自古以来的汉语文献，有三个语言体系：一是以《今文尚书》为代表的"老古文"语言体系；二是春秋末至清末的"古文"（也可称"新古文"）语言体系；三是晚近的"白话文"语言体系。笔者使用"老古文"和"古文"的提法，是借鉴满语"老满文""新满文"的概念。

学者早已谈到过《尚书》文体的特殊性，早在唐代，韩愈《进学解》便称："周《诰》殷《盘》，佶屈聱牙。"韩醇注："聱，《广雅》谓不入人语也。"[2]韩愈是唐宋古文八大家之首，在他看来，像《尚书》中类似《盘庚》三篇、《康诰》《大诰》之类文字，艰涩难懂，已经不能融入人们的语言体系之中了。宋代大儒朱熹也曾说："如《盘庚》诸篇已难解，而《康诰》之属则已不可解矣。"[3]有鉴于《尚书》文体的特殊性，今人谭家健先生曾专门提出"《尚书》体"的概念，得到学者的赞同。[4]然愚见以为，此概念尚不足以反映《尚书》文体的历时性特点，以及它与后世成熟古文的重大区别，因而特别标出它是与春秋末以后的"古文"甚不相同的"老古文"。

《尚书》是中国上古时代的历史档案文书，记言兼记事。体裁有典、谟、训、诰、誓、命等。《尚书》所使用的语言主要是岐周地区的方言，因为岐周地区在西周时为全国的政治中心，此地区的方言也便成了"雅言"（正言），亦即当时的官话。我们今日所见的《今文尚书》所反映的正是当时"雅言"的语言体系。这种"雅言"的语言体系不仅关乎文字的读音，也关乎字法（用字习惯）、句法（文句语法）等。

今天在人们的文化生活中，通行的是白话文。除少数古典文化研究者之外，社会上的大多数人已基本不懂古文。同理，春秋末以至清末的人们，除少数研究经典的研究者之外，社会上的大多数人也已不懂《今文尚书》各篇的语言。关于中国现代白话文的兴起，是由于书写文体与日常语体严重脱离，胡适等人极力倡导改变文风，用日常语体的白话写作，由此而有白话文。但是，究竟是什么时候，以《尚书》为代表的西周"雅言"体系被一种更为进步的语言体系完全代替了呢？我们判断这个过程发生在春秋前中期。遗憾的是，关于这段时期的历史文献基本是空白，我们所熟知的《春秋》《左传》《国语》《管子》等都是春秋末期以后之人写的。这些书已经属于一种成熟的古文文体了。

推测西周"雅言"体系失落的原因是：在西周灭亡之后，周平王带着大批移民东迁洛阳。岐周地区为秦人所占据。秦人自发展其本族的文化，原本的岐周文化渐趋式微。《毛诗·蒹葭小序》称:《蒹葭》"刺（秦）襄公也。未能用周礼，将无以固其国焉"[5]。这是说秦人并没有继承周人的文化。而周平王东迁洛阳之后，周王朝逐渐沦落，地位有如小国，失去了话语权。其原有的文化则可能被齐、晋等大国文化所淹没。

我们从汉代扬雄的《方言》一书看，即使到了汉代大帝国建立之后，各地的方言区别仍然甚大。想见春秋初中期诸侯林立之时，各地方言的区别更大。但是，春秋时期，在齐国、晋国作为霸主国长期主盟期间，各诸侯国之间频繁的政治文化交流，经过两百多年的时间，到了春秋末期催生了一种新的较为通用的语言文化体系，就是我们所看到的孔子、墨子、老子等人的"之乎者也矣焉哉"的语言体系。这种新的语言体系与以《尚书》为代表的语言体系相比，不啻那时的"白话文"。

笔者将《今文尚书》"语言"与春秋末之后的"语言"看作两种语言体系，那为什么两千多年来无人提出类似的看法呢？笔者以为有两个原因：第一是代表中国主流文化的儒学学者一直强调自己是先王文化的守护者和继承者，儒家经师一代代传承，大体上了解《尚书》文字的意涵；第二是古人得益于

《尔雅》这部训诂学宝典，学者通过它可以大致读懂这部书。假如没有这两个因素，《尚书》突然被发现于后世社会，那学者视之将不啻"天书"也！

明胡广《书经大全·原序》引南宋叶梦得之语说："《尚书》文皆奇涩，非作文者故欲如此。盖当时语自尔也。"这是说，《尚书》所录乃是当时人的语言，为人所共晓。由于时代变迁，语言改变，后人觉得奇涩难懂了。《尚书》究竟怎样难懂，为什么说它与后世古文属于两种不同的语言体系？

为了追索"老古文"转向"新古文"的过程，我们选用几个关键字来加以比较：

表一　《今文尚书》与《易经》《毛诗》关键字比较

	《今文尚书》	《易经》	《毛诗》			
		卦辞爻辞	《颂》	《大雅》	《小雅》	《国风》
厥	210	2	20	24	1	无
其	209	109	58	91	165	233
也	无	无	1	3	7	77
者	1（?）[6]	无	4（鲁颂）	1（卷阿）	28	27

说明："厥"作为表示"他的""他们的"领属格代词，在《今文尚书》中屡见不鲜。《今文尚书》中也有"其"字，但作为副词和助词，很少用作代词。发展到"新古文"，"厥"字基本为"其"字所代替。从上古文本中的"厥"和"其"的使用情况，大体可判断其文本的早晚。从上表中可以看到，《今文尚书》中"厥"字210见，而《易经》卦爻辞中，"厥"字仅2见，"其"字却有109见。说明《易经》的成书年代并不很早，应该是在西周末年之后。《诗经》中的《颂》和《大雅》皆有较多的"厥"字，表现出西周文本的特征，而《国风》中则无一"厥"字，"其"字则有233个，明显表现出春秋时期文本的特征。

《今文尚书》和《易经》中皆无"者"字、"也"字，"者"字、"也"字应出现在春秋以后的文本中。

关于《逸周书》真伪问题，曾引起学术界的广泛讨论，梁启超曾说此书"真伪参半"[7]。依笔者的意见，此书是先秦古籍当无疑义，它应该是西周文献与东周文献的混编。其中如《祭公》篇，当为西周"老古文"之遗存，《礼记·缁衣》所引《叶公之顾命》即是此篇。而其中的《太子晋》一篇所记内容为师旷与周太子晋的对谈，此篇已是典型的"新古文"的文体，太子晋去世时，孔子甫三岁。而这时"新古文"的文体已经成型。

以上述关键字的办法检验，《逸周书·祭公》篇有"厥"字4个，"其"字4个，并无"者"字和"也"字，符合西周"老古文"文体的特征；而《太子晋》篇无"厥"字，"其"字13个，而有"也"字3个、"者"字6个，符合春秋末以后"新古文"文体的特征。

当然，我们这样讨论"老古文"与"新古文"的区别，不免太过简约化。

清代姚际恒曾讽刺伪作《古文尚书》者只是简单模仿，"字法则如以'敬'作'钦'，'善'作'臧'，'治'作'乂'作'乱'，'顺'作'若'，'信'作'允'，'用'作'庸'，'汝'作'乃'，'无'作'罔'，'非'作'匪'，'是'作'时'，'其'作'厥'，'不'作'弗'，'此'作'兹'，'所'作'攸'，'故'作'肆'之类是也。"[8]姚际恒的意思是说，《尚书》与春秋末期以后的古文用字习惯有很大的不同，如春秋末期以后的古文当用"善""信""其""故"等处，《尚书》会用"臧""允""厥""肆"之类字。

其实，姚际恒所举例字仍嫌过于简单。笔者浏览《今文尚书》一遍，便拈出许多新例证，今列表如下：

表二　　《今文尚书》与后世古文字法对应表[9]

序号	《今文尚书》字法	春秋末以后古文字法	《今文尚书》例句	备注
1	厥	其	《尧典》："厥民析。"	
2	克	能	《尧典》："克明俊德。"	
3	允	信	《尧典》："允恭克让。"	
4	庶	众	《尧典》："庶绩咸熙。"	
5	师	众	《舜典》："震惊朕师。"	《尚书》有"众"字，《盘庚中》："诞告用亶其有众。"
6	烝	众	《益稷》："烝民乃粒。"	
7	旅	众	《多方》："灵承于旅"。	《左传·昭三年》："敢烦里旅。"
8	畴	谁	《尧典》："畴若予工。"	《尚书》有"谁"字，只一见于《益稷》："谁敢不让？"
9	俞	然	《尧典》："帝曰俞。"	
10	格	至	《舜典》："归格于艺祖用特。"	《尚书》有"至"字，如《舜典》："至于南岳。"
11	造	至	《盘庚中》；"咸造弗亵在王庭。"	
12	挚	至	《西伯戡黎》："大命不挚。"	
13	肆	遂	《舜典》："肆类于上帝。"	

续表 1

序号	《今文尚书》字法	春秋末以后古文字法	《今文尚书》例句	备注
14	肆	故	《盘庚下》；"肆予冲人。"	《尚书》中也有"故"字，《酒诰》："故天降丧于殷。"
15	庸	用	《尧典》："汝能庸命。"	
16	佥	同	《尧典》："佥曰……"	
17	若	顺	《尧典》："畴若予工？"	
18	永	长	《舜典》："歌永言。"	
19	亮	明	《舜典》："惟时亮天功。"	
20	猷	谋	《盘庚上》："听予一人之作猷。"	
21	谟	谋	《皋陶谟》	《尚书》中也有"谋"字，《召诰》："矧曰其有能稽谋自天。"
22	靖	谋	《微子》："自靖。"	
23	时	是	《益稷》："帝不时。"	
24	塞	实	《皋陶谟》："刚而塞。"	《尚书》中也有"实"字，《盘庚上》："施实德于民。"
25	休	美	《益稷》："天其申命用休。"	
26	刘	杀	《盘庚上》："无尽刘。"	

续表2

序号	《今文尚书》字法	春秋末以后古文字法	《今文尚书》例句	备注
27	矧	况	《盘庚上》："矧曰其克从先王之烈。"	
28	厎	致	《舜典》："乃言厎可绩。"	
29	攸	所	《禹贡》："九州攸同。"	
30	越	于	《盘庚上》："越其罔有黍稷。"	
31	越	及	《大诰》："越尔御事。"	
32	越	于此	《高宗肜日》："越有雊雉。"	
33	胥	相	《盘庚中》："永敬大恤无胥绝远汝分猷念以相从。"	此例"胥""相"并用。《诗·角弓》："兄弟昏姻，无胥远矣。"胥：相互。
34	乃	汝	《盘庚中》："齐乃位。"	《尚书》中也有"汝"字，《盘庚中》："汝不忧朕心之攸困。"
35	台	我	《汤誓》："非台小子敢行称乱。"	
36	卬	我	《大诰》："肆予曷敢不越卬敉宁大命。"	
37	亶	诚	《盘庚中》："诞告用亶其有众。"	
38	孔	大	《禹贡》："九江孔殷。"	
39	诞	大	《盘庚中》："诞告用亶其有众。"	

续表3

序号	《今文尚书》字法	春秋末以后古文字法	《今文尚书》例句	备注
40	丕	大	《盘庚中》："以丕从厥志。"	《尚书》中也有"大"字，《盘庚下》："懋建大命。"
41	皇	大	《洪范》："皇则受之。"	
42	洪	大	《多士》："惟尔洪无度。"	
43	简	大	《多方》："简畀殷命。"	《淮南子·说山》："周之简圭，生于垢石。"
44	元	大	《酒诰》："肇我民惟元祀。"	
45	用	欲	《盘庚中》："用奉畜汝众。"	
46	迪	道	《盘庚中》："乃有不吉不迪。"	
47	迪	蹈	《西伯戡黎》："不迪率典。"	
48	迪	逃	《微子》："诏王子出迪。"	
49	奠	定	《盘庚下》："奠厥攸居。"	《尚书》中也有"定"字："罔有定极。"
50	敷	布	《盘庚下》："今予其敷心腹肾肠。"	
51	肩	任	《盘庚下》："朕不肩好货。"	
52	穀	善	《洪范》："既富方穀。"	
53	臧	善	《酒诰》："厥心臧。"	

续表4

序号	《今文尚书》字法	春秋末以后古文字法	《今文尚书》例句	备注
54	哉	始	《康诰》："哉生魄。"	
55	宅	安处	《康诰》："亦惟助王宅天命。"	
56	戾	安定	《康诰》："未戾厥心。"	
57	服	行	《康诰》："时乃大明服。"	
58	旧服	故事	《盘庚上》："以常旧服。"	
59	由	用	《康诰》："乃其速由文王作罚刑。"	
60	放	废弃	《康诰》："大放王命。"	
61	逖	远	《牧誓》："逖矣西土之人。"	
62	敩	败	《洪范》："彝伦攸敩。"	
63	钦	敬	《盘庚下》："罔有弗钦。"	
64	祇	敬	《金縢》："四方之民罔不祇畏。"	
65	翼	敬	《大诰》："越予小子考翼。"	
66	穆	敬	《酒诰》："乃穆考文王。"	
67	腆	国主	《大诰》："殷小腆诞敢纪其叙。"	
68	腆	厚	《酒诰》："不腆于酒。"	
69	棐	辅臣	《酒诰》："惟御事厥棐有恭。"	
70	盡	爇	《酒诰》："民罔不盡伤心。"	

续表5

序号	《今文尚书》字法	春秋末以后古文字法	《今文尚书》例句	备注
71	采	事	《尧典》："畴咨若予采。"	
72	辟	刑	《梓材》："罔攸辟。"	
73	徂	往	《梓材》："肆徂厥敬劳。"	
74	疾	敏	《召诰》："王其疾敬德。"	
75	嗣	继	《召诰》："今王嗣受厥命。"	
76	伻	使者	《洛诰》："伻来以图及献卜。"	
77	伻	使	《立政》："乃伻我有夏。"	
78	范	法	《洪范》	
79	式	法	《立政》："用丕式见德。"	
80	戛	法	《康诰》："不率大戛。"	
81	辟	法	《酒诰》："宏父定辟。"	
82	卞	法	《顾命》："率循大卞。"	
83	甸	治	《多士》："俊民甸四方。"	《诗·韩奕》："维禹甸之。"
84	乂	治	《立政》："以乂我受民。"	
85	乱	治	《立政》："丕乃俾乱。"	

　　此表之列，旨在说明"老古文"之用字习惯大不同于我们所常见的古文。所举之例，不免挂一漏万。而选入表中之字，有许多又是多义字，这里仅列其主要意义。总而言之，这里所

谈的《今文尚书》字法的特殊性，还属于一种提示性、表象性的陈述。

其实，以《今文尚书》为代表的"老古文"，还有其句法的许多特殊性，此一领域非笔者所长，亦非本书所要讨论的内容。有兴趣的朋友可参看钱宗武教授的《今文〈尚书〉语法研究》一书。

第二节 《尚书》：一段幸存的上古记忆

《尚书》是关于虞夏、商、周的上古史文献。若没有这部书，那中国的文明史会缩短一两千年。秦始皇焚书，几乎把这一大段历史完全从中国人的记忆中抹去。而这门学术之所以不绝如缕，传承下来，完全有赖于秦汉之际的伏生。鉴于伏生对传承中国文化的巨大功绩，后来曾有人提议，应该用黄金为他铸造遗像。[10]

从思想史的角度来说，《尚书》中有哪些重要的历史文化资源呢？笔者提出如下几项：

（一）"尧舜禅让"

《今文尚书·尧典》等篇中讲了"尧舜禅让"，即尧将帝位让给舜的事情经过。前辈学者顾颉刚提出"禅让"是战国学者想象的乌托邦观点。笔者认为，关于"尧舜禅让"这个问题，关系到对上古传说（口传历史）的理解，也关系中华民族一直推崇的"天下为公"的传统价值观，有再讨论之必要。

顾先生不仅否认上古有过"尧舜禅让"之事，也否认曾有尧、舜其人，甚至认为大禹只是一条虫。顾先生奉行文献考证的逻辑，这个逻辑是这样的：如果某人被视为上古的重要人物，而在可以考信的上古文献中却没有关于他的记载，可以认为此人不曾存在。他认为，尧、舜的名字，不曾在孔子之前的文献中出现，如《诗经》中只提禹之名，而无尧、舜之名。《今文尚书》中除《尧典》《皋陶谟》二篇之外，也只提禹之名，而无尧、舜之名。尧、舜的名字只是到了孔子的时代才出现。而《尧典》《皋陶谟》等篇，他认为是战国末期的人所撰作的。所以尧、舜及其事迹是后世学者虚构出来的。

顾先生所奉行的文献考证逻辑是自洽的，他的考证是可以重复的，按照他的方法再去考证，基本也是如此。这是值得我们肯定的。

问题在于，"尧舜禅让"是关乎政治权力转移的重大事件，讲尧舜，必讲"尧舜禅让"，尧、舜其他可称道的标识性事迹并不多。而今天我们能确认的孔子之前的古籍，只有三种：一、《今文尚书》；二、《诗经》；三、《易经》（指卦爻辞部分）。而这三种书皆有特定的体裁限制，并不是通史类著作。《今文尚书》除《尧典》《皋陶谟》之外，主要是以西周为主的历史档案，这样的体裁似乎与"尧舜禅让"之事"不搭"；《诗经》，是古代诗歌总集，无论是《商颂》《周颂》《大雅》，还是十五《国风》等，都与"尧舜禅让"之事"不搭"；《易经》是以筮辞形式呈现的，也与"尧舜禅让"之事"不搭"。这三部书中，除《今文尚书》中的《尧典》《皋陶谟》之外，没有讲"尧舜禅让"之事，甚至没有讲到尧、舜的名字，是可以理解的。

而此一时期，史官以文字的形式记录史事，也只是起步阶段，而大量的以文字著书，包括以文字追述以往历史的时代尚未正式开启。

顾先生关于"禅让"是战国学者想象的乌托邦的观点，与他的"层累地造成的中国古史"的著名假设是连在一起的。他曾说：

《诗经》和《尚书》（除首数篇）中全没有说到尧、舜，似乎不曾知道有他们似的；《论语》中有他们了，但还没有清楚的事实；到《尧典》中，他们的德行政事才粲然大备了。因为得到了这一个指示，所以在我的意想中觉得禹是西周时就有的，尧、舜是到春秋末年才起来的。越是起得后，越是排在前面。等到了伏羲、神农之后，尧、舜又成了晚辈，更不必说禹了。我就建立了一个假设：古史是层累地造成得的，发生的次序和排列的系统恰是一个反背。[11]

这种上古史观直到今天仍在历史学界具有很大的影响。而我们认为，顾先生根据古代文献写本的晚出来否定中国早期的历史，这种思想方法值得再加检讨。

我们知道，世界各个民族开始都没有文字。没有文字不等于没有历史。各民族早期的历史是依靠一代一代人口耳相传的。文字的发明、完善、普及，以及书写工具的方便制作，需要一个很长的历史发展时期。开始人们只是以文字记载切近之事，待此一民族文化有了相当的发展之后，才有可能用文字去追记较远的历史。由此而有一个从口传历史到成文历史的过程。《尚书》中常有这样的话，如《尧典》"曰若稽古"、《洪范》"我闻在昔"、《吕刑》"若有古训"，表明这些典籍都是从口传历史转化为成文历史的。

华夏民族由于历史上从未间断聚族生活，集体保持着远古的记忆。中国上古史多为传说性质，但这种传说又与其他民族的古代神话传说不同，多有远古社会真实的史影在，以致古代关于有巢氏、燧人氏、伏羲氏、神农氏、轩辕氏的传说，多与摩尔根所述西方原始社会各阶段的发展相吻合。

其实，《今文尚书》中是有关于尧、舜事迹的记载的，这也就是顾先生所说的"《尚书》首数篇"，但顾先生为了论证他的"层累地造成的中国古史"的假设，是先把"《尚书》首数篇"排除在外，断定这些篇章是战国后期的人撰作的。在他看来，若证明尧、舜的存在，只有"《尚书》首数篇"的证据还不够，必须《尚书》其他篇也提到，或《诗经》其他篇也提到才算数。

我们承认，《今文尚书》首数篇关于尧、舜、禹等人物及其事迹的记载，不是当时人的实录，而是后人的追述。但《尧典》《皋陶谟》等篇究竟成书于什么时代，真的晚出于战国末期吗？《尧典》《皋陶谟》晚出于战国末期的说法，只是顾先生的一个猜测，不曾有任何论证。几十年来，许多学者信从顾先生的看法，但也只是简单信从，也不曾有任何论证。

我们必须说，这个看法是非常武断的。在我们看来，《今文尚书》首数篇，如《尧典》《皋陶谟》等在孔子之前，就已经完成了。根据是什么？

一是根据它的文体。这就是我们在前面所说的，以《今文尚书》为代表的语言体系，在字法、句法上，与春秋末至清末"古文"的语言体系有非常大的不同，我们称之为"老古文"。而《尧典》《皋陶谟》的书写年代，虽然有可能晚于殷《盘》周《诰》的书写年代，但它是运用"老古文"书写的则无疑义。若是战国人所写，他需要有模拟"老古文"文体的动机。即使有此动机，若成功模拟"老古文"文体，也并非一件容易的事。

二是依据诸子百家的资料。顾先生有鉴于"《诗经》和《尚书》(除首数篇)中全没有说到尧、舜"，而否定历史上曾有尧舜其人，认为尧、舜、禹及其事迹纯粹是春秋末期以后人的杜撰。但先秦诸子几乎都谈尧舜，虽然未必全相信"尧舜禅让"之事，但还是认为上古曾有尧、舜、禹其人的。这说明，尧、舜、禹及其事迹乃是诸子百家共有的历史传说。如果不是这样，尧、舜、禹及其事迹，乃由一家所杜撰，而为大家所共信，那几乎是不可能的。

《论语·尧曰》载："尧曰：'咨！尔舜！天之历数在尔躬。允执其中。四海困穷，天禄永终。'舜亦以命禹。"又载："曰：'予小子履，敢用玄牡，敢昭告于皇皇后帝：有罪不敢赦。帝臣不蔽，简在帝心。朕躬有罪，无以万方；万方有罪，罪在朕躬。'"这两段话都是《尚书》中的内容，前者述尧之言，后者述汤之言。这些资料在孔子之前已经存在，而不是孔子的杜撰。虽然这里并未讲"尧舜禅让"之事，但无疑认为尧、舜、禹其人在上古曾经存在。

《墨子·尚贤下》："昔者舜耕于历山，陶于河濒，渔于雷泽，灰于常阳。尧得之服泽之阳，立为天子，使接天下之政，而治天下之民。"[12]《墨子·尚贤下》明确尧舜之间有"禅让"之事。

近年出土的《郭店楚墓竹简》中有一篇《唐虞之道》，是赞扬"尧舜禅让"的。学者多认为此篇是子思一派的文献，其中说："唐虞之道，禅而不传。尧舜之王，利天下而弗利也。禅而不传，圣之盛也；利天下而弗利也，仁之至也。故昔贤仁圣者如此。"

《孟子》中有多处谈到"尧舜禅让"之事，如说："昔者尧荐舜于天而天受之。"（《万章上》）"舜受尧之天下，不以为泰。"（《滕文公下》）"尧老而舜摄也。《尧典》曰：'二十有八载，放勋乃徂落。'"（《万章上》）孟子的根据就是《尧典》。子思、孟子是赞赏"尧舜禅让"，但"尧舜禅让"说并非他们创说的，而是先前就有的传说，至少在孟子之前，《尧典》就已经存在。

《荀子》承认尧、舜、禹是上古时期的一脉相承的"圣王"。但在历史上是否存在"尧舜禅让"问题，似乎持依违两可的立场。一方面他批评子思、孟子"略法先王而不知其统"[13]，认为尧、舜、禹之间继统，是因为舜和禹本来就处于三公的重要位置，继统是自然而然的，并不是由于尧和舜的"禅让"。另一方面在他所作的向民间宣传的通俗歌谣中，宣扬"尧舜禅让"之事，《成相篇》说："请成相，道圣王，尧舜尚贤身辞让。……尧让贤，以为民，泛利兼爱德施均。……尧授能，舜遇时，尚贤推德天下治。……舜授禹，以天下，尚得推贤不失序。"[14]荀子之所以在向民间宣传的《成相篇》中宣扬"尧舜禅让"之事，是因为关于"尧舜禅让"的传说早已为民间所熟悉。

以上是先秦关于"尧舜禅让"的文献资料。而在战国时的燕国还上演了一场现实版的"禅让"。燕王哙（？—前314）听信谋臣建议，效法尧让位于许由、禹让位于伯益的故事（燕王哙博虚名是真，"让贤"是假），让国于燕相子之（？—前314），结果引发燕国内乱外患，燕王哙、子之皆死于这场祸乱之中。燕国让国所人为造成的祸乱教育了当时的人们，也因此学者一度讳言"尧舜禅让"之事，甚至将尧、舜、禹的继统作了相反的解释。如《史记·五帝本纪》正义引《汲冢竹书》云："舜囚尧于平阳，取之帝。"[15]《韩非子·说疑》有"舜逼尧，禹逼舜"之语。[16]

然而，后世也有人怀疑《汲冢竹书》的整理者作伪，如明代张萱《疑耀》卷六说："余按《竹书纪年》出于魏晋间，是时魏、晋得国无不篡弑者，知无以自解于世，而逢君之臣伪撰此书，为主分谤耳。"[17]又如清王琦《李太白集注》卷三谓："六朝君臣之间，多有惭德，乃伪造此辞，谓古圣人已有行之者，以自文饰其过欤？"[18]

那么，实际的情况是怎样的呢？我们认为，讨论这个问题应该结合当时的社会性质来谈。现在，我们比前人能更清楚地认识当时社会的本质。尧舜时代是原始社会时期，那时人们更重视氏族的群体安全与发展，家庭观念服从于氏族观念。私有制尚未产生，国家也没有形成。尧、舜、禹应该只是部落联盟的领袖，部落联盟的领袖是由各部落公推出来的。历史上关于"尧舜禅让"的传说，所反映的正是中国原始社会时期部落联盟领袖选举的"史影"。但这个传说被春秋战国时期的各派学者作了不同的渲染与诠释，并试图影响当时的社会政治。

我们之所以更相信这种"史影"说，是认为这种"史影"说更符合人类社会发展的一般规律。而《礼记·礼运》所记孔子关于"大同"的较为全面的论述，若无原始社会"天下为公"的若干史影，孔子无论多么圣聪，又如何概括得如此精到呢？《礼记·礼运》云：

> 孔子曰："大道之行也，与三代之英，丘未之逮也，而有志焉。大道之行也，天下为公，选贤与能，讲信修睦。故人不独亲其亲，不独子其子，使老有所终，壮有所用，幼有所长，矜鳏寡孤独废疾者皆有所养，男有分，女有归。货恶其弃于地也，不必藏于己；力恶其不出于身也，不必为己。是故谋闭而不兴，盗窃乱贼而不作，故外户而不闭，是谓大同。"[19]

其中所云"天下为公，选贤与能"云云不正是对尧、舜、禹"禅让之事"的概括吗？当时若无尧、舜、禹"禅让之事"，孔子的"大道之行也，天下为公，选贤与能"，又从何说起呢？

南宋胡安国的《春秋传》，受到后世学者的重视，元代以后被作为科举考试的官方定本。此书甚至与《春秋》"三传"并列，被称为"《春秋》四传"。胡安国《春秋传》的一个重要特点就是反复讲"天下为公"。但他所讲的"天下为公"不是从社会制度意义上讲的，而是从社会正义的角度讲的。他把"选贤与能，讲信修睦"作为"天下为公"的具体内涵。

有鉴于此，笔者以为，"天下为公"是中华文化的价值理想，而否定了"尧舜禅让"之事，就等于间接否定了"天下为公"的价值理想。

客观地说，原始时代的"公天下"社会已经一去不复返了，那时的政体和制度不可能再适用于后世的"家天下"社会。后世如王莽、曹丕、司马炎等以所谓"禅让"来作为他们篡权的遮羞布，但此后的历史学家从来就没有将他们的行为与"尧舜禅让"混为一谈。

（二）"敬畏"理念

世界上如佛教、道教、基督教等宗教，各自的神话内容、宗教教义、宗教仪式等虽然十分不同，却有一种共同的精神，那就是"敬畏"。作为中国传统社会主流思想的儒学没有类似佛教、道教、基督教那种宗教组织，看上去很不像宗教，却保有类似宗教的那种"敬畏"的人生态度。那么，儒学是如何做到这一点的呢？我们以为，《尚书》一书或许能给我们提供它的答案。

1. "天命"信仰

从上古以来，中国人就有这样的观念，认为天高高在上，时刻注视民间，能赏善而罚恶，尤其重视统治者的行为，所以《皋陶谟》陈述尧舜时代的观念说："天命有德……天讨有罪……。"[20]《汤誓》记载商汤伐桀，乃是替天伐暴："有夏多罪，天命殛之，桀之多罪，天命我诛殛之。"《盘庚》篇记载商王盘庚之语说："先王有服，恪谨天命。"

周朝建立后，周人同样相信"天命"，并用"天命"思想来解释周王朝的政策，奉劝殷商遗民顺应天命，接受周王朝的统治。《尚书·多方》篇载周公以王命告诫殷遗民说："尔乃不大宅天命，尔乃屑播天命。"对于周贵族自身，周公则强调继承先王明德，以保天命之永久。如《君奭》篇载周公告召公之语说："天命不易，天难谌，乃其坠命。"这里，周公讲"天难谌"，并不是说"天命"不存在，而是不能确信"大命"是否永远会保佑周族人。

2. "天威"观念

周文化开启了华夏王朝政治的正统文化，其政治的法理根据便是"天"，而"天"给人的印象，与其说是可爱的，不如说是威严的，于是而有"天威"的观念。

周武王死后，周公和召公辅佐年幼的成王。《君奭》篇记录了周公对召公的谈话，其中四次用了"天威"一词。而在《顾命》一篇中，成王临终前召顾命大臣交代后事，其中也讲到"在后之侗（童，指年轻人），敬迓天威，嗣守文、武大训，无敢昏逾"。在《吕命》这篇讲刑法的文献中，也讲到实行刑法乃是"严敬天威"。对"天威"的敬畏，反映了当时周族贵族之间的一种文化心理。我们以前认为，周族贵族强调"天威"，是为了吓唬殷商遗民和王朝小民的，其实周贵族本身也是相信"天威"的。对这种相信"天威"的文化心理，我们不能简单以一种"迷信"来看待，应该说，周人对待自然和人事，对于当前和未来怀有一种可贵的"敬畏"心理。

3. 教人敬畏

《尚书》作为上古社会的贵族子弟教材，很重要的一点，在于教人要有"敬畏"之心。这种"敬畏"之心，通常以"敬""畏""不敢"等观念来表述。在我们看来，这种"敬畏"之心乃是中华文化深层意识的表述。

《尚书》对于"敬"的论述，分为"修己之敬""事天之敬""临民之敬""治事之敬"四个方面：第一，修己之敬。如

《尚书·召诰》说："王敬作所，不可不敬德。"王者当以"敬"作所，即在任何处所皆不可不敬德。第二，事天之敬。如《立政》篇说："以敬事上帝。"这方面的资料甚多，兹不详述。第三，临民之敬。中国文化自古以来，便有一种"天民一理"的思想。天心见于民心，民心即是天心。有土之君既要"敬天"，也要敬民，绝不能造成君主与人民的对立。《康诰》载成王告卫侯康叔之语说："敬哉，天畏棐忱，民情大可见。"意思是：天威虽可畏，常辅至诚之人。观民情即可知天心。第四，治事之敬。古人言"敬事"，犹今人言"敬业"。要对所从事的职业持慎重、认真之态度，不能出现差错。尤其是对于关系国计民生的大事，更不能疏忽。《尚书》开篇《尧典》即记载尧"乃命羲和，钦若昊天历象日月星辰，敬授人时"。《洪范》记载武王灭商后访商之旧臣箕子，箕子授洪范九畴，其第二项便是"敬用五事"，所谓"五事"：一曰貌，二曰言，三曰视，四曰听，五曰思。这是讲"敬事"之人所应有的态度。

《尚书》对于"畏"的论述，也有很多。天威可畏，因其可畏而畏之，谓之顺德；不以天可畏而不畏之，谓之逆德。殷先王懂得畏天威，从而有善德。《尚书·汤誓》载商汤伐夏桀之誓词说："予畏上帝，不敢不正。"到了殷中宗太戊时也同样敬畏天威。所以《尚书·无逸》载周公之语说："我闻曰：昔在殷王中宗，严恭寅畏天命。"然而到了殷商末年，纣王无道，无视天之谴告，不畏可畏之天，怙恶不悛，成为恶德之人。

周室代商之后，统治阶层特别强调这种敬畏"天威"的态度，《尚书·多士》载成王语说："惟天明畏。"周贵族通过殷、周鼎革事件认识到民心向背的重要，小民也是曷险可畏的，《尚书·召诰》载召公之语说："顾畏于民碞。"

"敬畏"具体表现为多种"不敢"：第一，不敢违抗天帝命令。这种情况多指王者而言。我们或许可以说，这是统治集团表达其意志的一种巧妙方式，而王者（或准王者）正是通过类似的方式，借"天威"来增加自己的权威。如《汤誓》载商汤之语说："予畏上帝，不敢不正。"《大诰》载成王之语说："予惟小子，不敢替上帝命。"这种方式也就是《周易·观·象传》所说的"圣人以神道设教，而天下服矣"。第二，不敢背弃先王事业。《周书》中所言之"先王"，通常是指文王、武王而言。所谓不敢背弃先王事业，其主体乃是指周贵族全体而言的。《大诰》载成王之语说："予不敢不极卒宁王图事。"这样一种"不敢"，对后世统治阶层而言，便是要恪守祖训，遵循先王制定的大政方针来治理国家，防止自乱纪纲法度，以免新兴政权脱离正常运行的轨道。第三，不敢侮鳏寡。所谓"鳏寡"，概指孤独穷苦之民。王者应心存仁爱之心，对之加意体恤，使他们不至于流离失所。王者有此仁心，自然会获得国人欢心，而得人心所以得天下。所以《尚书》不厌其烦地讲述这个道理，如《康诰》载成王告卫侯康叔说："克明德慎罚，不敢侮鳏寡。"第四，不敢自求安逸，不敢沉湎于酒。人之失德多因诱惑而起，而"诱惑"总与逸乐有关。如耽于安逸，沉湎酒色，乐于游邀田猎等，若帝王染此恶习，多有身败名裂、亡国亡家之痛。所以《尚书·酒诰》说："不敢自暇自逸。……罔敢湎于酒。"

（三）"德治"思想

"德"在《尚书》中是一个十分重要而突出的概念，"德"与"力"是相对的，"德"指道德，"力"指实力。殷商后期，周邦逐渐强大起来，《左传·襄公三十年》载北宫文子之语说："《周书》数文王之德曰：'大国畏其力，小国怀其德。'"这是说，当时周邦既有道德，又有实力。但就《尚书》而言，它主要强调的是修德。"德"与"刑"（或"罚"）也是相对的。在二者之间，《尚书》重"德"胜过重"刑"（或"罚"），如《吕刑》说："有德惟刑。"意思是：必使有德之人为明刑之官。有鉴于此，我们可以将《尚书》的政治理念称为"德治"主义，《尚书》可以说是中国最早的政治教科书。

《尚书》为什么会倡导"德治"呢？这可能与上古社会统治阶级的政治经验有关，即凡一国的统治者，有德，则为国人爱戴，从而国运长久；无德，则为国人厌弃，从而国祚不永。这几乎是一个没有例外的历史规律。而王权既然被说成是"天"或"上帝"所命，那么，在逻辑上，"天"或"上帝"就一定眷顾有德之人，而厌弃无德之人。所以《召诰》反复说："惟不敬厥德，乃早坠厥命。"周之后世子孙要想延续周之政权，也只有自身"修德"一条路，即如《召诰》所说："惟王其疾敬德，王其德之用，祈天永命。"而在周人那里，"天"或"上帝"的立场几乎与下层人民的立场是同步的，如《文侯之命》所说："丕显文武，克慎明德，昭升于上，敷闻在下。"

早期儒家的最高的"德治"理想是尧舜时期，《尧典》开篇即讲："克明峻德，以亲九族；九族既睦，平章百姓；百姓昭明，协和万邦。"尧能修德以感化、团结天下人，"平章百姓"，"协和万邦"，是千古的大圣人。"协和万邦"也因此成为中华文化的核心价值观之一。

《尚书》这种"德治"主张影响深远，它成为了中国古代政治思想的一个根深蒂固的历史观念。

注释：

[1]〔唐〕刘知幾撰，〔清〕浦起龙释：《史通通释》，上海：上海古籍出版社，1978年，第97页。

[2]〔唐〕韩愈撰，〔宋〕魏仲举集注，郝润华、王东峰整

理:《五百家注韩昌黎集》，北京：中华书局，2019年，第714—716页。

［3］〔宋〕黎靖德编，王星贤点校:《朱子语类》，北京：中华书局，1986年，第1984页。

［4］钱宗武教授亦认为:"《尚书》的语言古奥、简朴，是比较特殊的汉语文献语言。"（见钱宗武《尚书入门》，贵阳：贵州人民出版社，1991年版，第68页。）

［5］〔宋〕朱熹集传:《诗经》，上海：上海古籍出版社，2013年，第151页。

［6］《尚书》中"者"仅一见，《洪范》:"五者来备。"钱宗武《尚书入门》指出，《尚书》中"者"尚未出现。此字当是后人窜改。理由是:《后汉书·李云传》引"五者来备"作"五氏来备"。《荀爽传》作"五题咸备"。章怀太子注《史记》此文，"者"作"是"（参见屈万里《尚书异文汇录》，台北：联经出版事业公司，2006年）；西周今文尚未出现"者"字（管燮初《西周金文语法研究》，北京：商务印书馆，1981年，第203页）。"者"字在春秋末至清末的古文语法中具有重要作用。《今文尚书》无"者"字，表明西周语言的语法尚不完善。

［7］梁启超:《读书指南》，合肥：安徽人民出版社，2013年，第16页。

［8］〔清〕阎若璩撰，黄怀信、吕翊欣校点:《尚书古文疏证》，上海：上海古籍出版社，2010年，第622页。

［9］异体字、正讹字，以及常见的通假字，如割＝害（汤汤洪水方割），恫＝痛（乃奉其恫），害＝曷（王害不违卜），士＝事（见士于周），义＝宜（义尔邦君），刑＝型（小民乃惟刑用于天下），单＝殚（今惟兹四人昭武王惟冒丕单称德）等不列此表中。

［10］元吴澄诗云:"前汉今文古，后晋古文今，若论伏胜功，遗像当铸金。"（参见〔元〕吴澄:《吴文正集》，《景印文渊阁四库全书》第

1179 册，第 843 页。)

[11] 顾颉刚：《古史辨》第 1 册《自序》，石家庄：河北教育出版社，2000 年，第 54—55 页。

[12]〔清〕孙诒让撰，孙启治点校：《墨子间诂》，北京：中华书局，2001 年，第 67 页。

[13][14]〔清〕王先谦撰，沈啸寰、王星贤点校：《荀子集解》，北京：中华书局，1988 年，第 94，462—463 页。

[15]〔汉〕司马迁：《史记》，北京：中华书局，1959 年，第 31 页。

[16]〔清〕王先慎撰，钟哲点校：《韩非子集解》，北京：中华书局，1998 年，第 406 页。

[17]〔明〕张萱：《疑耀》，《景印文渊阁四库全书》第 856 册，第 267 页。

[18]〔清〕王琦：《李太白集注》，《景印文渊阁四库全书》第 1067 册，第 64 页。

[19]〔汉〕郑玄注，〔唐〕孔颖达等正义：《礼记正义》，〔清〕阮元校刻：《十三经注疏》，北京：中华书局，2009 年，第 3061—3062 页。

[20]〔汉〕孔安国传，〔唐〕孔颖达等正义：《尚书正义》，〔清〕阮元校刻：《十三经注疏》，第 292 页。按，本章所引《尚书》文句均引自此书。

第五章
先秦诗学新论

第一节 《诗》：西周王官之学的首选教材

《诗》《书》《礼》《乐》《易》《春秋》，是中国先秦时代最早的几部文献，这些本是社会的公共文本，但在诸子百家中，只有儒家愿意全面继承它，并对之加以整理和阐释，于是它也就成了儒家的经典，被后世称为"六经"[1]。到了汉代，因为社会尊经的缘故，这些文献名称的后面普遍缀了一个"经"字，如称《诗》为《诗经》、称《易》为《易经》等等。

《诗经》在先秦称《诗》或《诗三百》，《诗三百》经后人编辑分为《颂》《大雅》《小雅》《国风》四大部分。大体而言，《颂》属于宗庙之诗，《雅》属于朝廷之诗，《国风》属于民间歌谣。

《诗三百》中的诗篇，大部分为无名氏所作，《颂》《大雅》中的一些作品可能是朝廷乐官所作，用来歌颂先祖的。《小雅》中的一些诗篇可能是下级官吏对政治的感慨之作。《国风》中的诗篇应该是一种集体式的创作，其功用是社会共同体成员用来相互娱情的。中国西南地区一些少数民族到今天仍有"对歌"的习俗，大概《诗经》时代普遍具有此种风俗。《诗经》中的风谣一类诗很可能是通过这种"对歌"形

式传播的。这种"对歌"有时是恋人的互诉衷情，有时是集体娱乐的相互调笑。

《诗》可以说是中国最早的全民族的经典，也因此它在西周被作为王官之学的首选教材。《礼记·王制》说："乐正崇四术，立四教，顺先王《诗》《书》、礼、乐以造士，春秋教以礼、乐，冬夏教以《诗》《书》。王大子，王子，群后之大子，卿、大夫、元士之适子，国之俊选，皆造焉。"[2]当时国子之教由乐官之长（乐正）所掌管，教育内容即是"四术""四教"，实即《诗》、《书》、礼、乐。先秦时期的"四教"，《诗》一定被排在第一位，这突显了《诗》的重要性。可以说，《诗》是西周王官之学的首选教材。

"春秋教以礼、乐，冬夏教以《诗》《书》"，这样安排可能是由于气候的缘故，据学者考证，其实际的情况是：春教乐，夏教《诗》，秋教礼，冬教《书》。你可以想象，在春气勃发的时候学乐歌，在夏日树荫处去诵诗，在秋高气爽时周旋跪拜学习礼仪，在冬日火塘旁讲那《书》中远古祖先的故事。这些都是很惬意的。看来国子学的安排是很合理的。

今天，我们研究《诗三百》，应注意它有这样几个特性：

（一）《诗三百》的史诗特性

各民族在文明初启之时，差不多都有其民族史诗一类的东西。《诗三百》可以说是一部史诗，其中《颂》和《大雅》部分述及商、周两大部族的传说时代，颂扬了先祖艰苦创业的功绩。《国风》部分再现了西周至春秋中期列国民众真实的情感生活。从这个意义上说，《诗三百》构成了一部史诗式的诗集，反映了华夏民族的历史发展和社会变迁。西周和春秋初期虽然也有过社会乱离的历史，但总体上说，那时人们的生活颇有田园诗般的味道。18 世纪下半叶法国汉学家希伯神父

（Le·P·Fibot）在其所著《古代中国文化论》中说：《诗经》的篇什如此美妙，如此和谐；总领全集的可爱而崇高的古代情调，如此连贯一致；诗集里的风俗画面则又如此朴素，如此细致。所有这些特点足以证明这部诗集的真实性。"[3]

（二）《诗三百》的情感特性

五经中的其他四经如《易》《书》《春秋》《仪礼》都是出自圣贤的制作删述，记载圣君贤相、大贤君子的言行事功，只有《诗三百》中的《国风》反映的是里巷田野、匹夫匹妇的悲欢怨怒之言，甚至还有偷情"淫奔"之事，这样的作品之所以能与帝王圣贤的格言大训并列为经，关键在于它是人们真情实感的艺术反映。

在我们看来，《诗三百》的深层的魅力，在于它是一部情感母题的结集。董仲舒《春秋繁露·玉杯》篇说："诗道志，故长于质。"苏舆《春秋繁露义证》解释说："诗言志，志不可伪，故曰质。"[4]志，指人们的情志；质，指真实自然。《诗经》所反映的正是上古先民真实心声的自然流露，体现他们对于真、善、美的热切追求。

由于语言的变迁，《诗三百》的大部分诗今天读起来已不甚能懂。然而将它翻译成现代语言，我们会发现，其思想之鲜活，几乎与我们是零距离的。由此我们认为《诗三百》是灵魂之诗，唯其是灵魂之诗，它才体现诗之灵魂。

（三）《诗三百》的乐歌特性

《诗三百》是中国最早的诗歌总集。"诗歌"二字是个现代名词，但用在古代却是很恰当的，因为《诗三百》都是可以作为乐歌来演唱的，其中《雅》乐因为是朝廷之乐，与朝廷礼仪配合而有不可僭越的等级规定，大抵《大雅》只能为人君

所用，《小雅》可施之于君臣之间。《国风》中的一些诗篇虽然采自民间，其乐歌也为朝廷宴会所采用。在早期中国，《诗三百》由于具有丰富的思想内涵，又可以演唱，因而在那个时代备受人们的喜爱与尊重。

（四）《诗三百》的文学特性

《诗三百》是中国诗赋之祖，虽然原始，却得天机之自然。它所达到的成就，在许多方面是后世难以企及的。即使后世如曹植、苏东坡那样的伟大诗人也都强调向《风》《雅》学习，宋代朱弁《风月堂诗话》卷上评论魏晋诗歌说："魏曹植诗出于《国风》，晋阮籍诗出于《小雅》，其余递相祖袭，虽各有师承，而去《风》《雅》犹未远也。"[5] 宋许颉《彦周诗话》述苏东坡教人作诗之法说："熟读《毛诗·国风》与《离骚》，曲折尽在是矣。"[6] 许颉评论说："仆尝以谓此语太高，后年齿益长，乃知东坡先生之善诱也。"[7]

在中国诗歌史上，有一个从四言诗到五言诗，再到七言诗的发展主线。《诗三百》虽然从一言到八言几乎都有，但基本是以四言为主。它之所以以四言为主，可能有两个原因：一是由于当时的语言习惯。上古人说话简洁，词汇多以单音节为主。后世词汇发展，多以双音节为主。今人读《诗经》觉得特别古奥，然而当时人一听就能懂。二是由于《诗三百》中的诗最初是用来歌唱的，歌唱有音节的需要，四言应该是适应音节表达的需要而自然形成的。秦汉以后，也有写四言诗的，但多是写铭、颂之类。后世可能因为语言习惯的变化，人们已经不善于用四言诗来抒情表意了。所以，宋代刘克庄《后村诗话》卷一说："诗四言尤难，以三百五篇在前故也。"[8] 由于后代人缺乏写好四言诗的体会，加上经学家更重视《诗经》的道德教化意义，所以对《诗经》中四言诗的美学规律，一直没有很好地进行研究和总结，这是非常遗憾的。

（五）《诗三百》的价值特性

史诗因为有故事性，又是韵文，即使在没有文字之时，也可以通过传唱来流传，因而这种史诗也就成了该民族最初的知识、文化，乃至价值观的载体。所以，尽管先秦时期还不是经学时期，但像《诗》这类文献已经具有了经典的地位。当代德国哲学家伽达默尔（1900—2002）评论荷马史诗在希腊社会中的地位时说："那时的时尚是，一个人必须诉诸荷马才能证明自己的全部知识（无论属于什么领域）的正确性，正如基督教作家诉诸《圣经》以证实自己知识的正确性一样。"[9]《诗三百》在中国上古时期也有类似的情形。

春秋时期，人们在言谈之间，动辄说"《诗》云"如何如何，而在各诸侯国之间的外交场合，卿大夫之间能否恰当地引诗、赋诗，也是考验他们的文化素质和外交能力的重要标志。

先秦儒者著书动辄引用《诗三百》，像《大学》两千字的文献，有 12 处引用《诗》，《中庸》一篇有 16 处引用《诗》，《缁衣》一篇有 22 处引用《诗》（有 21 处引用《诗》的原文，有 1 处引用逸《诗》）。由于《诗三百》所具有的这种权威性，所以古代儒家一直重视阐释它所蕴含的价值观。

第二节　春秋时期的"赋诗断章"

在中国历史上，春秋时期是人们学习《诗三百》的巅峰时期，在各诸侯国之间的外交场合或宾客宴饮之时，卿大夫之间常以"赋诗"的方式来表达自己的意愿。什么叫"赋诗"？《汉书·艺文志》说："不歌而诵谓之赋。……古者诸侯卿大夫交接邻国,以微言相感,当揖让之时,必称《诗》以谕其志。"[10]那时所谓的"赋诗",实际是吟诵《诗三百》的某一篇章,如《左传·襄公二十八年》卢蒲癸所说:"赋诗断章,余取所求焉。"杜预注:"譬如赋诗者,取其一章而已。"[11]其实,在此种场合的"赋诗断章",只是借用了《诗三百》的语汇,已经不甚注重原诗的本事本义。这是一种高超的语言表达和理解艺术,从对《诗三百》的娴熟运用程度,可以看出此人的思想境界和文化修养,也可预测其人的前途。正如《文心雕龙·明诗》篇所说:"春秋观志,讽诵旧章,酬酢以为宾荣,吐纳而成身文。"[12]反之,如果一个人对《诗三百》缺乏修养,便无法参与贵族间的政治文化活动了,以致孔子说:"不学《诗》,无以言。"(《论语·季氏》)

以下我们举几个春秋时期卿大夫"赋诗"的实例:

据《左传·文公十三年》记载,这一年(前614)鲁文公到晋国会盟。当时晋国是实力雄厚的大国,鲁国是晋国的坚定盟友,晋、鲁两国一直保持着密切的关系。鲁文公会盟后归国,途经卫国。此前卫国与晋国处于一种敌对关系,卫侯请求鲁文公再返回晋国,为卫国请和。鲁文公答应了卫侯的要求,折返晋国充当了和平使者。当鲁文公再从晋国返归本国而路经郑国时,郑穆公设宴为鲁文公接风,席间郑国提出了类似卫国的请求。当时晋国与楚国争霸,郑国夹在晋、楚两国中间,此前曾联楚抗晋。郑国君臣现在感觉形势不妙,正为得罪晋国发愁,所以欲请鲁文公从中斡旋。这是此时鲁、郑两国君臣外交的实际议题,但他们的对谈却始终是以"赋诗"形式进行的,心照不宣,不露一点痕迹,而达到了实际的外交目的。先是郑国大夫子家赋《小雅·鸿雁》一诗,此诗首章说:"之子于征,劬劳于野。爰及矜人,哀此鳏寡。"赋诗者并没有直接表达郑国想要什么,但是听的人已经心领神会,这是说鲁文公作为和平使者,一路奔波劳顿,郑国君臣对此表示敬意和慰问,并且请求鲁文公能怜恤郑国的弱小，再折返晋国，为郑国请和。随从鲁文公出使的季文子代鲁文公酬答，赋《四月》之诗，委婉地表达了拒绝之意。此诗首章说："四月维夏，六月徂暑，先祖匪人，胡宁忍予。"意思是说鲁文公在外日久，如今四月已过，暑气渐盛，思归家邦，祭拜祖先，不欲再赴晋国了。子家又赋《载驰》之四，此章中说"控于大邦，谁因谁极"，意为若非鲁国，弱小的郑国还能依靠谁呢，恳请鲁国君臣再次奔走。季文子再赋《采薇》之四，其中说"岂敢定居，一月三捷"，表示不敢求安逸，允诺三赴晋国，为郑国请和。双方外交，以赋诗方式来表达各自国家的意愿，无论是请求、拒绝或最后允诺，都那样得体而流畅，丝毫没有难堪和尴尬之处，由此表现出高超的外交艺术。

又据《左传》记载，鲁襄公二十五年（前548），卫国的宁喜杀卫侯剽，迎卫献公复国。卫国大臣孙文子逃亡到晋国，献上自己的封邑，希望晋平公主持正义。晋平公同意了孙文子的请求。次年，趁着会同诸侯结盟的机会，晋平公把卫献公扣押在晋国。卫国人请求齐国和郑国出面说情，为此齐侯和郑伯相约来同晋国交涉。在晋平公宴请他们时，齐国的国景子代表齐君赋《蓼萧》一诗，这本是诸侯朝见天子之诗，诸侯自称贱如萧蒿，天子推恩以接之。既见天子，莫不思尽其心之所有以告之。而郑国的子展代表郑君赋《缁衣》，隐喻郑国爱戴晋国，正像《缁衣》一诗中妻子尽忠心于贤达的丈夫一样。晋国的叔向听了两国的赋诗，就让晋君拜谢，感谢齐、郑两国的情谊。齐、郑两国开始吟诵这两首诗，只是拉近与晋国关系的一套款叙，目的是下一步营救卫侯。再后来，齐国的国景子又赋《辔之柔矣》，其中说："马之刚矣，辔之柔矣。"劝告晋君能宽柔以安诸侯。郑国的子展又赋《将仲子》，其中说："岂敢爱之，畏人之多言。"潜台词是说，晋平公若为了一个卫国的臣子，长期扣押卫侯，恐怕其他诸侯会说闲话了，意在劝诫晋平公尽早释放卫君。最后晋平公不得不作出妥协，释放了卫献公。齐、郑两国卿大夫通过赋诗，化解了一场政治危机。

又据《左传》记载，鲁昭公十六年（前526），晋国执政大臣韩宣子到郑国访问。临别时，郑国六卿为韩宣子饯行。韩宣子说："请诸位各赋诗一首，以让我学习郑国的哲理。"郑国六卿依次赋诗，子齹赋《野有蔓草》，以此诗夸赞韩宣子之贤，并取诗中"邂逅相遇，适我愿兮"之句，表达自己见到韩宣子的欢乐心情。韩宣子听后说："孺子善哉，吾有望矣。"此时子齹尚在服丧期间，所以韩宣子称其"孺子"，并从本诗取"与子偕臧"之意，回赞了子齹。子产赋《羔裘》一诗，取诗中"邦之彦兮"之句，用以赞美韩宣子。韩宣子表示敬谢说：韩起不敢当。子太叔赋《褰裳》，《褰裳》诗中说："子惠思我，褰裳涉溱。子不我思，岂无他人。"意思说，如果晋国愿意垂顾郑国，郑国愿意永远追随晋国。若晋国不在意郑国，郑国难道没有他国可追随吗？韩宣子表示晋国愿与郑国永远修好。子太叔拜谢。子游赋《风雨》，取诗中"既见君子，云胡不喜"之意，以此表达见到韩宣子的高兴心情。子旗赋《有女同车》，取诗中"洵美且都""德音不忘"之意，在赞美韩宣子德行之余，希望他履行与郑国交好的诺言。子柳赋《萚兮》，取诗中"倡予和女"之意，谓郑、晋两国应一唱一和，相互配合，彼此呼应。韩宣子听了很高兴，说："郑国将要富强了吧！各位以国君的名义赏赐我，所赋的都是郑国的诗，表达了我们亲近友好的志愿。各位都是邦国栋梁，郑国可以没有忧惧了。"韩宣子最后赋了《周颂·我将》，取诗中"日靖四方""我其夙夜，畏天之威"之意，言自己在晋国执政，将奉行天威，忠实履行主盟国的责任。

　　《诗三百》这样被运用于政治外交场合，带有很强的功利性，有时甚至出现了被滥用的现象。例如：据《左传·襄公八年》记载：晋国的执政大臣范宣子访问鲁国，通报晋国将要向郑国用兵。鲁君设宴招待。席间范宣子赋《摽有梅》，《摽有梅》本是讲采收梅子要及时，解诗者或解为"女子盼嫁"，或解为"国君求贤"。而范宣子此时赋《摽有梅》，是希望当晋国发兵攻伐郑国的时候，作为结盟国的鲁国要"及时"地派兵同往。语气中隐含着某种忧虑，担心鲁国届时不能积极配合。晋国是大国，又是主盟国，而鲁国是小国，若不能积极配合，可能要承担被惩罚的后果。当时鲁国执政大臣季武子听后，马上心领神会，回答说：鲁国怎么敢不积极配合呢？我们的国君与贵国国君乃是一体同胞，就像芳香与香草的关系一样。我们只会高兴地等候盟主的命令，不会有错过时机的问题。季武子的回答化解了晋国使臣的担忧。在那种情境下，《摽有梅》成了"及时""不失时机"的代名词。

　　当时晋国的霸业已经衰落，与楚国争夺郑国，经常发动战争。鲁国畏惧晋国的强势，成了晋国的帮凶。而郑国无端受祸，成了战争的牺牲品。晋国范宣子与鲁国季武子之间这种外交活动，不过是强权与帮凶之间的政治交易，他们这样运用《诗三百》，实在是对《诗三百》的亵渎。此时他们对《摽有梅》的援引，已有滥用之嫌。

　　从以上事例可以看出，在春秋时期的诸侯国外交活动中，流行"赋诗断章"的表达方式，它不在于讲《诗三百》某些篇章的原意是什么，而是在新的特定的语境中，恰当地运用某篇诗的语句进行比喻和暗示，起到某种画龙点睛式的游说、劝诫作用。这可以说是一种典型的断章取义。

第三节　孔子解《诗》之法

孔子生活在春秋末期，知道《诗三百》作为王官之学首选教材的地位，并亲身感受到《诗三百》在当时卿大夫中被重视的程度，因而他教育弟子要经常诵习《诗三百》并善于运用。他说："诵《诗》三百，授之以政，不达；使于四方，不能专对；虽多，亦奚以为？"（《论语·子路》）"不学《诗》，无以言。"（《论语·季氏》）孔子认为学《诗》的人事理通达，温柔敦厚，善于言谈，这样的人国君会授之以政事，也可以作为使臣独立从事外交活动。告诫士子学《诗》不要徒事记诵，而要懂得运用。同时也告诫：不学《诗》的人，连谈话的资本都没有。

虽然，如《孟子》所说"王者之迹熄而《诗》亡"（《孟子·离娄下》），孔子之时不再产生《诗三百》那样的经典之作了，但孔子对已有的《诗三百》依然重视有加，并以他特有的解《诗》方法，使人们去发掘和认识《诗三百》中所蕴含的丰富而深刻的义理。那么，孔子的解《诗》方法是怎样的呢？

从我们已掌握的资料看，孔子读《诗》、解《诗》不屑于《诗》的字面意思，而是欣赏那种见微知著、闻一知十的贯通方法，由具体上升到一般。他把读《诗》、解《诗》当作一种认识天道、人性本原的手段，善于从《诗三百》中找开悟人心处，引导弟子在此处致思，体会言外之意，洞彻天人之理。这种读《诗》、解《诗》方法，给人一种高屋建瓴、开豁心胸、一洗凡陋的感觉。下面举几个事例：

（一）以"切磋琢磨"言"贫者""富者"境界

《论语·学而》篇中记载了子贡与孔子的一段对话："子贡曰：贫而无谄，富而无骄，何如？子曰：可也。未若贫而乐，富而好礼者也。"子贡原来很穷，后来致富。他思考人生哲理：作为穷人，在富人面前，不应低三下四；作为富人，在穷人面前不应颐指气使。他问老师这是不是正确的态度。孔子回答他说：可以。但境界还有待提升。更高的境界应该是：虽然贫穷，但很快乐，应忘记自己贫穷；虽然富有，但安如常人，不知自己富有。子贡听了孔子的话，领悟到人生学无止境，不可安于小成，而应该像制作角器和玉器那样，需要不断切磋琢磨，精益求精。于是他引用《诗·卫风·淇奥》的话说：《诗》云：'如切如磋，如琢如磨。'其斯之谓与？"孔子立刻表扬他说："赐也，始可与言《诗》已矣。"（《论语·学而》）孔子认为子贡悟性很高，可以同他论《诗》。

（二）以"素以为绚"言礼

《论语·八佾》中记载这样一件事，子夏问孔子："'巧笑倩兮，美目盼兮，素以为绚兮。'何谓也？"[13]这本是《诗三百·卫风·硕人》中的诗句。按《毛诗》的解释，是赞美卫庄公夫人庄姜之美的。在这里，"素"是指天然美质，"绚"是文采修饰。"素以为绚"本意是说"因素而为绚"，在天然美质的基础上，再加以文采修饰，使这个人显得更美。但古文的语法不很严密，一句话有时可以这样理解，有时可以那样理解。子夏把"素以为绚"理解为"以素为绚"，美人有了天然美质，不必再加文采修饰。孔子用了一个"绘事后素"的比喻来回答他。譬如绘画之事，必先有其质地，而后加以文彩。子夏是了解绘画程序的，于是领悟到：先王制礼是依据人情来制定的，人有了天然美质，还须礼仪来加以修饰。所以他反问孔子"礼后乎"？[14]用礼仪来加以修饰吗？孔子于是称赞他说："起予者商也，始可与言《诗》已矣。"意思说，我用绘画的道理来解释这句诗，子夏却用绘画的道理来说明礼，这又启发了我。

《诗》之意义本无穷尽，子夏颖悟，解《诗》触类旁通，十分
难得。像子夏这样，才可以与他讨论《诗》啊！

（三）以"缗蛮黄鸟"言"止于至善"

《大学》一书讲"止于至善"，引《诗经·小雅·缗蛮》
"缗蛮黄鸟，止于丘隅"两句诗，并引孔子的评论说："于止，
知其所止，可以人而不如鸟乎？""缗蛮"是黄鸟的悦耳叫声，
"丘隅"是山高树多之处，黄鸟在这里觅食栖息，既安全又惬
意。孔子以为连黄鸟这种小东西都知道寻好去处做巢栖息，人
为万物之灵，难道还不如这禽鸟择至善之处而居止吗？这是告
诉人们，天下一事一物，皆有至当不易之理。作为万物之灵的
人类，知理明而后处事当，由此而引申出"为人君止于仁，为
人臣止于敬，为人子止于孝，为人父止于慈，与国人交止于
信"的伦常之理。

（四）以《关雎》等诗论"敬本"

2001 年，《上海博物馆藏战国楚竹书（一）》出版，这是
已发现的一批战国竹简文献，其中收有一篇非常重要的孔门论
诗文献——《孔子诗论》。其中有一段话说：

> 《关雎》之改，《樛木》之时（持），《汉广》之知，
> 《鹊巢》之归，《甘棠》之保，《绿衣》之思，《燕燕》之
> 情，曷？曰：动而皆贤于其初者也。[15]

《孔子诗论》作者于《邦风》（按：即《国风》）中选出七
首诗，每首诗以一字概括其意涵，又以"动而皆贤于其初"一
语概括七首诗的共性。所谓"动"，概指人生行为，而"贤"为
"崇重"之义[16]，"初"为"根本"之义，此语的意思是人生

的行为应崇重其根本，这个根本就是"德"和"礼"。其中《关雎》写"雎鸠"之鸟生有定偶而不相乱，偶常并游而不相狎，喻人类"妃匹"当合礼仪之正。《汉书》卷八十一《匡衡传》载匡衡曰："臣闻之师曰：'妃匹之际，生民之始，万福之原。'"[17]《樛木》描写贵族家庭的康乐生活，认为"德"是保持禄位的根本。《汉广》讲人生不当有非分之想，不应攻取不可能之事，这是人生的基本道理。《鹊巢》一诗赞美夫人有德，而得其所宜得，其教化意义在于以德修身为齐家之始。《甘棠》一诗是歌颂召公的，人们爱召公是因为他能爱民、保民。此诗教化意义在于以明德为治国之本。《绿衣》一诗中有"我思古人，实获我心"之句，言己惟思古人，以修身为本，安于义命。《燕燕》诗中描写一名女性遭人生大变故，而初心不改。作者通过这七首诗表达这样一种理念，即道德和礼义在人的生命中的根本地位。《诗》教是儒家思想教化的重要方面之一，由《诗》义转出社会、政治、人生的根本意义。

（五）以《葛覃》等诗论"民性"

《孔子诗论》中还有这样一段话：

> 孔子曰：吾以《葛覃》得祇初之诗，民性固然，见其美，必欲反其本，夫葛之见歌也，则以绤绤之故也。后稷之见贵也，则以文、武之德也。吾以《甘棠》得宗庙之敬，民性固然，甚贵其人，必敬其位，悦其人，必好其所为，恶其人者亦然。【吾以《木瓜》得】币帛之不可去也，民性固然，其隐志必有以俞（喻）也。其言有所载而后内（入），或前之而后交，人不可干也。[18]

这段话比较晦涩，将它翻译成白话文是这样的：孔子说：我从《葛覃》的诗中得到崇敬本初的诗意，人们的性情就是如此，看到了织物的华美，一定会去了解织物的原料。葛草之所以被歌咏，是因为绨和绤织物的缘故；后稷之所以被人尊重，是因为（他的后人）周文王和周武王的德行。我从《甘棠》的诗中得到宗庙之敬的道理，人们的性情就是如此，如果特别尊重那个人，必然敬重他曾经停留的位置。喜欢那个人，一定也喜欢那人所有的作为，反之亦然。（我从《木瓜》的诗中）得到币帛之礼不可去除的道理。人们的性情就是如此，他们内心的志愿必须有表达的方式。他希望结交的心意要先有礼物的承载传达而后再去拜见，或直接前去拜见而后送上礼物。总之，与人纳交是不可没有礼物的。

孔子告诫弟子，要通过学习《诗三百》来重新认识民众的习俗和性情，以便调整自己的思想认知和处事方式。

第四节　孟子的"迹熄《诗》亡"说

孟子曾说："王者之迹熄而《诗》亡，《诗》亡然后《春秋》作。"（《孟子·离娄下》）今人所不能理解的是，《诗三百》文本尚在，为何言"《诗》亡"？若说《诗》之大义不存，则孔子称子夏、子贡可与言《诗》，是《诗》之大义犹可阐释；而直到荀子之时，言必引《诗》，是《诗》之大义未尝亡也。

其实，古人对于孟子此语也很困惑，众说纷纭，在理解上存在很大的差距。按通常的理解，孟子第一句话"王者之迹熄"，其时间当在周平王东迁之后。第二句话"春秋作"若指孔子作《春秋》之时，则为春秋之末。两事件相隔二百余年，似乎很难衔接，于是一派学者将"《诗》亡"定在平王东迁之后，将"春秋作"理解为春秋之始，加以衔接。在这个背景下，再讨论所"亡"的是哪一部分诗，因而形成若干种意见。另一派学者将"春秋作"理解为孔子作《春秋》之时，而将《诗》亡"时间定在《诗三百》中时代最晚的篇章，即陈灵公之时，加以衔接，然后再讨论《诗》亡"的实际含义，也形成若干种意见。下面次第论之：

（一）以《诗》亡于春秋之时

1. "《颂》亡"说

东汉赵岐为《孟子》"王者之迹熄而《诗》亡，《诗》亡然后《春秋》作"之语作注说："王者，谓圣王也。太平道衰，王迹止熄。《颂》声不作，故诗亡。《春秋》拨乱，作于衰世也。"[19]赵岐认为，《孟子》所说的"《诗》亡"是指《颂》诗，这个观点流行了很长时间，并未引起讨论和质疑。

2. "《雅》亡"说

晋范宁《春秋榖梁传序》称周平王"列《黍离》于《国风》，齐王德于邦君"[20]。按道理，周平王是天子，与周王朝有关的诗篇，或编入《大雅》，或编入《小雅》，而不应降而为《国风》，等同于一般诸侯。这已经蕴含了"《雅》亡"说。

隋唐之际，王通直接提出了"《雅》亡说"，王通说："《小雅》尽废而《春秋》作矣。"[21]王通这里只提《小雅》，未提《大雅》，并且也未予论证。倒是南宋宁宗时期的孙奕为他作了论证，其所撰《示儿编》卷六说："一言'《诗》亡'，一言'《雅》废'，何也？自平王《黍离》之诗，降为《国风》，则天下无复有《雅》，而《春秋》始于平王矣。按：平王之孙桓王（《兔爰》刺桓王失信）、曾孙庄王（《丘中有麻》刺庄王不明）犹有风（二诗皆见《王风》）。则是王者之《雅》亡而《春秋》作，王通之言良以此夫！"[22]按：孙奕此论乃是吸收了前辈二程、杨时等人的思想，但他没有讨论为什么王通只提《小雅》，而未提《大雅》。

两宋诸大儒如二程、杨时、胡安国、朱熹等皆主"《雅》亡"说，成为关于孟子"迹熄《诗》亡"说的一种主流解释。我们来看他们具体是怎么论述的：

首先，北宋的二程则笼统地称为"《雅》亡"，而不分《小雅》《大雅》。二程说："王者之《诗》亡，《雅》亡。政教号令不及于天下。"[23] 又说："平王东迁，在位五十一年，卒不能复兴先王之业，王道绝矣。孟子曰：'王者之迹熄而《诗》亡，《诗》亡然后《春秋》作。'适当隐公之初，故始于隐公。"[24] 这里，二程明确地提出了两点：一是说孟子所谓"《诗》亡"，实际是指《雅》亡。二是说孟子所谓"《春秋》作"，不是指孔子作《春秋》之时，而是指春秋之始，即鲁隐公初年。鲁隐公初年正好接上平王东迁之后"《雅》亡"的时代。

二程的高足杨时则明确说，孟子所说的"《诗》亡"，并非指所有的诗，而是特指"王者之《诗》"，具体而言是指《雅》诗，他在《孙先生春秋传序》中说："春秋之时，《诗》非尽亡也。《黍离》降而为《国风》，则王者之《诗》亡。王者之《诗》亡，则《雅》不作，而天下无政矣。《春秋》所为作也。"[25]

胡安国是杨时的弟子，所作《春秋传》为后世科举考试的功令，影响巨大。其《胡氏春秋传》卷一《隐公上》说："《邶》《鄘》以下多春秋时《诗》，而谓'《诗》亡然后《春秋》作'，何也？《黍离》降而为《国风》，天下无复有《雅》，而王者之《诗》亡矣。《春秋》始隐公，适当《雅》亡'之后，谓'《诗》亡'者，'《雅》诗'亡也。"[26]

杨时的另一位弟子张九成则说："昔余尝怪平王之诗，不列于天子之《大雅》，而下同于诸侯之变《风》，久而得之，乃知平王之时无复有王道矣。夫平王之时何以独无王道哉？盖君臣、父子、夫妇、兄弟，王道也。隐公即位不禀命于天子，与邾仪父盟于蔑，不授之司盟而天子不问，是无君臣之道也；郑伯克段于鄢，天子又不问，是无兄弟之道也；以天王之尊而赗惠公之妾，是无夫妇之道也。平王以前未至此极，夫子伤之，此《春秋》所以始于隐公也。"这是说平王之时，周天子名存而实亡，王纲解纽，人伦废弃，王者之迹已熄。后世之儒者编辑《诗三百》，不将此时王朝之诗作列入《大雅》或《小雅》，而降之于《国风》，其中已寓贬抑之意。

朱熹吸收了二程、杨时、胡安国等人的意见，在其《四书集注》中于《孟子》"王者之迹熄而《诗》亡，《诗》亡然后《春秋》作"之下注释说："'王者之迹熄'，谓平王东迁而政教号令不及于天下也。'《诗》亡'，谓《黍离》降为《国风》而《雅》亡也。"[27] 在他看来，"礼乐征伐自天子出"，是"王者之政"存续的标志，此时《雅》诗作之于上，以教化天下。"礼乐征伐"不自天子出，《雅》诗不复作之于上，周王朝的地位等同于小国，其所作诗降而为《国风》之一。王迹灭熄，孔子因而作《春秋》，以定天下之邪正，为百王之大法。

3. "《雅》《颂》之诗亡"说

宋邵伯温说："王者之迹熄而《雅》《颂》不作，周室之微，不绝如线，四郊之外，皆非已有，与一小国亦何以异？所存独王者之虚名耳。故《黍离》之诗列于《国风》也。"[28] 李樗说："孟子所谓'《诗》亡'者，《雅》《颂》之诗亡也。今也平王之诗既下列于国，则是《诗》之亡矣。既以平王之诗为《国风》，则是天王下列于诸侯矣。"[29] 二家皆持"《雅》《颂》之诗亡"说，是合汉儒赵岐之说与宋儒杨时、胡安国之说而为一也。

4. "《风》亡"说

清初顾炎武提出"《风》亡"说，他认为，西周之时，太师采风，所采列国之诗系于国风。周经骊戎之祸后，以前太师所采

《国风》之诗皆已佚失。孔子所录者，皆平王以后之诗，亦即所谓"变《风》之诗"。以为现存《诗三百》，无"正风之诗"，所谓"《诗》亡"，是说"正风之诗"亡佚了。他在《日知录》中说：

> 邶、鄘、卫、王，列国之名，其始于成康之世乎？惟周王抚万邦、巡侯甸，而大师陈诗以观民风，其采于商之故都者，则系之邶、鄘、卫；其采于东都者则系之王；其采于列国者则各系之其国。至骊山之祸，先王之诗率已阙轶。而孔子所录者，皆平王以后之诗，此变《风》之所由名也。……先儒谓"王"之名不当侪于列国，而为之说曰"列《黍离》于《国风》，齐王德于邦君"，误矣。自幽王以上大师所陈之《诗》亡矣。春秋时，君卿大夫之赋《诗》无及者，此孔子之所不得见也，是故诗无"正《风》"。王者之迹熄而《诗》亡，西周之《诗》亡也。《诗》亡而列国之事迹不可得而见，于是晋之《乘》、楚之《梼杌》、鲁之《春秋》出焉，是之谓"《诗》亡然后《春秋》作"也。[30]

依顾炎武的见解，"王"同邶、鄘、卫一样，也是列国之名，在东都洛阳之地。采于商之故都者，则编入《邶风》《鄘风》《卫风》，采于东都者，则编入《王风》，因而《黍离》编入《王风》、"王"名侪于列国是很自然的事情。只是由于骊山之祸，西周之时的列国之诗（《风》诗）亡佚了，由此而导致"列国之事迹不可得而见"。当此时，方有《春秋》一类的书出现。而所谓《春秋》，并非专指孔子所作《春秋》，凡晋之《乘》、楚之《梼杌》、鲁之《春秋》等诸国史书皆是。

5.《风》《雅》俱亡"说

清代学者李光地结合"《雅》亡"说与"《风》亡"说，提

114

出"《风》《雅》俱亡"说，他说：

> 先儒惟局于东、西周之说，故于孟子所谓"《诗》
> 亡"者，必曰"《雅》亡"也。……近代长洲顾炎武反其
> 说曰"《诗》亡"者，直谓"《风》亡"云尔。……余谓
> 先儒之说既偏，顾氏殆亦蔽于先儒之说，从而为之辞，
> 而并不可信。……孟子"《诗》亡"云者，盖言"《风》
> 《雅》俱亡"也。东迁以后，巡狩、述职不行，则《风》
> 《雅》俱亡矣。纵有所谓旧俗之歌谣，故老之咏慨，然
> 皆变《风》变《雅》之余音，而无当于明时黜陟劝惩之
> 义，则其谓之亡也固宜。[31]

李光地认为，自平王东迁以后，周王朝采诗制度不行，
就不再有西周那种"正《风》正《雅》"之诗了。东周以后
的《国风》，不过是"旧俗之歌谣"，东周以后的《小雅》，不
过是"故老之咏慨"，此时之诗只可视之为"变《风》变《雅》
之余音"，不再有西周之诗那种"黜陟劝惩"的意义，所以谓之
"《诗》亡"。

6. "四《诗》俱亡"说

南宋王柏《鲁斋集》卷十六《诗亡辨》："孟子言'王者之
迹熄而《诗》亡'，非曰王者之《诗》亡也。凡言诗，风、雅、
颂俱在其中，非独以为《雅》诗也。"[32]他认为孟子说"《诗》
亡"，是统括风、雅、颂在其中的，不是单言《雅》诗。当王
者之迹熄灭时，不仅是《颂》诗，正《风》、正《雅》皆随之
而亡了。

清儒范家相也明确提出"四《诗》俱亡"说，他说：
"'《诗》亡'者，太师不采诗，王朝无掌故，诸侯之国史亦不
纪录之以进王，国亡则四诗俱亡，非仅'《雅》亡'也。"[33]

这是说，当太师停止了采诗活动，便没有新诗采入了。当西周亡灭之后，《颂》《大雅》《小雅》《风》皆无新诗采入，所以说"四诗俱亡"。"四诗俱亡"不是说已有的《诗三百》亡佚了。

（二）以《诗》亡于作《春秋》之时

另一派学者将孟子所说的"《诗》亡"时间，定在孔子略前之时，具体而言，是在陈灵公之后。其依据来自郑玄的意见。郑玄《诗谱序》称："孔子录懿王、夷王时诗，讫于陈灵公淫乱之事，谓之变《风》变《雅》。"[34]元朱倬《诗经疑问》卷一有一段话可以作为郑玄此语的注脚："谓变《风》之终于陈灵者，盖以时世而言，以其后之不复有诗也。"[35]清代学者严虞惇《读诗质疑·卷首四》也指出："自文武降而至于春秋，五百余年之间，《诗》未尝亡也。楚庄入陈杀征舒，而夫子删《诗》止此矣。是之谓'《诗》亡'。"[36]这就道出了一个大家公认的事实：孔子之时，《诗三百》是现实的存在。孟子当然也知道这一点，所以孟子所说的"《诗》亡"，并非指《诗三百》的文本全部或部分亡佚了。

既然《诗三百》的文本全部或部分并未亡佚，那么，孟子究竟是在什么意义上来讲"《诗》亡"的呢？学者于是又有许多不同的解释，或称陈灵公之后不再有《诗三百》这类诗篇了；或称《诗三百》虽然存在，但"《诗》之道"却失掉了；或称《诗三百》虽然存在，但西周所规定的用诗用乐的名分制度失掉了；等等。下面次第论之。

1. "美刺之《诗》亡"说

当年胡安国明确提出"春秋始隐公，适当诗亡之后"的观点。按他的说法，"《诗》亡"是指《雅》诗亡，其时略在鲁隐公之前，鲁隐公元年是公元前722年，那么孟子所说的"《诗》亡"就是在此之前了。

对此，宋儒郑樵最先提出了反对意见，其《六经奥论》卷三说："胡文定公曰'春秋始隐公，适当《诗》亡之后，谓《诗》亡者，雅《诗》亡也。'予谓不然，《春秋》作于获麟之时，乃哀公十四年矣。《诗》亡于陈灵公，乃孔子未生之前。故曰'《诗》亡然后《春秋》作'，谓美刺之《诗》亡，而褒贬之书作矣。"[37]

吕祖谦与郑樵的意见接近，他说："其曰《诗》亡然后《春秋》作，盖指笔削《春秋》之时，非谓春秋之所始也。《诗》既亡，则人情不止于礼义，天下无复公好恶，《春秋》所以不得不作欤？"[38]

按郑樵与吕祖谦的说法，《诗》亡于孔子作《春秋》略前之时，即陈灵公之时，陈灵公之后不复有《诗》。元朱倬说："按：《春秋传》陈灵公于鲁宣公十一年为征舒所弑，其后无诗。"[39]鲁宣公十一年是公元前598年。依郑樵与吕祖谦的意见，孟子所说的《诗》亡在此之后。

2. "《诗》之道亡"说

北宋蔡卞提出"《诗》之道亡"说，其《毛诗名物解》卷二十《诗序统解》谓：

> 所谓"《诗》亡"者，非《诗》亡也。礼义之泽熄焉而已矣。变《风》变《雅》之作，而知止乎礼义。当是时《诗》尚存也。惟其礼义之泽熄，然后《诗》之道亡矣。……《诗》亡则美刺之法废，《春秋》作则褒贬之法兴，……盖美刺之法废而无褒贬以继其后，则乱臣贼子无所忌惮，而接迹于后世矣。[40]

蔡卞称"所谓'《诗》亡'者，非《诗》亡也"，是说《诗三百》的文本并没有亡佚，即使属于变《风》变《雅》的诗

篇，仍然能做到"止乎礼义"。而孟子所说的《诗》亡，是
"诗之道亡"，其时诗篇虽在，却已经起不到美刺的作用，以
是"乱臣贼子无所忌惮"，谬种流传，遗祸后世。孔子不得
已而作《春秋》，"《春秋》作，则褒贬之法兴"，而使乱臣贼
子惧。

3. "名分亡"说

明章潢《图书编》卷十二说：

> 王迹莫大乎名分，而《春秋》之作，惟以尊王迹而
> 已矣。[41]

方苞奉敕编纂《钦定四书文》评吴堂《"王者之迹熄而
〈诗〉亡"一章》说：

> 《风》《雅》中所载东迁以后之诗多矣，所谓"王迹
> 熄而诗亡"者，谓如晋享叔孙豹歌《文王》《鹿鸣》，赵
> 武奏《肆夏》，鲁三家歌《雍》，而王吏不能讨……乱臣
> 贼子公行无忌，其端兆实开于此。故孔子惧而作《春
> 秋》。[42]

这是说，《诗三百》之歌咏乐奏是有名分的。"晋享叔孙豹
歌《文王》《鹿鸣》"，讲的是春秋时期晋国的事：鲁国使臣叔
孙豹访问晋国，晋侯命乐师为他演奏《肆夏》，叔孙豹不拜谢；
晋侯又命乐工为他歌《文王》，叔孙豹仍不拜谢；晋侯命歌
《鹿鸣》，叔孙豹才拜谢。韩献子派人问他缘故，他回答：《肆
夏》是天子招待诸侯的乐曲，《文王》是诸侯国之间两君相见
时演唱的诗篇，他都不敢承受，《鹿鸣》是国君酬劳使臣的诗
篇，他当然要拜谢了。这件事说明当时晋国君臣已经不懂《诗

三百》的名分了。"鲁三家歌《雍》",讲的是鲁国的事。"鲁三家"指鲁国大夫孟孙氏、叔孙氏、季孙氏三家。《雍》为《周颂》篇名,作为乐歌用于天子宗庙祭祀,鲁三家家庙祭祀亦僭用此乐歌。《论语》记载孔子曾讽刺鲁三家逾越名分,僭妄无知。晋国和鲁国都是姬姓诸侯国,连他们都不懂用诗用乐的制度名分了,所以孔子才作《春秋》强调名分的意义。这是章潢等提出"名分亡"说的理由。

由上所述,我们看到了学者在孟子"迹熄诗亡"说解释上的众多歧见。正如明何楷《诗经世本古义·序》所说:"孟子曰'王者之迹熄而《诗》亡,《诗》亡然后《春秋》作',诸儒推测未有得其解者也。"[43] 但相比较之下,我们比较赞同郑樵与吕祖谦的说法。在我们看来,前人讨论孟子"《诗》亡"之说,似乎没有厘清一些基本的逻辑。比如孟子所说的《诗》本是一个全称概念,解者定要将它缩小成一个偏称概念,将《诗》或解释为《颂》,或解释为《雅》,或解释为《风》,或解释为"《雅》《颂》""正《风》正《雅》"等等。若如此,孟子当初何不说得更确切、具体一点,何劳后人如此哓哓不休地争论呢!

还有,关于"亡"字也有两种意涵,未能明确厘清。一是亡佚意义上的"亡"。顾炎武的"《风》亡说"是讲列国在西周时当有"正《风》"之诗存在,在经历骊戎之祸后亡佚了。他理解的"亡"是说以前曾经有,此后无人再见到。二是"无有"意义上的"亡"。在先秦,"亡"与"无"可以相通。杨时、朱熹等人认为平王之后不复有《雅》诗了,他们所理解的"亡"是此时仍然有,此后再无此类作品了。

经过这样的分析,我们便知道,郑樵与吕祖谦所说的《诗》亡,他们所称之《诗》是一个全称判断;他们所称之"亡",是"无有"之意,是说此后不复有《诗三百》一类诗

篇了。当然，这并不意味着陈灵公之后，天下便无人作诗了，正如较早时期的苏辙在其《诗集传》卷七中说：《诗》止于陈灵，何也？古之说者曰：'王泽竭而诗不作。'是不然矣。……诗之所为作者，发于思虑之不能自已，而无与乎王泽之存亡也。……观之天下，未尝一日无诗，而仲尼有所不取也。……故诗止于陈灵，而非天下之无诗也，有诗而不可以训焉耳。"[44]

注释：

[1] 汉代《乐经》失传，只剩了五经，然而后世有时也会用"六经"作为儒家经典的代称。"六经"是虚称，"五经"是实称。

[2]〔汉〕郑玄注，〔唐〕孔颖达等正义：《礼记正义》，〔清〕阮元校刻：《十三经注疏》，北京：中华书局，2009年，第2905页。

[3] 转引自周发祥：《〈诗经〉在西方的传播与研究》，见《文学评论》，1993年第6期，第71页。

[4]〔清〕苏舆撰，钟哲点校：《春秋繁露义证》，北京：中华书局，1992年，第36页。

[5]〔宋〕惠洪、朱弁、吴沆撰，陈新点校：《冷斋夜话·风月堂诗话·环溪诗话》，北京：中华书局，1988年，第99页。

[6][7]〔宋〕苏轼著，〔清〕冯应榴辑注，黄任轲、朱怀春校点：《苏轼诗集合注》，上海：上海古籍出版社，2001年，第2736，2736页。

[8]〔宋〕刘克庄：《后村诗话》，北京：中华书局，1983年，第1页。

[9]〔德〕伽达默尔：《伽达默尔论柏拉图》，余纪元译，北京：光明日报出版社，1992年，第52页。

[10][17]〔汉〕班固：《汉书》，北京：中华书局，1962年，第1755—1756，3342页。

［11］〔晋〕杜预注，〔唐〕孔颖达等正义:《春秋左传正义》，〔清〕阮元校刻:《十三经注疏》，第 4342 页。

［12］周勋初:《文心雕龙解析》，南京：凤凰出版社，2015 年，第 109 页。

［13］今传本《诗经·卫风·硕人》遗逸"素以为绚兮"一句。

［14］关于"绘事后素"和"礼后乎"，历史上有两种相反的解释：一派以郑玄为代表，认为凡绘画，先布众采，然后以素白分其间，以素喻礼。一派以朱熹为代表，认为绘画之事，先以白粉地为质，而后施五采，以绚喻礼。我们取后一种解释。

［15］［18］引自姜广辉:《古〈诗序〉复原方案（修正本）》，载姜广辉主编:《中国哲学》第 24 辑《经学今诠三编》，沈阳：辽宁教育出版社，2002 年，第 174，175 页。

［16］《礼记·礼运篇》"以贤勇知"疏:"贤，犹崇重也。"

［19］〔汉〕赵岐注，〔宋〕孙奭疏:《孟子注疏》，〔清〕阮元校刻:《十三经注疏》，第 5532 页。

［20］〔清〕钟文烝撰，骈宇骞、郝淑慧点校:《春秋穀梁经传补注》，北京：中华书局，1996 年，第 6 页。

［21］张沛撰:《中说校注》，北京：中华书局，2013 年，第 173 页。

［22］〔宋〕孙奕撰，《履斋示儿编（附校补）》，北京：中华书局，1985 年，第 55 页。

［23］［24］〔宋〕程颢、程颐著，王孝鱼点校:《二程集》，北京：中华书局，2004 年，第 93，1086 页

［25］〔宋〕孙觉:《孙氏春秋经解》，《景印文渊阁四库全书》第 147 册，第 554 页。

［26］〔宋〕胡安国:《胡氏春秋传》，《景印文渊阁四库全书》第 151 册，第 22 页。

［27］〔宋〕朱熹:《四书章句集注》，北京：中华书局，1983

年，第 295 页。

[28]〔宋〕邵·雍撰，李一忻点校，王从心整理：《皇极经世》，北京：九州出版社，2003 年，第 403 页。

[29]〔宋〕章如愚：《群书考索续集》，《景印文渊阁四库全书》第 938 册，第 98 页。

[30]〔清〕顾炎武著，黄汝成集释，栾保群、吕宗力校点：《日知录集释》，上海：上海古籍出版社，2014 年，第 57—58 页。

[31]〔清〕李光地：《榕村集》，《景印文渊阁四库全书》第 1324 册，第 757 页。

[32]〔宋〕王柏撰：《鲁斋集》，《景印文渊阁四库全书》第 1186 册，第 239 页。

[33]〔清〕范家相：《诗沈》，《景印文渊阁四库全书》第 88 册，第 604 页。

[34]〔汉〕毛公传，郑玄笺，〔唐〕孔颖达等正义：《毛诗正义》，〔清〕阮元校刻：《十三经注疏》，第 556 页。

[35][39]〔元〕朱倬：《诗经疑问》，《景印文渊阁四库全书》第 77 册，第 537，537 页。

[36]〔清〕严虞惇：《读诗质疑》，《景印文渊阁四库全书》第 87 册，第 76 页。

[37]〔宋〕郑樵：《六经奥论》，《景印文渊阁四库全书》第 184 册，第 73 页。

[38]〔宋〕吕祖谦：《东莱集》，《景印文渊阁四库全书》第 1150 册，第 358 页。

[40]〔宋〕蔡卞：《毛诗名物解》，《景印文渊阁四库全书》第 70 册，第 609 页。

[41]〔明〕章潢：《图书编》，《景印文渊阁四库全书》第 968 册，第 466 页。

[42]王同舟、李澜校注：《钦定四书文校注》，武汉：武汉大学

出版社，2009 年，第 596 页。按："赵武奏《肆夏》"，所记或有误。

　　［43］〔明〕何楷：《世本古义》，《景印文渊阁四库全书》第 81
册，第 3 页。

　　［44］〔宋〕苏辙：《诗集传》，《景印文渊阁四库全书》第 70
册，第 388 页。

第六章
先秦礼学综论

　　中国儒家十三经中，有三部书冠以"礼"名:《仪礼》《礼记》《周礼》，因而有"三礼之学"。中国上古文化和文明，也常以"礼"字概括之。由此观之，"礼"之于中国文化的重要性，是不言而喻的。后人研究中国古代的"礼"文化，将之区分为礼仪、礼俗、礼制、礼义等。而其实质只在礼仪，因为当礼仪成为习俗时，才有礼俗;礼仪被人为确立为制度时，才称为礼制;而礼义乃是研究既有的礼仪的精神价值。这表明礼仪是礼学的根本。

　　中国古代虽然有关礼仪的文献众多，但并没有资料显示礼仪究竟是由谁发明的，而毋宁说它是华夏先民在长期的集体生活中自然而然产生的。《礼记·表记》载孔子论述商周文化特点说:"殷人尊神，率民以事神，先鬼而后礼……周人尊礼尚施，事鬼敬神而远之。"[1]近代殷墟发现的大量甲骨卜辞证实了"殷人尊神"的文化特点。而从三《礼》文献中我们也可以明显看到"周人尊礼"的文化特点。

　　起先，由于殷商贵族居于国家统治地位，使当时中国的意识形态处于宗教神学的支配之下，礼仪仅处于次要的地位。继而殷商王朝被推翻，周贵族居于国家统治地位，在意识形态方面则以"礼"文化为主导，"事鬼敬神"只成为其"礼"文化的一个组成部分。梁漱溟先生曾经指出："文化都是以宗教开端，中国亦无例外，……其自古相传未断之祭天祀祖，则须分别观之，在周孔教化未兴时，当亦为一种宗教，在周孔教化既兴之后，表面似无大改，而留心辨察实进入一种特殊情形了。质言之，此后之中国文化，其中心便移到非宗教的周孔教化上，而祭天祀祖只构成周孔教化之一条件而已。"[2]

无论殷商时代的宗教文化，还是西周时代的"礼"文化，其中合理的成分都是在人们之间建立和维护一种"道德"秩序。从殷商宗教文化向西周"礼"文化的转变，如同一种"蒸馏"现象，当宗教神学的成分蒸发、减少之后，有关"道德"的内容被保留下来。但"道德"不能没有表现的形式和载体，这种表现的形式和载体就是"礼仪"。本章所讨论的便是先秦时期宗教文化向礼仪文化的转变与过渡。

第一节　礼仪是宗教仪式的蜕变

许慎《说文解字》"禮"字下注："禮，履也，所以事神致福也。从示从豊。"[3]又单解"禮"字的偏旁"示"字说："示，神事也。"[4]徐锴《说文系传》释"示"字："二，上字也，左画为日，右画为月，中画为星也。画纵者，但取其光下垂示人也。示亦神事也，故凡宗庙、社、神、祇，皆从示。"[5]许慎《说文解字》又单解"豊"字说："豊，行礼之器也，从豆，象形。"[6]王国维《释礼》说："殷墟卜辞有豐字……象二玉在器之形。古者行礼以玉。故《说文》曰：'豊，行礼之器。'其说古矣。……推之而奉神人之酒醴，亦谓之醴。又推之而奉神人之事，通谓之禮。"[7]综而言之，从"禮"的造字来说，其偏旁"示"，意谓"神事"，凡与祭祀神明有关的字，大多从

"示"。"豊"的部分则是祭祀神明的主要道具。换言之，"禮"字起源于宗教，殆无疑义。

"礼"反映人类一种高贵的心灵，其最初的发生源自内心的感恩与报答。《礼记·乐记》说："礼也者，报也。……礼反其所自始。"礼之大者为祭祀，所祭祀的对象非常广泛，可以是天地、山川、祖先等等。关于感恩祖先，孔颖达解释说："若祭后稷，报其王业之由，是礼有报也……礼，有恩则报。以人意言之，谓之报情；以父祖子孙言之，谓之反始，其实一也。"[8]祭祀者相信其祭祀对象已成为一种神明，因而从内心表达一种由衷的感恩之情，并且这种祭祀活动带有明显的纪念意义，譬如所用的祭物便带有复原原始场景的意味。《礼记·礼器》说：

> 礼也者，反本修古，不忘其初者也。故凶事不诏，朝事以乐。醴酒之用，玄酒之尚；割刀之用，鸾刀之贵；莞簟之安，而稿鞂之设，是故先王之制礼也，必有主也，故可述而多学也。[9]

所谓"凶事不诏"，是说家里亲人去世，悲痛哭泣由中而发，不待他人相告。所谓"朝事以乐"，是说朝廷意在养贤，演奏音乐以悦贤者。这是丧礼、朝礼的本意。宗庙祭祀不用甘美的醴酒，而用水一样的"玄酒"；割刀不用锋利的今刀，而选用古钝的"鸾刀"；铺地之席不用"莞簟"编的精席，而用"稿鞂"编的粗席，为的是复现古人筚路蓝缕创业的场景，带有纪念的意义。这也就是说，所有"礼"的仪式、道具都有"可述"的原始故事和许许多多的学问。

原始民众的祭祀仪式，从表象上看是敬神、畏神，但其实质却蕴含着必须如此生活的内在合理性。比如，通过祈祷神明来保佑现有的生存环境和生存条件；由当时人们的"万物有灵"论的认知，来保护人们赖以生存的山川、植物、动物的生态平衡不受破坏。又比如，通过宗教禁忌来防范危害族人的行为，由当时"同姓不婚"的戒律来避免近亲婚姻所带来的遗传性疾病等等。弗洛伊德曾经指出："献祭是古代宗教的主要仪式，它属于全族人民共同的庆典，当宗教仪式变成全社会的重要事件，宗教上所要求担负的责任也就成为社会上道德和价值的判断标准。"[10] 因此，原始宗教所内蕴的道德和价值也便成了"自然法"。后来宗教迷信逐渐澄清，这种"自然法"便成了道德箴言和法律的基础。原始儒家看到了这些自然法的价值，有意识地将自然法转变为成文法，转化并发展了原始宗教的礼仪部分。

"自然法"是来自西方的学术概念，学者在理解上分歧很大。而笔者比较认同孟德斯鸠（1689—1755）的说法：

> 在所有这些规律中（按即人为的宗教的、道德的、政治的和民事的规律）之先存在着的就是自然法，所以称为自然法是因为它们是单纯渊源于我们生命的本质。如果要很好地认识自然法，就应该考察社会建立以前的人类，自然法就是在这样一种状态之下接受的规律。[11]

中国古人虽然没有"自然法"这一概念，但已明确将"礼"视为同天地自然秩序一样重要的法则，如《礼记·礼器》所说："礼也者，合于天时，设于地财，顺于鬼神，合于人心，理万物者也。"[12] 又如《左传·昭公二十五年》所记子产之语说："夫礼，天之经也，地之义也，民之行也。天地之经，而民实则之。"[13] 梁启超、梅仲协、李约瑟等人也都认同中国古代的"礼"就是自然法。其中梁启超说："儒家最崇信自然法，礼，是根本自然法制成具体的条件，作人类行为标准的东西。"[14]梁氏又说："我国古代，礼与法视同一物。礼者，即规律本族之法，故凡礼制之著于竹帛者，皆可认为一种之成文法。……若礼而可认为成文法，则周代所谓经礼三百，曲礼三千者，其可谓最古而最繁博之法典焉矣。"[15]这意思并不是说，作为社会习俗的礼仪用文字写出来便是成文法，如孔子应鲁哀公之请，为孺悲书写《士丧礼》，[16]那只是传统自然法侧面的一种书面反映，而只有官方将之作为礼制来颁布才属于成文法。儒家正是看到了礼的自然法中的法理和道德价值，才去努力记录和传承它。

《论语·为政》载孔子之语说："殷因于夏礼，所损益可知也。周因于殷礼，所损益可知也。"《论语·八佾》又载孔子之语说："周监于二代，郁郁乎文哉！吾从周。"从夏、殷到周，"礼"文化经历了漫长的发展和转化的过程。史称周公"制礼作乐"[17]，由周公开始确定了与嫡长子继承制相关的宗法制度。而这一制度在殷商后期已经实行，周公肯定了其稳定政治的作用，并更加坚决地推行之。

周人以小邦周战胜大邦殷，突然有了偌大的产业，因而对全国如何统治，便是摆在周人面前的首要问题。因为之前的夏、商王朝尚有原始时代部落联盟的胎记，其时小邦林立，与中心王朝并无直接的隶属关系。周人要改变这种局面，建立一个统一的王朝体系，遂通过分封血缘亲族和功臣的办法，来统治广袤的区域，并利用"亲亲"、"尊尊"、嫡长子继承制等原则，以及相应的"礼"来规范族人及功臣家族的行为。王国维《观堂集林》卷十《殷周制度论》说："'立子以贵不以长，立嫡以长不以贤'者，乃传子法之精髓，由传子之制而嫡庶之制生焉。……盖天下之大利莫如定，其大害莫如争。任天者定，任人者争；定之于天，争乃不生。"[18]何谓"任天""定之于

天"？"亲亲"、"尊尊"、嫡长子继承制等等便是"任天""定之于天"，围绕它有一整套"礼"的习俗和规范，并由此建立起宗法社会秩序，而宗法社会秩序的建立，靠的是自然法，并由自然法过渡到成文法。当然，周代礼仪并不限于此，它有着更为广泛而重要的社会意义。《礼记·经解》说：

> 朝觐之礼，所以明君臣之义也。聘问之礼，所以使诸侯相尊敬也。丧祭之礼，所以明臣子之恩也。乡饮酒之礼，所以明长幼之序也。昏姻之礼，所以明男女之别也。夫礼禁乱之所由生，犹坊止水之所自来也。故以旧坊为无所用而坏之者，必有水败；以旧礼为无所用而去之者，必有乱患。昏姻之礼废，则夫妇之道苦，而淫辟之罪多矣。乡饮酒之礼废，则长幼之序失，而争斗之狱繁矣。丧祭之礼废，则臣子之恩薄，而倍死、忘生者众矣。聘觐之礼废，则君臣之位失，诸侯之行恶，而倍畔、侵陵之败矣。[19]

应该指出，所有这些礼仪并不是由哪个人制定，或由国家颁布强制推行的，而是由华夏民族长期的集体生活自然而然形成的。儒家看到了它所具有的内在价值和意义，表而出之，加以守护与继承。

第二节 由"礼"文化造就的社会秩序

如上所述，"礼"最初用于表达对神明尊敬和报恩的心理，这是一种内在的具有神圣意义的精神，当这种内在精神扩展而用于社会人际关系之时，就有了交际的礼仪，人际关系的礼仪所要表达的是对他人的尊敬，正如《礼记·曲礼上》所说："夫礼者，自卑而尊人，虽负贩者必有尊也，而况富贵乎！"[20]

在中外历史上，贵族阶层都非常重视礼仪。之所以出现这一现象，只能说礼仪对于贵族人物而言，有其特别的重要性。贵族人物在频繁的上流社会的交往中，需要塑造自己的良好形象，这就需要通过仪表风度、语言艺术、人格魅力等等表现出他的优雅和文明，以及对他人尊重、友善的态度。具备这些要素的人物，往往成为政治舞台上的明星和成功者。在这个意义上，礼仪会成为贵族阶层的自觉追求，而并不是国家政治对他的强制要求。也因此"礼治"实为一种"自治"，并且它由贵族阶层示范而影响于全社会。《礼记·儒行》载：鲁哀公曾向孔子请教"儒行"的问题，孔子谈到了儒者的"礼容"：

> 儒有衣冠中，动作慎，其大让如慢，小让如伪，大则如威，小则如愧，其难进而易退也。粥粥若无能也，其容貌有如此者。[21]

清儒陈邦彦《日讲礼记解义》卷六十二解释说："此言儒者之容貌也。粥粥，卑让貌。儒有以礼自治，衣冠得其中，动作致其谨，大让以自抗则如慢，小让以致曲则如伪，大则有所不敢犯而如威，小则有所不敢放而如愧，其难于进而易于退也，谦恭自下，粥粥若无能也，其容貌有如此者。"[22]陈邦彦的解释提到了"儒有以礼自治"的话，"礼"的要义不在于"治人"或为他人所"治"，而在于"自治"。人人皆能自觉"自治"，则自然会形成良好的社会秩序。《礼记·仲尼燕居》载："子贡越席而对曰：'敢问将何以为此中者也？'子曰：'礼乎礼！夫礼，所以制中也。'"郑玄注："'礼乎礼'，唯有礼也。"[23]《钦定礼记义疏》卷六十四载宋儒马晞孟说："中，出

于人之性，而所以节性者，在乎礼而已。"[24] 其实所谓"中"
即是指人的内心。孔子认为，只有"礼"才可以"制中"，以
礼"制中"就是以礼"自治"。孔子告诫君子须通过习"礼"
来实现"制中""自治"，以保全人性本有之"善"，去除人心
习染之"恶"。

"礼"的意义，由对神明的尊敬，扩展为对他人的尊敬，
由此而有相互礼让的社会秩序。但我们不能由此认为，"礼"
因而具有人人相互尊敬的平等意义。其实，自原始时代后期人
类社会已有明确的等级观念，后来逐渐形成等级制度，等级越
高的人受到的尊敬也越高。"礼"文化的确立与发展，是与古
代社会等级秩序的确立与发展相同步的。在这个意义上，"礼"
便等同于等级秩序。正是在这个意义上，"礼"又成为统治者
方便的统治工具。《礼记·礼运》说："礼者，君之大柄也。所
以别嫌明微，傧鬼神，考制度，别仁义，所以治政安君也。"
对此，孔颖达于《礼记注疏》卷二十一解释说：

> 人君治国须礼，如巧匠治物执斤斧之柄，所以别嫌
> 明微者，此以下亦并明用礼为柄之事：使寡妇不夜哭，
> 是别嫌。君子表微，是明微也。傧鬼神者，以接宾以礼
> 曰"傧"，以郊天祀地及一切神明是"傧鬼神"也。考
> 制度者，考，成也。制度为广狭丈尺，以礼成之也。别
> 仁义者，仁生义杀，各使中礼，有分别也。所以治政安
> 君也者，用礼为柄如前诸事，故治国得政，君获安存。
> 故《孝经》云："安上治民，莫善于礼。"[25]

《礼记·乐记》说："礼辨异。"郑玄注："异，尊卑也。"[26]
由于"礼"文化强调上下尊卑观念，所以当近代西方"平等"
观念传入中国后，传统"礼"文化的等级意识备受诟病。一

些激进的学者便以西方的"平等"观念抨击中国西周的"礼"文化。

不过，这也给学者带来新的困惑，一方面，西周文化是中华文化的根基；一方面，"礼"文化是等级秩序的维护者。当否定西周"礼"文化之时，岂不是要动摇中华文化的根基吗？在这方面，也许需要一种科学的解释。

我们知道，许多动物都有其社群秩序，而社群秩序的一个重要表现就是等级秩序。美国埃默里大学（Emory University）物理学家冯平观教授曾经提到一件有趣的事情，20世纪有一项关于动物社群秩序的研究曾获得诺贝尔奖。这个研究表明，许多动物社群都有等级秩序。最明显而突出的是灵长类动物，如猴群中有猴王，猴王有许多后妃，后妃也有等级之分。[27]

动物社群秩序属于一种遗传本能，自有其天然合理性。按照进化论理论，人类由类人猿进化而来，在进化过程中，人类社会存在等级秩序，便是不难理解的。其实，这个问题，很早就被荀子意识到了。荀子从理论上解释说：

> 礼起于何也？曰：人生而有欲，欲而不得，则不能无求；求而无度量分界，则不能不争；争则乱，乱则穷。先王恶其乱也，故制礼义以分之，以养人之欲，给人之求，使欲必不穷乎物，物必不屈于欲，两者相持而长，是礼之所起也。[28]

荀子论述"礼"的起因，比较符合历史实际。依荀子之见，人生来就有个人欲望，有个人欲望就有纷争，"礼"是圣人为防止人们纷争而制定的。西周社会被孔子称为"郁郁乎文哉"的盛世，这个盛世基本是靠"礼"来支撑和维持的。在古代，"礼"是一切社会建构的基础，具有无与伦比的重要性。

所以,《礼记·曲礼上》指出:

> 道德仁义,非礼不成;教训正俗,非礼不备;分
> 争辨讼,非礼不决;君臣上下、父子兄弟,非礼不定;
> 宦、学事师,非礼不亲;班朝、治军、莅官、行法,非
> 礼威严不行;祷祠、祭祀,供给鬼神,非礼不诚不庄。
> 是以君子恭、敬、撙、节、退、让以明礼。[29]

按照儒家的观点,"礼"作为社会的秩序、做人的准则,
乃是国家命脉之所系。因此,荀子又说:"人之命在天,国之
命在礼。"[30] "礼之于正国家也,如权衡之于轻重也,如绳墨之
于曲直也。故人无礼不生,事无礼不成,国家无礼不宁。"[31]
礼治的立意,在于预防犯罪。所以《礼记·经解》说:"礼之
教化也微,其止邪于未形,使人日徙善远罪而不自知也,是以
先王隆之也。"[32] 此外,因为"礼"的发展逐渐演变成社会风
俗和人们的文化心理,由此它便具有了凝聚人心的功能,如同
《礼记·檀弓下》所说:"苟无礼义、忠信、诚悫之心以莅之,
虽固结之,民其不解乎?"[33]

从以上论述可以看出,中国西周"礼"文化的产生与发
展,是有其历史必然性与合理性的。以近代"平等"观念去抨
击和反对中国西周的"礼"文化,是一种非历史的观点。

第三节 礼仪:表现敬重的形式

先秦礼学的基础文献是《仪礼》和《礼记》。在孔子之
前,所谓"礼"可能属于道德践履的范畴,并没有文本的形
式。《礼记·杂记》称:"哀公使孺悲之孔子学《士丧礼》,《士

丧礼》于是乎书。"[34] 这是说，孔子用文字写出士丧礼的全部程式，使之有了文本的形式。《士丧礼》只是《仪礼》的一篇，《仪礼》中的其他篇应该在先秦已经完成。这里所说的《礼记》，是指小戴《礼记》。《礼记》中的大部分文献应作于先秦时期。

汉代儒家所谓的"五经"的礼经，是指《仪礼》。《仪礼》十七篇讲的是士冠礼、士昏礼等礼仪的规定程式和动作。关于这些礼仪所蕴含的意义实际是由《礼记》中《冠义》《昏义》等篇来揭示的。所以，谈礼，就必须将礼仪与礼义结合起来谈。

从根本上说，礼仪是表达敬重的形式。良好的礼仪规范，可以使人养成敬重他人的态度和习惯。范祖禹曾套用孔子"《诗》三百，一言以蔽之曰：思无邪"的话，提出"经礼三百，曲礼三千，一言以蔽之：毋不敬"[35]。这意思是说，"礼"的根本精神在于"敬"，如果没有发自内心的敬重，那么"礼"就会徒具虚文；反之，若没有礼仪的形式，内心的敬重也无由表达。因此，这便产生一个礼仪形式与礼义关系的问题。《礼记·礼运篇》说：

> 治国不以礼，犹无耜而耕也；为礼不本于义，犹耕而弗种也；为义而不讲之学，犹种而弗耨也；讲之学而不合之以仁，犹耨而弗获也。[36]

这是说，推行礼仪，必须将礼仪形式与礼义精神相结合。周公、孔子看重礼义精神，他们与祝史之官不同，祝史之官特别看重自古以来的传承，他们只管司礼的程序和技艺是否符合传统，可以不管"礼"的内在精神和社会意义。因此，《礼记·郊特性》说："礼之所尊，尊其义也。失其义，陈其数，祝史之事也。"[37] 当然，这并不意味着礼仪形式不重要。相反，在了解"礼"的深层意义的前提下，也应该讲究礼仪形式。因为礼仪形式毕竟是表达敬重的载体和手段。没有一定的礼仪形式，礼义精神便不能得到体现，更难说有什么社会意义。

每一种礼仪，就其具体的程式和动作本身，都有其内在的寓意。若了解礼仪形式与礼义的关系，可以将《仪礼》与《礼记》两部书对照来研究。吕大临说：《仪礼》所载谓之'礼'者，礼之经也。《礼记》所载谓之'义'者，训是经之义也。"[38] 这是说，《仪礼》一书虽然讲的是礼仪程式，但它是"礼之经"。

以冠礼为例，《礼记·冠义》是对《仪礼·士冠礼》意义的阐发。按照古礼，男子年二十而行冠礼（即成人礼），但冠礼绝不仅仅是男子成人的标志，重要的是他要从此明白作为氏族成员他所应承担的责任和义务。当男子举行成人礼时，其所应承担的责任与义务被长辈隆重告知。《礼记·冠义》说："成人之者，将责成人礼焉也。责成人礼焉者，将责为人子，为人弟，为人臣，为人少者之礼行焉。"[39] 人在家庭和社会中，具有不同的角色，从而具有不同的责任与义务。作为人子，当行人子之礼；作为人弟，当行人弟之礼；作为人臣，当行人臣之礼；作为人少，当行人少之礼。一人而具多重角色，因而便具有多重的角色伦理。在儒家看来，社会是一个由君臣、父子、兄弟、夫妇、朋友等伦常关系所构成的整体性存在，一个有秩序的社会，体现为这些伦常关系的良性互动。作为君子，要认同自己的多重角色，要在家庭、社会的共生关系中，通过习"礼"以使自己的角色达于最佳化。

以乡饮酒礼为例，《礼记》中的《乡饮酒义》是阐释《仪礼·乡饮酒礼》的意义的。乡饮酒礼是古代乡党社会的社交礼仪，讲究"序齿"，即按年龄大小定尊卑、排座次，目的是倡导社会尊长养老。六十以上为老，越是年长，受到礼遇的规格越高。《礼记·乡饮酒义》说：

> 乡饮酒之礼，六十者坐，五十者立侍以听政役，所以明尊长也。六十者三豆，七十者四豆，八十者五豆，九十者六豆，所以明养老也。民知尊长养老，而后乃能入孝弟；民入孝弟，出尊长养老，而后成教，成教而后国可安也。[40]

乡饮酒礼实行于乡里，就是通过民众的参与，实施一种尊长敬老、礼让和睦的思想教化。这也就是说，教化要从最底层的民众做起，其方式则是通过乡民饮酒聚会的场合，倡导尊长敬老的社会风气。尊长敬老的社会风气一经形成，"王道"的推行就很容易了。因而《礼记·乡饮酒义》载孔子之言说："吾观于乡，而知王道之易易也。"[41]

再以射礼为例，《礼记·射义》是对《仪礼》中的《乡射礼》《大射礼》意义的阐发。射礼就是射箭之礼。在古代，射礼的应用非常普遍。天子行郊礼、庙礼，选拔善射之士，称为"大射"。大射属天子之礼。诸侯来朝之时，以射箭作为娱乐，谓之"宾射"。宾射属诸侯之礼。诸侯宴请卿大夫，以射箭作为娱乐，谓之"燕射"。乡贤饮酒之时而有射礼，则谓之"乡射"。《礼记·射义》说：

> 射者，仁之道也。射求正诸己，己正而后发，发而不中则不怨胜己者，反求诸己己矣。孔子曰："君子无所争，必也射乎？揖让而升，下而饮，其争也君子。"[42]

射礼，可以说是古代的一种文明竞技之道。竞技输了，不

怨天，不尤人，不怨恨胜利的一方，而是反省自己的差距在哪里，为什么会技不如人，知道射中与射不中的原因皆在于自己，不是因为别人有什么过错。孔子很赞赏这种文明竞技之道。他认为，君子与人交际讲求辞让，不与人争强斗胜，唯独射箭之事可以争胜负。胜者揖让，不胜者罚酒。这才是"君子之争"。

第四节　六经之根本在礼

儒家之重视礼，不仅表现在《仪礼》《礼记》《周礼》三部经典中，也表现在其他经典中，换言之，"礼"贯穿于六经中，并且是六经的根本。其实，除了礼经之外，儒家的其他经典也同样重视"礼"，并以"礼"为人道的根本。下面我们来看其他儒家经典重视"礼"的情况：

（一）《诗经》：发乎情，止乎礼义

《诗经》是中国最早的诗歌总集。抒发情感是诗歌的本质，《诗经》的最大特点就在于它完好地保留了诗的原始抒情本质。诗人沈方在《诗歌的原始样式》中提出："真正的诗歌，就是原始样式的诗歌"，"只有回到诗歌的原始，才能得到本质的诗歌"。[43]然而，《诗经》作为"经"，不仅表现为情感的抒发，它又是中国古代礼仪精神的真实体现。《毛诗大序》概括《诗经》的特点是"发乎情，止乎礼义"。

在中国古代，男女之间的关系被视为礼教之大防。《诗经》中有许多描写男女之间爱情的诗。孔子的结论是："《诗》三百，一言以蔽之曰：思无邪。"（《论语·为政》）孔子评论《关雎》之诗说："《关雎》乐而不淫，哀而不伤。"（《论语·八佾》）而《汉

书·匡衡传》记载匡衡说："妃配之际，生民之始，万福之原。婚姻之礼正，然后品物遂而天命全。"[44]从一方面说，情与礼之间有一种张力；从另一方面说，礼是根据情来制定的，情与礼并不必然构成对立。

《诗经》中有不少写饮酒的诗，如《郑风·女曰鸡鸣》："宜言饮酒，与子偕老。"《小雅·鹿鸣》："我有旨酒，嘉宾式燕以敖。"《鲁颂·泮水》："既饮旨酒，永锡难老。"等等。我们知道，好饮酒的人喜欢那种陶然而醉、飘飘欲仙的感觉。但是饮酒大醉则容易失态失礼，所以，《诗经·小雅·湛露》一方面讲"厌厌夜饮，不醉无归"，一方面又强调饮酒不能失态失礼，"岂弟君子，莫不令仪"。

《诗经》中也有痛斥无礼之人的诗，如《鄘风·相鼠》："相鼠有体，人而无礼。人而无礼，胡不遄死？"此诗以老鼠起兴，意谓无礼之人连老鼠都不如。像这样的人活在世上干什么呢？还不如早早去死，免得伤风败俗。诗中充满了厌恶和愤恨的情感。为什么诗人如此厌恶无礼之人呢？这首先要从礼的功用说起。自从有了人类社会，礼就产生了，它本质上是人的内在尊严和外在和谐关系的反映。对于社会而言，"礼"维护着日常生活的正常运转；对于个人而言，礼已经内化为一种道德修养。"礼"更多的时候是公共道德的反映，违反了"礼"，就违反了当时的公共道德准则，因而被人厌恶。

（二）《尚书》：天秩有礼

《尚书·皋陶谟》说："天叙有典，敕我五典五惇哉。天秩有礼，自我五礼有庸哉。"蔡沈注："'有庸'，当作'五庸'。"[45]"天叙"，是指君臣、父子、兄弟、夫妇、朋友五种伦常关系；"天秩"就是尊卑贵贱五种等级关系。之所以加"天"字，是说人间的"礼治"秩序乃是上天所定。人们对"天"有敬畏

感，从而对"礼"也有敬畏感。

从上古以来，中国人就有这样的观念，认为天帝规定了自然界和社会的秩序，并且天帝时刻监视着下界，如果下界的统治者不按天帝的意旨做事，就会受到惩罚。《尚书·皋陶谟》所反映的是尧舜时代，从文中看，那时就有了"天命有德""天讨有罪"的观念。西周统治思想继承了上古以来的"天""帝"观念，将其政治的法理根据诉诸"天""帝"。《尚书·君奭》篇记载了周公对召公之语，这是周贵族之间的谈话。从中可见，周公本人是尊信并敬畏"天""帝"的。在此篇中，周公四次用了"天威"概念，表示对上天的敬畏。周人之所以敬畏"天威"，是因为在他们看来，自然现象和社会现象背后隐藏着一种巨大的神秘力量，它支配着世界，不以人的主观意志为转移。周公强调对这种巨大的神秘力量要怀有"敬畏"之心，应该说是一种有远见的思想。讲"敬畏"就要讲"不敢"，"不敢"是一种戒律，有许多事情不应做，不能做，这些"不应做""不能做"的事情，便用"不敢"二字来表达其"敬畏"之心。如强调不敢违抗"天帝"命令。这种情况多对统治者而言。这就是说，作为统治者不应为所欲为，他也要受着"天"的约束。又如，强调不敢自求安逸，不敢沉湎于酒色。若帝王染此恶习，多有身败名裂、亡国亡家之痛。史家总结亡国之君败亡的教训，酒色往往会成为其重要的原因。夏桀如此，商纣也如此。周人善于总结历史经验，在开国之初就发布了著名的《酒诰》，限制国人饮酒。并且在饮酒过程中，规定了许多烦琐的礼仪，就像是《礼记·乐记》所说："先王因为酒礼，一献之礼，宾主百拜，终日饮酒而不得醉焉。此先王之所以备酒祸也。"[46]宾主相互劝酬一次，就要进行繁多的仪节动作，互相拜来拜去，所以终日饮酒也不至于醉。

（三）《易经》：非礼弗履

《易经》中有《履》卦，"履"通"礼"，马王堆汉墓帛书《周易》中的《履》卦即写为"礼"卦。此卦"初九：素履，往，无咎"。按平素所行之礼行事就没有咎过。"九二：履道坦坦"，可以理解为"礼道坦坦"。礼就是秩序，按照社会秩序行事，坦然无险。"上九：视履，考祥，其旋元吉"，上九是《履》卦之终，可以视为一个人一生履历的总结。"视履"，考察以往之所履；"考祥"，考其一生所做善事。"其旋元吉"，旋，就是归。一生所履诚善，其归必获福报而大吉。"积善之家，必有余庆，积不善之家，必有余殃"。（《周易·坤·文言》）其一生所行无愧于心，有益于人，其最终必获福报而大吉。

《易经》中还有《谦》卦，《谦》卦卦辞："谦，亨。君子有终。"初六爻辞："谦谦君子，用涉大川，吉。"谦的本质是礼让，相互礼让则互利，相互斗争则互损。谦可以增加亲和力，减少人员之间的无谓摩擦与争斗。谦让有礼，人乐与之相处，可以同甘苦，共患难。有谦德的人能够团结群众，依靠集体的力量去克服困难，康济时艰。所以说"用涉大川"。

《易经》中还有《观》卦。《观》卦卦辞："观，盥而不荐，有孚颙若。"这是说讲"礼"应有诚敬之心。"盥"是盥洗的盥，在古代，当宗庙祭祀之时，首先要盥洗净手，然后用香酒（"郁鬯"）来迎神。第一杯酒灌在地上，所以盥礼也叫灌礼。这个礼仪虽然很简单，但是行盥礼的时候，人的心非常虔诚，非常恭敬。"荐"是献牲之礼，行荐礼时，一会儿献一头牛，一会儿献一只羊，一会儿献一头猪，礼仪非常繁冗，人们看久了以后，就没有恭敬之心了。宗教敬神的礼仪强调要有恭敬之心，一旦没有了恭敬之心，这个礼仪就失去意义了。所以《论语·八佾》载孔子之语说："自既灌而往者，吾不欲观之矣。"行了灌礼以后，往后的那些礼都不想看了。"有孚颙若"，"有孚"就是讲诚信,"颙"就是虔诚,行灌礼者要虔诚庄严。这两句话放在这里不是专门讲宗庙祭祀,而是泛指举行礼仪,要像在宗庙祭祀行灌礼的样子,尽其诚敬之心。

《易经》中还有《大壮》卦。《大壮·象传》说:"雷在天上,大壮。君子以非礼弗履。""大壮"是强盛的意思。强盛不在于能胜人,而在于能自胜,作为君子之人,当人生事业强盛之时,非礼之事不敢履,非礼之言不敢言,动静出处皆合于礼。这是圣人的告诫:当大壮之时,君子尤其要注意遵守礼法。

(四)《春秋》:礼义之大宗

司马迁《史记·太史公自序》:"《春秋》者,礼义之大宗也。"[47]春秋时代,礼崩乐坏。孔子修《春秋》,意在彰显礼义,恢复礼制。唐代啖助认为,孔子修《春秋》的目的在于"救时之弊,革礼之薄"。

《春秋左氏传》记载了很多因违礼而遭祸之事,说明即使在"礼崩乐坏"的时代,无礼之人也不会有好的结局。小者失位,大者杀身。

据《左传》记载:鲁襄公二十七年,齐国庆封来鲁国访问,鲁国叔孙豹宴请他,庆封很不恭敬。叔孙豹不高兴,赋《诗经·相鼠》一诗讽刺他无礼,庆封竟懵然不知。叔孙豹预言,庆封将来不会有好结局。果然,在第二年,庆封因为骄横伪诈,招致齐国国君和同僚们的厌恶,不得已而逃亡。

又据《左传》记载:鲁定公八年,晋国要同卫国订立盟约。晋国执政大臣赵简子有意矮化卫国,派卿大夫一级的大臣涉佗(读射拖)与成何去与卫国国君订立盟约。在会盟时,涉佗与成何狂傲无礼,他们的行为对于卫国和卫君而言,是一种严重的侮辱。卫国上下皆因晋国的无礼而愤慨万分,卫国于是叛离晋国。晋国派军队前来讨伐，问卫国为什么背叛盟约，卫国人回答：是因为涉佗和成何两个人太过无礼。晋国人于是把涉佗杀了，以向卫国人谢罪。成何也吓得逃跑了。晋国因为自己的傲慢无礼，让盟国寒心。

相反，一个人懂得尊重别人，讲求礼义，往往会有好的结果。据《左传》记载，鲁昭公二年，郑国国君到晋国去，公孙段作随从。在双方交往当中，公孙段辅佐郑君在礼数上无可挑剔，得到了晋君的赞赏。晋君授予策书给公孙段说：你的父亲曾为晋国立下大功劳，我没有忘记。现在我赐给你晋国州县的土地，以报答你的家族过去的功勋。公孙段拜谢，接受了晋侯的赏赐。君子评论道：礼，应该是人最需要的吧！公孙段平时很骄傲，一朝为礼于晋国，尚且能获得福禄，何况终身都讲求礼义的人呢！

第五节　孔、孟、荀"礼"观念之比较

在先秦时期的文献中，"礼"的概念包括礼制、礼仪、礼让、礼义等内容。所谓"礼制"，即按照社会贵贱等级行事的礼法制度；所谓"礼仪"，概指古代关于冠礼、婚礼、丧礼、祭礼、燕礼等活动的规范仪式；所谓"礼让"，是指在社会交际中，对他人表示恭敬、辞让的态度；而"礼义"则是反映礼制、礼让精神的理论原则。值得注意的是，先秦儒家如孔子、孟子、荀子虽皆喜谈"礼义"，各人的侧重点却有所不同，或侧重其恭敬礼让的精神，或侧重其等级秩序的精神。孔子、孟子比较重视前者，而荀子比较重视后者。之所以如此，是因为先秦儒家自孔子始，既重视"礼"，又重视"仁"。但"礼"与"仁"哪一个更为重要，孔子、孟子、荀子看法不尽相同。孔子、孟子

属于重"仁"派，将"仁"视为人心之全德，而"礼"（恭敬、辞让）则是从属的德目。荀子属于重"礼"派，将社会等级秩序的建立和维护看作头等重要之事。换言之，孔孟更看重"内圣"之道，着重个人之境界的提升。荀子更看重"外王"之道，看重社会秩序的重建和维护。

（一）孔子：克己复礼为仁

在孔子思想中，"礼"首先是礼制，他说："殷因于夏礼，所损益可知也；周因于殷礼，所损益可知也。"（《论语·为政》）这里，夏礼、殷礼、周礼，显然皆是就礼制而言的。

孔子要求君子做到"博文约礼"，他说："君子博学于文，约之以礼，亦可以弗畔矣。"（《论语·雍也》）博学是就文化知识说的，于文献无所不考。约礼，是就道德修养说的，循守礼制规矩，则可以不背于道。

在孔子的思想体系中，"礼"虽然很重要，但还有一个更重要的范畴"仁"。孔子将"仁"作为人心之全德，建立了一个以"仁"为中心的哲学体系。这可以说是孔子的一大文化创造。孔子说："克己复礼为仁。一日克己复礼，天下归仁焉。为仁由己，而由人乎哉？"（《论语·先进》）在这里，"天下归仁"是目标，"克己复礼"作为手段和途径是服从于"天下归仁"的目标的。

孔子又说："知及之，仁能守之，庄以莅之，动之不以礼，未善也。"（《论语·卫灵公》）朱熹解释说："学至于仁，则善有诸己而大本立矣。莅之不庄，动之不以礼，乃其气禀学问之小疵，然亦非尽善之道也。"[48]朱熹对孔子这段话是这样理解的：对于个人修养而言，求"仁"得"仁"，已在确立世界观的"大本"上立住了脚跟。如果能在为人处世的礼仪细节上再加磨勘，那就尽善尽美了。即使在为人处世的礼仪细节上暂时做得还不够好，那也只是小的瑕疵。笔者以为，朱熹对孔子这段话的解说是准确的。从这段话中可以看出，"仁"和"礼"，在孔子的心目中的分量是很不相同的。

孔子在论及"礼仪"时，强调"礼仪"的根本精神在于"敬"，而不应徒具形式，所以他说："礼云礼云，玉帛云乎哉！"（《论语·阳货》）孔子又强调"礼"所内含的"谦让"精神，他说："不能以礼让为国，如礼何？"（《论语·里仁》）

概括言之，孔子哲学以"仁"为最高范畴，"礼"于"仁"为从属范畴。虽然"礼"兼有"等级秩序"与"恭敬辞让"两方面的意义，但孔子似更重视"礼"的"恭敬辞让"的意义。

（二）孟子：恭敬之心，礼也

《孟子》中所讲到的"礼"，多为恭敬辞让之义。如他说："恭敬之心，礼也。"（《孟子·告子上》）"辞让之心，礼之端也。"（《孟子·公孙丑上》）"有礼者敬人。"（《孟子·离娄下》）但有时也从上下秩序的意义讲，如他说："无礼义，则上下乱。"（《孟子·尽心下》）

孟子从上下秩序谈"礼"时，有一个特点，就是首先要求在上者能先行"仁政"以"礼下"，那上下等级秩序才能被在下者所接受，如他说：

> 今也制民之产，仰不足以事父母，俯不足以畜妻子，乐岁终身苦，凶年不免于死亡，此惟救死而恐不赡，奚暇治礼义哉？（《孟子·梁惠王上》）
>
> 民之为道也，有恒产者有恒心，无恒产者无恒心，苟无恒心，放辟邪侈无不为已。及陷乎罪，然后从而刑之，是罔民也。焉有仁人在位罔民而可为也，是故贤君

必恭俭礼下，取于民有制。(同上)

上无礼，下无学，贼民兴，丧无日矣。(《孟子·离娄上》)

而在仁、礼二者并谈时，总是先言仁而后言礼，如：

君子以仁存心，以礼存心，仁者爱人，有礼者敬人。(《孟子·离娄下》)

不信仁贤，则国空虚；无礼义，则上下乱。(《孟子·尽心下》)

概括言之，孟子重视"礼"是有条件的。他认为只有在统治者行"仁政"时，社会的上下秩序才能建立，也才有礼义可言。在孟子那里，"礼"更多的是指人们之间的相互敬重和辞让。孟子认为，"仁义礼智根于心"，"礼"作为德目之一，总是排在"仁"之后的。

(三) 荀子：国之命在礼

如上所述，孔子、孟子在"礼"与"仁"之间，更多地讨论"仁"的价值。这与他们看重"内圣"之道有关。但"内圣"乃属个人之事，而且连孔子自己都不敢自居圣人、仁人，其意义便缺乏普遍性。而社会秩序则为国家之命脉所系。所以，荀子特别强调："人之命在天，国之命在礼。"[49]"人无礼不生，事无礼不成，国家无礼不宁。"[50]荀子常常"礼义"并称。但他所讲的，不是礼貌、礼让意义上的"礼"，而是礼制、礼治意义上的"礼"，他说："礼者，法之大分，群类之纲纪也。故学至乎礼而止矣。夫是之谓道德之极。"[51]他所谓的"礼"，实具有法典、纲纪的意义。而所谓"道德"，主要并不体现为礼貌、礼让，而是体现为对"礼"的法典的遵守。他所谓的"法之大分，群类之纲纪"，其实在于强调社会贵贱等级的规定。

荀子从人性的角度分析"礼"的起源说：

> 礼起于何也？曰：人生而有欲，欲而不得，则不能无求；求而无度量分界，则不能不争；争则乱，乱则穷。先王恶其乱也，故制礼义以分之，以养人之欲，给人之求，使欲必不穷乎物，物必不屈于欲，两者相持而长，是礼之所起也。[52]

荀子认为"礼"的制定，是鉴于人们由于各自的欲望相互争夺，而导致混乱。所谓先王"制礼义以分之"，就是制定社会贵贱等级，从而建立一种社会秩序，以防止争乱。

荀子又从"治道"的角度，来谈制定贵贱等级的必要性：

> 夫两贵之不能相事，两贱之不能相使，是天数也。势位齐而欲恶同，物不能澹（赡）则必争，争则必乱，乱则穷矣。先王恶其乱也，故制礼义以分之，使有贫富贵贱之等，足以相兼临者，是养天下之本也。[53]

所谓"两贵""两贱"是指同等级的人，谁也不愿事奉对方，谁也不能指使对方。势位相等，长期相互竞争，混战不已，以至于不可收拾。为此，先王"制礼义以分之"，分出贵贱上下的等级就显得十分必要。"礼者，贵贱有等，长幼有差，贫富轻重，皆有称者也。"[54]"礼也者，贵者敬焉，老者孝焉，长者弟焉，幼者慈焉，贱者惠焉。"[55]"礼"虽然要求在下者对在上者的敬重，反过来也要求在上者对在下者的照应。这就

意味着，不能将"礼义"等同于"权势"，"礼义"在于正当地行使权力。所以，荀子批评当时之所谓"士仕"，只是单纯追求地位和"权势"，他说：

> 今之所谓士仕者，污漫者也，贼乱者也，恣睢者也，贪利者也，触抵者也，无礼义而唯权势之嗜者也。[56]

荀子主张，贫富贵贱的相互关系，不应该是固定的，而应该是上下流动的。在他那里，是否具备"礼义"知识，被看作个人的品德和能力，并将它作为人才升降的考核标准。"虽王公士大夫之子孙也，不能属于礼义，则归之庶人。虽庶人之子孙也，积文学，正身行，能属于礼义，则归之卿相士大夫。"[57]

在荀子那里，具备"礼义"知识的人，被称为"君子"，君子是实行"礼治"的主体："天地者，生之始也；礼义者，治之始也；君子者，礼义之始也。"（同上）荀子所谓的君子，就是循守礼法的人。

第六节　余论

儒家所称之"王道"，其大端在"礼仪教化"。当年周公之所以"制礼作乐"，是认为"武王之道，不足以持泰，于是急起而兴礼乐"[58]。由此，中国被称为"礼仪之邦"。反过来说，一个社会有无礼仪文化也就成了统治者是否为"圣王"的检验标准。当年汉高祖欲"兴礼乐"，鲁国两位儒生不肯应召，他们认为以汉高祖之德还不配"兴礼乐"。

古代帝王以能"兴礼乐"为美事，因而唐太宗所作《帝范》卷四说："夫功成设乐，治定制礼。"[59]意思是说：改朝成功之后要设乐，"乐"有利于将撕裂的族群重新整合；政治安定之后要制礼，"礼"有利于社会秩序的建构和文明程度的提升。我们读《诗经·大雅》，其中有许多歌颂周文王、武王的诗篇。这一例证便符合"功成设乐"的规律。而政治安定之后，就需要制定礼仪来维护和巩固这种政治安定，《管子·原序》称："仓廪实而知礼节，衣食足而知荣辱。"[60]孔子也说过"先富后教"的话，他所谓的"教"，就是指礼仪教化。

20 世纪初"五四"时期，中国传统的礼仪文化被作为"封建礼教"加以废除。但是，当时"只手打倒孔家店"的健将吴虞曾经声明："我们今日所攻击的乃是礼教，不是礼仪。礼仪不论文明、野蛮人都是有的。"[61]然而我们今日检讨起来，很遗憾地感到，传统的礼仪文明实在是破坏得太多了。

这种情况使得我们反思：传统社会，一个新王朝的建立，最受重视的就是礼仪教化，乃至两千年的国家官僚系统中，一直保留有吏部、户部、礼部、兵部、刑部、工部六部，礼部所主管的礼仪教化是政府最重要的工作之一。而现代，全社会已经几乎不把礼仪教化当作一回事了。这种情况应该引起我们高度的重视。

注释：

[1][8][9][12][19][20][21][23][25][26][29][32][33][34][36][37][39][40][41][42][46]〔汉〕郑玄注，〔唐〕孔颖达等正义:《礼记正义》，〔清〕阮元校刻:《十三经注疏》，北京:中华书局，2009 年，第 3563—3564，3332，3118，3098，3495，2665，3622，3506，3071，2089，2663—2664，3495，2843，3399，3089，3153，3646，3654，3668，3326 页。

〔2〕梁漱溟:《中国文化要义》,《梁漱溟全集》第3卷,济南:山东人民出版社,1990年,第101页。

〔3〕〔4〕〔6〕〔汉〕许慎:《说文解字》,北京:中华书局,1963年,第7,7,102页。

〔5〕〔南唐〕徐锴:《说文解字系传》,北京:中华书局,1987年,第2页。

〔7〕〔18〕王国维:《王国维手定观堂集林》,杭州:浙江教育出版社,2014年,第156,250页。

〔10〕弗洛伊德著,杨庸译:《图腾与禁忌》,北京:中国民间文艺出版社,1986年,第168页。

〔11〕〔法国〕孟德斯鸠:《论法的精神》上卷,北京:商务印书馆,1991年,第4页。

〔13〕〔晋〕杜预注,〔唐〕孔颖达等正义:《春秋左传正义》,〔清〕阮元校刻:《十三经注疏》,第4576页。

〔14〕梁启超:《先秦政治思想史》,《饮冰室合集·专集》第13册,北京:中华书局,2015年,第203页。

〔15〕梁启超:《论中国成文法编制之沿革得失》,《饮冰室合集·文集》第2册,北京:中华书局,2015年,第7页。

〔16〕《礼记·杂记下》:"哀公使孺悲之孔子学《士丧礼》,《士丧礼》于是乎书。"

〔17〕贾公彦《周礼注疏》云:"按《书传》:周公一年救乱,二年伐商,三年践奄,四年建侯卫,五年营成周,六年制礼作乐,七年致政成王。"(参见〔汉〕郑玄注,〔唐〕贾公彦疏:《周礼注疏》,〔清〕阮元校刻:《十三经注疏》,第1373页。)

〔22〕〔清〕陈邦彦:《日讲礼记解义》,《景印文渊阁四库全书》第123册,台北:商务印书馆,1986年,第724页。

〔24〕〔清〕乾隆十三年敕撰:《钦定礼记义疏》,《景印文渊阁四库全书》第126册,第120页。

〔27〕参见冯平观:《学术的统一》,台北:联经出版事业公司,1989 年,第 14—15 页。

〔28〕〔30〕〔31〕〔49〕〔50〕〔51〕〔52〕〔53〕〔54〕〔55〕〔56〕〔57〕〔清〕王先谦撰,沈啸寰、王星贤点校:《荀子集解》,北京:中华书局,1988 年,第 346,291,495,291,495,12,346,152,178,490,100—101,148—149 页。

〔35〕〔38〕转引自孙希旦《礼记集解》,北京:中华书局,1989 年,第 4,1411 页。

〔43〕沈方:《诗歌的原始样式》,载《诗刊》2001 年 8 期。

〔44〕〔汉〕班固:《汉书》,北京:中华书局,1962 年,第 3342 页。

〔45〕〔元〕董楷:《书传辑录纂注》,《景印文渊阁四库全书》第 61 册,第 607 页。

〔47〕〔汉〕司马迁:《史记》,北京:中华书局,1959 年,第 3298 页。

〔48〕〔宋〕朱熹:《四书章句集注》,北京:中华书局,1983 年,第 168 页。

〔58〕〔明〕倪元璐:《儿易外仪》,《景印文渊阁四库全书》第 35 册,第 636 页。

〔59〕〔唐〕太宗御撰:《帝范》,《景印文渊阁四库全书》第 696 册,第 616 页。

〔60〕黎翔凤撰,梁运华整理:《管子校注》,北京:中华书局,2004 年,第 3 页。

〔61〕吴虞:《墨子劳农主义》,《吴虞集》,成都:四川人民出版社,1985 年,第 186 页。

第七章
《易经》前史考略

经学始于汉代，五经之名也始于汉代，《周易》在先秦称《易》或《周易》，至汉代方有《易经》之称。本章所考察的主要是：先秦各时期关于筮占与筮占书，以及《周易》的相关记载，分析《周易》文本的存在状况及其在当时的地位。因为这是汉代《周易》称"经"以前的历史，所以，我们称之为"《易经》前史"。

三十年前，张政烺先生对甲骨、金文中所见"奇字"的破译——数字卦的发现，是现代关于易学研究的重大突破。其后张亚初、刘雨两人在张政烺先生研究的基础上继续搜集资料，并对这些资料重新区别，分属商、周两个时代。由于六爻所组成的数字卦已见于商代的陶器、卜甲、彝器等器物上，由此引起学者对八卦、重卦符号起源的重视。但是，由于今人对这些符号的解释还带有假说的性质，迄今还没有发现卦、爻辞一类的文字与这些符号相联系，我们还不能确定这些"数字卦"是否一定与《周易》相关，故本章不对数字卦的内容作过多的介绍。

众所周知，早期的《周易》文本是不含"十翼"在内的。今人对其成书年代，有两种主要观点：一是认为《周易》成书于西周初年，顾颉刚、张岱年、李学勤等先生皆持此一观点。

他们判断的方法，是一种"内证法"，即认为《周易》卦爻辞所涉及的典故没有晚于西周初年的。二是认为《周易》成书于西周晚年，史善刚、董延寿等人持此一观点。他们同样用的是"内证法"，发现《周易》卦爻辞中实际涉及西周晚期的典故，如《易经》中有"明夷，于南狩""南征，吉"的卦爻辞，与周王朝向南方用兵的史实有关，或影射周宣王时之事。[1] 在笔者看来，既然大家都是用"内证法"，以《周易》卦爻辞中所涉及的典故来作为判断成书年代的依据，那后一种说法应该是对前一种说法的合理修正，应该是更进一步的研究成果。所以笔者赞成后一种意见。笔者同时认为，考察《周易》成书年代，只用"内证法"是不够的，还应该考察和分析当时时代所有文献记载的情况。本章即作此一尝试。

"十翼"或称"《易传》"，自司马迁、班固以来的传统意见认为是孔子所作。宋代欧阳修、叶适，清代崔述等人质疑其说，认为"十翼"非孔子所作，至今已成定论。今人关于"十翼"的成书年代主要有两种意见：一是认为成书于战国中期，如张岱年先生即持此一意见；一是认为成书于战国后期，甚至秦汉之间。笔者持后一种意见，认为"十翼"成书于荀子之后、司马迁之前的大约150年之间。主要理由是：第一，《孟子》一书全然不提《周易》，荀子虽然倡导"诵经"，却将《周易》排斥在外！如其时《周易》已经包含"十翼"的内容，像孟子、荀子这样明敏的思想家不应对《周易》的思想资料如此漠视！第二，在荀子之前有确定年代的子、史文献（如先秦诸子以及《左传》《国语》《战国策》等书中）基本没有引用"十翼"内容的情况，即使偶有与"十翼"相近的内容，应该是"十翼"化用子、史文献，而不是子、史文献袭用"十翼"（如《礼记·乐记》等）。第三，凡是明确引用"十翼"内容的文献都不在荀子之前或不能确定在荀子之前（如《礼记·深衣》)。第四，直到司马迁《史记·孔子世家》，文献中才首次见到"十翼"各篇的具体名称（缺《杂卦》）。

下文将按时代讨论筮占与筮占书，以及《周易》演生的具体存在状况。

第一节　商代已有筮占方法

我们说商代已有筮占方法，最可靠的资料就是《尚书·洪范》篇。此篇记载殷商旧臣箕子为周武王言"洪范九畴"，即从九个方面讲治国的大经大法，其第七个方面：

> 稽疑：择建立卜筮人，乃命卜筮：曰雨、曰霁、曰蒙、曰驿、曰克、曰贞、曰悔。凡七：卜五，占用二，衍忒。
>
> 立时人作卜筮，三人占，则从二人之言。汝则有大疑，谋及乃心，谋及卿士，谋及庶人，谋及卜筮，汝则从，龟从，筮从，卿士从，庶民从，是之谓大同。身其康强，子孙其逢吉。汝则从，龟从，筮从，卿士逆，庶民逆，吉。卿士从，龟从，筮从，汝则逆，庶民逆，吉。庶民从，龟从，筮从，汝则逆，卿士逆，吉。汝则从，龟从，筮逆，卿士逆，庶民逆，作内吉，作外凶。龟筮共违于人，用静吉，用作凶。[2]

这是说，殷商之人在作重大决策时，除了王者、卿士、庶民参与意见外，还通过龟卜和筮占的方法来帮助作出决策。有筮占，就应该有解释筮占吉凶的文本。箕子之时用于筮占的文本是怎样的，我们今天不得而知。推测那时已经有了相应的文

本，但不是《周易》是可以肯定的。

第二节　西周的太卜之法

虽然箕子向周武王贡献了殷人"洪范九畴"，包括筮占之法，但在 29 篇《今文尚书》中，却很少看到有关筮占之事的记载。当周成王在《大诰》中向世人讲述西周政权的合法性时，他拿出通过"大宝龟"卜问的结果来增加其权威性，而绝不提筮占。《大诰》说：

予不敢闭于天降威，用宁王遗我大宝龟，绍天明即命，曰："有大艰于西土，西土人亦不静。越兹蠢，殷小腆，诞敢纪其叙。"[3]

而当周公到洛阳建成周时，也是用龟卜方法来确定东都选址的，而绝不用筮占之法。《洛诰》述周公之言说：

予惟乙卯，朝至于洛师。我卜河朔黎水，我乃卜涧水东、瀍水西，惟洛食。我又卜瀍水东，亦惟洛食。伻来，以图及献卜。[4]

在 29 篇《今文尚书》中，仅《君奭》篇提到一次"若卜、筮，罔不是孚"，"卜、筮"二者连提，应该如何解释呢？《礼记·表记》所载孔子之语可以作为解释：

子曰：大人之器威敬，天子无筮，诸侯有守筮。天子道以筮。[5]

这是说，在周代，大事用卜，小事用筮。天子至尊，无论大事小事皆用卜，而不用筮。诸侯有守国之筮，则大事小事皆用筮，而不用卜，怕僭越于天子。天子也有用筮的时候，如巡狩、征伐，出而在道途之中，有事则用筮，表示比在朝中降了一等。这也可以解释为什么作为周王朝档案的《尚书·周书》中很少记录筮占之事的原因。

虽然《尚书·周书》中很少记录筮占之事，但我们应该承认，西周王朝是有筮占制度的。《周礼·春官·太卜》："太卜……掌三易之法：一曰《连山》；二曰《归藏》；三曰《周易》。其经卦皆八，其别皆六十有四。"[6]这是说，西周王朝的太卜之官同时掌握三种筮占方法。郑玄《易赞》及《易论》说："夏曰《连山》，殷曰《归藏》，周曰《周易》。"[7]这种解释应该说是一种推测。虽然可能有其合理性，但也容易使我们发生误解，以为《连山》易是夏代实行的，《归藏》易是商代实行的，《周易》是周代实行的。而实际的情况是：在西周这三种《易》是同时并行的。这三种《易》都有六十四卦的卦画，甚至有基本相同的卦名，只是卦序和卦爻辞各自不同。这样，我们就可以理解，为什么在《左传》《国语》中经常会出现不同于《周易》的卦爻辞。

我们在《尚书》和《逸周书》中并没有见到三种《易》的卦爻辞的记载，但在晋代太康二年（281）于魏襄王墓中出土的《穆天子传》中见到这样一条资料：

> 天子筮猎苹泽，其卦遇《讼》☰。逢公占之曰："讼之繇：薮泽苍苍，其中（阙），宜其正公，戎事则从，祭祀则憙，畋猎则获（阙）。"饮逢公酒，赐之骏马十六，绨纻三十箧。逢公再拜稽首，赐筮史狐（阙）。[8]

如上文所述，天子在巡狩期间是可以用筮的。逢公是什么人，书中没有交代，应该是一位高明的筮者。逢公之外还有一位筮史狐，这应该是王朝专门的筮占官员了，他也一同受到了周穆王的赏赐。文中所说的《讼》卦的爻辞与今本《周易》不同。如果《穆天子传》这条资料有其可信度，那至少说明在西周穆王时期曾用《周易》之外的筮占方法。

第三节　春秋时期的筮占活动及以《周易》说理

《左传》《国语》关于筮占之事共有 22 条资料，所记基本是春秋时期的事。分析研究这些资料，我们可以得出如下几点认识：

（一）"别《易》"的存在

在春秋时期，有《周易》以外的卦爻辞体系存在。这种卦爻辞体系有可能是《连山》易或《归藏》易，但也不能排除是其他卦爻辞体系的可能。我们可以笼统称之为"别《易》"。在春秋时期，有当一次筮占结果出来之后，同时用"别《易》"与《周易》解释的状况。在这种情况下，又往往是先用"别《易》"解释，当解释为"不吉"时，方用《周易》解释。给人的感觉是，平常人们更习惯于用"别《易》"进行筮占，《周易》是后起之秀。比如：

1.《左传·僖公十五年》记载，秦伯伐晋，卜徒父筮之，其卦遇《蛊》䷑曰："千乘三去，三去之余，获其雄狐。"[9]卜徒父解释为"吉"。这句《蛊》卦爻辞不属于《周易》内容，而是"别《易》"内容。

2.《国语·晋语》记载，当年晋公子重耳流亡楚国，秦穆公召之赴秦国。公子重耳亲自筮占：此行能否助他得返晋国？"得贞《屯》☷悔《豫》☳，皆八"。筮史之官都说此卦"不吉"。司空季子却说："吉，是在《周易》皆利建侯。"[10]司空季子此处特别强调《周易》，则筮史之官所根据的显然是"别《易》"。这就是笔者在前面所说的，一次筮占后，同时用"别《易》"和《周易》解释的状况。

（二）筮占者脱离文本的解释

《左传·闵公二年》记载：季友是鲁桓公的儿子，将生之时，鲁桓公使人筮之，遇《大有》☲之《乾》☰，曰："同复于父，敬如君所。"[11]季友后来辅佐鲁庄公，位高权重。鲁国的政权后来长期控制在季友的后代（史称"季氏"）手中。季友将生时的筮占在后世算是应验了，所以《左传》作者将其写入书中，但今人或认为是《左传》作者根据后世发生的事情，编出前面的筮占之事，这且不论。

关于"同复于父，敬如君所"两句，古人有两种解释：一是认为《连山》易或《归藏》易的内容，如宋程迥《周易古占法》说："《连山》《归藏》，宜与《周易》数同，而其辞异。……古之筮者，兼用三易之法。……季友之筮，遇《大有》之《乾》，曰：'同复于父，敬如君所。'此固二易（即《连山》易或《归藏》易）辞也。"[12]二是认为筮占者之辞，如清王宏撰《周易筮述》卷七谓："筮者之辞也。乾为君父，离变为乾，故曰'同复于父，见敬与君同'。"[13]两相比较，以后者之说为是。因为《大有》卦乾下离上，唯上卦离之中爻为阴爻，筮占之时正逢此爻为变爻，于是得"之卦"为纯乾之卦。乾代表君父，离变为乾，有了同君主一样受尊敬的地位。这种解释显然是筮者根据卦象的意义解释出来的。我们应该把它看作筮占者脱离文本的解释，而不应看作任何卦爻辞体系的内容，像这样的例子在《左传》《国语》中还有，兹不赘述。

（三）《周易》文本已然存在

在传世文献中，最早提到《周易》文本内容的是《左传·庄公二十二年》的记载，当年陈人杀其太子御寇，陈公子完（敬仲）奔齐，齐桓公让他做"工正"之官。《左传》于此处倒叙陈敬仲年少时，"周史有以《周易》见陈侯者，陈侯使筮之，遇《观》䷓之《否》䷋，曰：'是谓观国之光，利用宾于王。'此其代陈有国乎？不在此，其在异国；非此其身，在其子孙。……若在异国，必姜姓也"[14]。陈敬仲年少时，应该至少由鲁庄公二十二年（前672）往前推20年，那就到了春秋前期。如果《左传》所说无误，周太史曾以《周易》见陈厉公，那说明此时周王室已有《周易》文本，而陈国此时还没有《周易》文本。

又《左传·僖公十五年》记载："初，晋献公筮嫁伯姬于秦，遇《归妹》䷵之《睽》䷥，史苏占之曰：不吉。其繇曰：'士刲羊亦无衁也，女承筐亦无贶也。'"[15]今本《周易·归妹》上六爻辞："女承筐无实，士刲羊无血，无攸利。"爻辞小有不同，可视为版本的差异。

又《左传·宣公十二年》记载：晋国的知庄子引《周易》论先縠之败，说："此师殆哉！《周易》有之，在《师》䷆之《临》䷒曰：'师出以律，否臧凶。'"[16]

（四）以《周易》说理

1.《左传·襄公二十八年》记载：郑国国君派正卿游吉出使楚国，到达楚国边境时，楚康王下令将他挡回，提出他不配来与楚国国君谈结盟之事，意思是要郑国国君前来。游吉回郑国复命，对子展说：楚国的国君快要死了。"不修其政德，而

贪昧于诸侯,以逞其愿。欲久,得乎?《周易》有之,在《复》
䷗之《颐》䷚,曰:'迷复,凶。'其楚子之谓乎!欲复其愿,
而弃其本,复归无所,是谓'迷复',能无凶乎?"[17]这是用
《周易·复》卦上六爻辞的思想批评楚康王的傲慢无礼。六年
后楚康王卒。

2.《左传·昭公三十二年》记载:赵简子问史墨:鲁国的
季平子把鲁昭公赶出去,自己掌握了鲁国政权,而人民愿意服
从他,各国诸侯愿意与他结交,鲁昭公死在外面,无人声讨季
氏之罪,这是为什么呢?史墨回答:"社稷无常奉,君臣无常
位,自古以然。故《诗》曰:'高岸为谷,深谷为陵。'三后之
姓,于今为庶,王所知也。在《易》卦雷乘乾曰《大壮》䷡,
天之道也。"[18]史墨用《周易·大壮》卦的卦象和义理来作解
释,《大壮》的卦象是乾下震上,乾为天,为君;震为雷,为
臣。雷在天上是一种自然现象,是"天之道",那么"社稷无
常奉,君臣无常位",君下降为臣,臣上升为君,也就符合自
然之理,不足为怪了。

(五)鲁国太史氏所藏《易象》

春秋时期还有一件事,值得在这里特别来说。据《左
传·昭公二年》记载:

> 晋侯使韩宣子来聘,且告为政而来见,礼也。观书
> 于大史氏,见《易象》与《鲁春秋》。曰:"周礼尽在鲁
> 矣,吾乃今知周公之德与周之所以王也。"[19]

鲁昭公二年为公元前 540 年(当时孔子只有十二岁),韩
宣子(韩起)是晋国新执政的大臣,他代表晋侯来祝贺鲁昭公
新继位,修盟通好(当时晋为盟主国),受到特殊的礼遇,节

目之一就是请他观览秘府所藏的重要典籍——《易象》与《鲁春秋》。这两部书一直被鲁国视为国宝。韩宣子看后，发出由衷的赞叹。这究竟是两部什么书呢？孔颖达《春秋左传正义》认为这是文王、周公所作的"宝典"：

> 大史氏之官职掌书籍，必有藏书之处若今之秘阁也。观书于大史氏者，……就其所司之处观其书也。……鲁国宝文王之书，遵周公之典。……文王、周公能制此典，因见此书而追叹周德。（同上）
>
> 周之所以得王天下之由，由文王有圣德，能作《易象》故也。（同上）

鲁国是周公的封国，鲁公室作为后裔典藏文王、周公之书是有可能的。问题在于，《易象》是一部什么书？杜预注说："《易象》，上、下经之《象辞》。"（同上）以我们的理解，它有可能是《周易·大象传》的原型。《四库全书总目提要》即认为，《周易》中最有价值的、最能体现圣人精义的就是《大象传》。[20]韩宣子的赞叹颇堪玩味："吾乃今知周公之德与周之所以王也。"则此书可以视为修德的典范和立国的纲领，它实际上是文王、周公用以教导周贵族如何"王天下"的统治方略，是"人君南面之术"，向来藏之秘府，并不传布于民间，一般人极难见到。当初，周公受封于鲁，因其辅相成王，使世子伯禽代就封于鲁。伯禽就封国时，"备物典策"[21]，韩宣子所见《易象》很可能是当时周室典藏的副本，而周室所典藏的书籍在骊戎之难已失，所以韩宣子说："周礼尽在鲁矣！"

在我们看来，鲁太史所藏《易象》可能是唯一与文王、周公有联系的《易》书，那么，它是否在流传过程中全部遗佚了呢？我们并不这样看。它可能与今本《大象传》有某种内在联系。今本《大象传》不似《尚书·周书》那样佶屈聱牙，而比较通俗易懂，可能是后世学人在传述过程中对之加以修饰和润色过。而在秦始皇推行焚书令和挟书律时，《易象》被附于《周易》中，作为《周易》的一个《传》被保存下来。这样说来，《大象传》的渊源可能甚远，并且正像《四库全书总目提要》所说，在今本《周易》中，《大象传》部分最有思想价值。

如上所述，在传世文献中，最早提到《周易》文本内容的是《左传·庄公二十二年》的记载：某位周太史带着《周易》来见陈侯（陈厉公），这从侧面说明当时陈国还没有《周易》文本和筮占方法。在《左传》后面的记载中，《周易》比较频繁地出现了。它的出现有两种表现形式：一是在各国的筮占活动中出现，此时的筮占兼用"别《易》"与《周易》，往往是先用"别《易》"解释，当解释为"不吉"时，方用《周易》，说明此时《周易》还没有优先的地位；二是被当时有识见的卿大夫（如游吉、史墨等）作为"说理"工具使用。这说明《周易》在其甫一问世时，便以"筮占"和"说理"两种面目出现。此时，还没有文献记述《周易》为文王、周公所作。如果《周易》果真为文王、周公所作，那不应在春秋时期的筮占活动中地位这么低，春秋末期的孔子甚至说："不占而已矣。"明确表示自己不赞成筮占活动。孔子不赞成筮占的态度，又见于近年马王堆汉墓出土帛书《周易·要》篇，该篇记载：

> 子曰：……《易》，我后其祝卜矣！我观其德义耳也。……史巫之筮，乡（向）之而未也，好之而非也。后世之士疑丘者，或以《易》乎？吾求其德而已，吾与史巫同涂而殊归者也。君子德行焉求福，故祭祀而寡也；仁义焉求吉，故卜筮而希也。祝巫卜筮其后乎！[22]

孔子是一位秉持道德理性的思想家，他怕"后世之士"怀疑自己，诟病自己，因而特别澄清自己学习《周易》，目的是要学习《周易》中所呈现的道德义理，而不是学习史巫的"筮占"之术。他说"吾求其德而已"，我与史巫虽然同样讲《易经》，但目标不同。君子以实践德行去求福报，因此祭祀求神比较少；以施行仁义去求吉祥，因此卜问筮占也很少。他把祝巫的卜筮放在易学末节的地位。而孔子之所以重视《周易》中的"德义"，或许与他有可能看到鲁太史所藏《易象》有关。因为孔子既然能根据鲁太史所藏之《鲁春秋》来修《春秋》，他也自然能从鲁太史那里看到《易象》。

第四节　战国及汉初的《周易》文本

（一）战国时期的《周易》卦爻辞文本

说到战国时期的《周易》文本，我们首先要提到晋代在汲县旧冢中所发现的竹简《周易》文本。据《晋书·束皙传》记载，晋武帝"太康二年，汲郡人不准发魏襄王墓，或言安釐王冢，得竹书数十车。……其《易经》二篇，与《周易》上、下经同"[23]。杜预《春秋左传集解·后序》也言及此事，说汲冢《周易》上下篇与今正同，别有《阴阳说》，而无《彖》《象》《文言》《系辞》，疑于时仲尼造之于鲁，尚未播之于远国也。"[24] 晋人认为，汲郡那个叫"不准"的盗墓者所盗发的是魏王之墓，但不能确定到底是魏襄王墓，还是魏安釐王墓。魏襄王卒于公元前 296 年，魏安釐王卒于公元前 243 年。相差 53 年。宋代赵明诚《金石录》卷二十载《晋太公碑》："太康二年，县之西偏有盗发冢而得竹策之书，书藏之年，当秦坑儒之前八十六岁。"[25] 根据此条材料印证，汲郡人不准所盗掘的正是魏襄王墓。在这个墓中发现"《周易》上下篇"与晋代的文本相同，从而也与流传至今的《易经》上下篇文本相同。这种出土的竹简文本因为难于保管，估计不久后便毁坏了。

晋武帝太康二年，为公元 281 年，时隔一千七百多年，战国时期的《周易》文本重新现世，即上海博物馆所藏战国竹简本《周易》，总共 58 支简，涉及 34 卦，它与今本内容大体一致，其下葬年代在公元前 300 年左右，与魏襄王的时代略同。这再次证明，在魏襄王时代，《周易》(不包括《易传》部分)已经有了与今本一致的完整的文本。

杜预《春秋左传集解·后序》说：汲冢"《周易》上下篇与今正同，别有《阴阳说》，而无《彖》《象》《文言》《系辞》，疑于时仲尼造之于鲁，尚未播之于远国也"。对此我们可以作这样的解释：《彖》《象》《文言》《系辞》等文献在当时有的还没有写成，有的或作为另一个传统在传承，而不与用于筮占的卦、爻辞并传。

魏襄王的时代正是孟子的时代，《孟子·梁惠王上》称："孟子见梁襄王，出，语人曰：'望之不似人君。'"(《孟子·梁惠王上》)这里的梁襄王就是魏襄王。我们可以肯定地说，孟子的时代已经有了《周易》完整的文本，可是《孟子》一书论《诗》、论《书》、论礼、论乐、论《春秋》，却于《周易》只字不提，为什么？大概此时《周易》只有卦爻辞部分，而无《易传》部分，他把《周易》当作筮占之书，而不愿齿及。

荀子是战国后期的儒学大家，一直活到秦统一全国的前夕，他曾说："学恶乎始，恶乎终？曰：其数则始乎诵经，……《礼》之敬文也，《乐》之中和也，《诗》《书》之博也，《春秋》之微也，在天地之间者毕矣。"[26] 荀子主张"诵经"，曾列举《诗》《书》《礼》《乐》和《春秋》，并将之列为"经"。他虽然读《易》却不以《易》为经。从《荀子》一书中，可见他

是读《易》的，如他在书中引"《易》曰：'括囊，无咎无誉。'腐儒之谓也。"[27]这是引《周易·坤》卦六四的爻辞。六四是近君之位，"伴君如伴虎"，在这个位置上的人要谨言慎行，要像扎皮囊口那样把嘴巴扎起来。然而在荀子看来，君子既然处于近君之位，就应做"兼济天下"之事，因为怕犯错误而不说话，是腐儒的处世态度。这当然是在批判《周易》作者的观点。他又说："善为《易》者不占。"[28]这是把流行的《周易》当作了筮占之书。从上述分析来看，儒家至少荀子一系在先秦时还不很重视《周易》。

（二）《周易》"十翼"文本的形成

如上所述，战国时期已经有了"《周易》上、下篇与今正同"的完整文本。但此时是否已经有了"十翼"各篇文本呢？《战国策》作为战国时期的重要史料有这样两条资料：

1.《战国策·秦策四》载楚人黄歇游说秦昭王，引"《易》曰：'狐濡其尾。'此言始之易、终之难也。"[29]这与今本《周易·未济》的卦辞略同。

2.《战国策·齐策四》载颜斶见齐宣王，引《易传》以申告诫说："《易传》不云乎：'居上位未得其实，以喜其为名者，必以骄奢为行。据慢骄奢，则凶必从之。'"[30]颜斶所引《易传》之文，并不见于今本"十翼"。

《荀子》一书中有这样一条材料，学者用来论证荀子之时是有"十翼"文本的。《荀子·大略》篇说："易之咸，见夫妇。夫妇之道不可不正也，君臣、父子之本也。咸，感也。以高下下，以男下女，柔上而刚下。聘士之义、亲迎之道，重始也。"[31]

这段话前半段近似《序卦》："有天地然后有男女，有男女然后有夫妇，有夫妇然后有父子，有父子然后有君臣。"然而同样的意思，也见于《礼记》诸篇中，如《中庸》说："君子之道造端乎夫妇。"[32]《昏义》说："男女有别而后夫妇有义，夫妇有义而后父子有亲，父子有亲而后君臣有正。"[33] 即使荀子没有读过《序卦》也可以写出"夫妇之道不可不正也，君臣、父子之本也"的话。后半段近似《周易·咸·彖传》中的这样一段话："咸，感也。柔上而刚下。二气感应以相与，止而说，男下女。"两段话的立意有所不同。《彖传》是讲"二气感应以相与"，荀子是讲亲迎之礼的根据。荀子即使不看《彖传》，也是可以从《咸》卦的卦爻辞中体会出来的。况且荀子凡引文献必说明出处，此处无"《易》曰"一类字样，应当不是袭用《彖传》的。《荀子》中所引《周易》不过数条，且无足轻重。在我们看来，《周易》"十翼"中有很多精湛的思想，若此时已有"十翼"文本，荀子一定不会如此冷漠对待的。

荀子约生于公元前 313 年，卒于公元前 238 年。其后的宋玉，约生于公元前 298 年，卒于公元前 222 年。相传为宋玉所作的《小言赋》中有这样几句："且一阴一阳，道之所贵；小往大来，《剥》《复》之类也。是故卑高相配而天地位，三光并照则小大备。能高而不能下非兼（谦）道也，能麄而不能细非妙工也。"[34] 其中有些话与《周易·系辞》中的"一阴一阳之谓道"和"卑高以陈，贵贱位矣"的话近似。学者或认为此语套袭《系辞》，由此证明此前《系辞》已经存在。然而，明冯惟讷撰《古诗纪》引明谢榛《诗家直说》的话说：《大言赋》和《小言赋》"二赋出于《列子》，皆有托寓"，历史上不可能有这种"君臣赓和，以文为戏"的情况。[35] 所以此条材料还不能作为《周易·系辞》在宋玉之前已经存在的证据。

在《礼记》中有两条材料与《周易》"十翼"中的文句雷同。这两条材料可以分别对待：

1.《礼记·深衣》:"《易》曰:'坤六二之动,直以方也。'"[36]而《周易·坤》卦六二《象辞》说:"六二之动,直以方也。"《礼记·深衣》这条材料明确表明是引《周易》的,问题是《深衣》的年代是怎样的?《深衣》收于《礼记》之中。《礼记》原本不是一部书,而是若干种文献的杂凑拼合。史称,《礼记》的组成大体来源于下列文献:《记》131篇,《明堂阴阳》33篇,《王史氏记》21篇,《乐记》23篇,《孔子三朝记》7篇。上述5种书,共计215篇。西汉时戴圣对这些书加以辑录,编定为49篇。这些文献大约是战国时期或秦汉之际的儒家学者所作。至于《深衣》一篇,我们不能确考其成于何时,可以阙疑。

2.《礼记·乐记》:"天尊地卑,君臣定矣。卑高已陈,贵贱位矣。动静有常,大小殊矣。方以类聚,物以群分,则性命不同矣。在天成象,在地成形,如此则礼者天地之别也。地气上齐,天气下降,阴阳相摩,天地相荡,鼓之以雷霆,奋之以风雨,动之以四时,暖之以日月,而百化兴焉,如此则乐者天地之和也。"[37]

这条材料颇与《周易·系辞》雷同。《系辞上》说:"天尊地卑,乾坤定矣。卑高以陈,贵贱位矣。动静有常,刚柔断矣,方以类聚,物以群分,吉凶生矣。在天成象,在地成形,变化见矣。是故刚柔相摩,八卦相荡,鼓之以雷霆,润之以风雨,日月运行,一寒一暑。"

两条材料究竟谁在先,谁在后,谁抄袭谁呢?张岱年先生认为:"《系辞》在这里是讲天地和万物的秩序和变化,写得比较自然。《乐记》此段从天地讲到礼乐,讲得比较牵强,看来是《乐记》引用《系辞》的文句而稍加改变。"[38]

笔者以为,所谓"写得比较自然",首先应该是"合理","合理"才会自然。相比之下,《乐记》写得更为合理,例如:

"方以类聚，物以群分，则性命不同矣。"不同类的物有不同的"性命"，这样说既合理又自然。而《系辞》说："方以类聚，物以群分，吉凶生矣。"为什么不同类的物一经分类，就一定会产生吉凶呢？这就不很合理和自然。又如，《乐记》说："阴阳相摩，天地相荡，鼓之以雷霆，奋之以风雨，动之以四时，暖之以日月，而百化兴焉。"由"阴阳相摩，天地相荡"等等所导致的"百化兴"的过程本身就是一个自然的过程。而《系辞》说："刚柔相摩，八卦相荡，鼓之以雷霆，润之以风雨，日月运行，一寒一暑。"为什么"八卦相荡"云云，会导致"日月运行，一寒一暑"呢？这就既不合理又不自然。看来是《系辞》为了解释八卦体系以及筮占的吉凶观念，而生硬套改《乐记》这段话而写成的。

其实，总体上说，"十翼"在创作过程中，吸收了《礼记》以及《大戴礼记》（论见后）等书中的不少营养。相比之下，那些在先的文本所讲的道理更为质朴合理。如《礼记·郊特牲》说："天地合，而后万物兴焉。夫昏礼，万世之始也。"[39]这话就没有什么语病。而《周易·系辞下》说："天地絪缊，万物化醇；男女构精，万物化生。""男女构精，万物化生"这话便有语病。又如，《大戴礼记·本命》说："一阴一阳，然后成道。"[40]而《周易·系辞上》说："一阴一阳之谓道也。"两相比较，前者语意比较显豁。又如《大戴礼记·小辩》说："道小不通，通道必简。"[41]《墨子·非儒下》："言明而易知也，行易而从也。"[42]其言皆质朴有味。而《周易·系辞上》说："乾以易知，坤以简能。"却给人以不知所云的感觉，如此等等。也正因为《周易·系辞》有种种的语病瑕疵，所以欧阳修断定它不是大圣人的手笔。

在笔者看来，《十翼》各篇，可能除了《象传》外，基本形成于荀子之后、司马迁之前的大约150年之间，即大致从公元前 240 年算起到公元前 90 年。这期间，特别是在秦始皇三十四年（前 213）设"挟书律"，到汉惠帝四年（前 191）"除挟书律"，共有 23 年时间，学人只有卜筮之书可读。[43] 我们推想，这是周易学理论迅速发展的"黄金时期"，这种恶劣的政治形势，使得原本不喜周易筮占之术的儒家学者主动以不同的形式与方术之士结合，通过对《周易》的阐释来创造儒家的天人之学，于是便有了"十翼"中的若干文本。[44] 在荀子之前，很少有人引录"十翼"各篇的内容。然而入汉以后，文献中引录"十翼"各篇内容的情况突然变多起来。例如：

陆贾（约前 240—前 170）《新语》卷上《辨惑》引"《易》曰：'二人同心，其义断金。'"[45] 今本《周易·系辞上》作："二人同心，其利断金。"其间只有一字之差。又：《新语》卷下《明诫》引"《易》曰：'天垂象，见吉凶。圣人则之。天出善道，圣人得之。'"[46] 今本《周易·系辞上》作："天垂象，见吉凶。圣人象之。河出图，洛出书，圣人则之。"文句有同有异。

刘安（前 179—前 122）《淮南子·缪称训》引"《易》曰：'剥之不可遂尽也，故受之以复。'"[47] 今本《序卦》："物不可以终尽，剥穷上反下，故受之以复。"文意相同，文句不甚相同。

司马谈（？—前 110）《论六家要指》说："《易大传》曰：'天下一致而百虑，同归而殊途。'"[48] 今本《周易·系辞下》："天下同归而殊途，一致而百虑。"文意相同，文句颠倒。

韩婴，生卒年不详，汉文帝时为博士，武帝时，与董仲舒辩论，不为所屈。其所作《韩诗外传》卷三说："易有一道，大足以守天下，中足以守其国家，小足以守其身，谦之谓也。夫天道亏盈而益谦，地道变盈而流谦，鬼神害盈而福谦，人道恶盈而好谦。是以衣成则必缺衽，宫成则必缺隅，屋成则必加拙。示不成者，天道然也。《易》曰：'谦，亨。君子有终，吉。'"[49]今本《周易·谦·彖传》："谦，亨。天道下济而光明，地道卑而上行。天道亏盈而益谦，地道变盈而流谦，鬼神害盈而福谦，人道恶盈而好谦。谦，尊而光，卑而不可逾，君子之终也。"其中"天道亏盈而益谦，地道变盈而流谦，鬼神害盈而福谦，人道恶盈而好谦"四句完全相同。

以上数例说明，《周易》"十翼"中的《系辞传》《序卦传》《彖传》至少在汉初已经形成。加上前面所录《礼记·深衣》引《彖传》之文"易曰：坤六二之动，直以方也"的例子，《礼记·深衣》最晚也当于此时完成。所以至少在汉初，《彖传》也已完成。

这里需要指出两点：

第一，汉初学者凡引录"十翼"之文，文句并不尽同，有时文句出入还比较大，这说明此时"十翼"各篇可能尚未定型。

第二，汉初学者凡引录"十翼"之文，皆笼统称之为"《易》曰"或"《易大传》曰"，而不称具体篇名。推想此时或尚未有具体篇名。

到了司马迁作《史记》时，"十翼"各篇的具体名称首次见于文献之中。《史记·孔子世家》说："孔子晚而喜《易》，《序》《彖》《系》《象》《说卦》《文言》，读《易》，韦编三绝。曰：'假我数年，若是，我于《易》则彬彬矣。'"[50]对文中的"序"字，从文气上看，似应作为动词。然而唐张守节《史记正义》注释说："序，《易·序卦》也。……孔子就上下二经各序其相次之义。"[51]这就明确表明，在司马迁之前，《序卦》《彖传》《系辞》《象传》《说卦》《文言》已经存在了，只缺《杂卦》一种。

第五节 马、班建构的《周易》演生史

司马迁《史记》建构了从上古黄帝到西汉武帝的历史。这可以说是中国第一部通史著作。《周易》的形成在这部通史中也因而有了位置。《周易·系辞下》说："易之兴也，当殷之末世，周之盛德邪？当文王与纣之事邪？"这是《系辞》作者以探询的口吻说的话，到了《史记·周本纪》那里则向前进了一步。《周本纪》说："西伯盖即位五十年，其囚羑里，盖益《易》之八卦为六十四卦。"[52] 这里，司马迁用了两个"盖"字，都是疑问之辞，即他也不能确定其事的真实程度，尤不敢肯定周文王确曾重卦。所以张守节《史记正义》说："按太史公言'盖'者，乃疑辞也。文王著演《易》之功，作《周纪》方赞其美，不敢专定重《易》，故称'盖'也。"[53]

然而司马迁关于孔子作《彖》《象》诸篇之事，却又说得很肯定。然而经过后世欧阳修等人的考订，此事也属空穴来风。

按照中国上古传说体系，黄帝之前有神农氏，神农氏之前有伏羲氏。因为司马迁《史记》从黄帝写起，而未谈及伏羲，因而也就未说"伏羲画八卦"之事。而班固《汉书·艺文志》则根据《周易·系辞》的说法，为《周易》演生史加上了"伏羲画八卦"一段。《汉书·艺文志》说：

> 《易》曰："宓戏氏仰观象于天，俯观法于地，观鸟兽之文，与地之宜，近取诸身，远取诸物，于是始作八卦，以通神明之德，以类万物之情。"至于殷、周之际，纣在上位，逆天暴物，文王以诸侯顺命而行道，天人之占可得而效，于是重《易》六爻，作上、下篇。孔氏为之《彖》《象》《系辞》《文言》《序卦》之属十篇。故曰：《易》道深矣，人更三圣，世历三古。[54]

班固不仅坐实"文王重卦"之说，并且踵事增华，谓文王更作"上、下篇"。强调孔子"为之《彖》《象》《系辞》《文言》《序卦》之属十篇"。文末尤着意点明《周易》"人更三圣，世历三古"的不寻常特点。于是，一部由"伏羲画八卦""文王重卦"并"作上、下篇"卦爻辞、孔子作"十翼"的完整《周易》演生史就这样写入正史了。

第六节 结语

综上所述，"伏羲画八卦"无从稽考，"文王重卦"并"作上、下篇"卦爻辞也属不实，孔子作"十翼"同样不确定。所以，司马迁、班固关于《周易》演生史的建构便不能成立了。在我们看来，《周易》卦爻辞及"十翼"各篇乃是历史上许多佚名的智者所作，即使没有伏羲、文王、孔子的参与，也并不影响它作为中华民族伟大元典的地位。

注释：

[1] 1974年2月在陕西武功县苏坊乡廻龙村周代遗址中出土的驹父盨盖，为西周后期宣王时铜器，上有铭文："唯王十有八年正月，南中（仲）邦父命驹父即南诸侯，率高父见南淮夷，厥取厥服，至，夷遂不敢不敬畏王命，逆（迎）见我，厥献厥服。我乃至于淮，小大邦无敢不具迎王命。四月，还，至于蔡，作旅盨，驹父其万年永用多休。"此铭文记载周宣王十八年（前810），执政大臣南仲邦父派驹父等到南淮夷索取贡赋。淮夷诸国迎见驹父，献纳贡物。淮夷在周的国都南面，所以又称"南淮夷"。《易经·升》卦卦辞"南征，吉"或当影射此事。（参见史善刚、董延寿：

《〈易经〉成书时代考》，载于《中州学刊》，2009年2期。）

〔2〕〔3〕〔4〕〔汉〕孔安国传，〔唐〕孔颖达等正义：《尚书正义》，〔清〕阮元校刻：《十三经注疏》，北京：中华书局，2009年，第404—405，420，696页。

〔5〕〔32〕〔33〕〔36〕〔37〕〔39〕〔汉〕郑玄注，〔唐〕孔颖达等正义：《礼记正义》，〔清〕阮元校刻：《十三经注疏》，第3569，3530，3648，3612，3319—3320，3154页。

〔6〕〔汉〕郑玄注，〔唐〕贾公彦疏：《周礼注疏》，〔清〕阮元校刻：《十三经注疏》，北京：中华书局，1980年，第1733页。

〔7〕〔魏〕王弼、〔晋〕韩康伯注，〔唐〕孔颖达等正义：《周易正义》，〔清〕阮元校刻：《十三经注疏》，第17页。按：关于夏代文化，今天能谈者甚少。《连山》如何，我们暂且阙而不论。关于《归藏》，《礼记·礼运篇》记孔子之言："我欲观殷道，是故之宋，而不足征也，吾得《坤乾》焉。"郑玄注："得《坤乾》，得殷阴阳之书也。其书存者有《归藏》。"熊氏安生曰："殷《易》以坤为首，故曰《坤乾》。"（参见〔清〕孙希旦撰；沈啸寰、王星贤点校：《礼记集释》，北京：中华书局，1989年，第586页。）

〔8〕〔晋〕郭璞注，王贻梁、陈建敏校释：《穆天子传汇校集释》，北京：中华书局，2019年，第252页。

〔9〕〔11〕〔14〕〔15〕〔16〕〔17〕〔18〕〔19〕〔21〕〔晋〕杜预注，〔唐〕孔颖达等正义：《春秋左传正义》，〔清〕阮元校刻：《十三经注疏》，第3919，3879，3852—3853，3921—3922，4080—4081，4340—4341，4621—4622，4406，4635页。

〔10〕徐元诰撰，王树民、沈长云点校：《国语集解》，北京：中华书局，2002年，第340—341页。

〔12〕程迥编，范钦订：《周易古占法》，北京：中华书局，1991年，第6页。

〔13〕〔清〕王宏：《周易筮述》，《景印文渊阁四库全书》第

41 册，台北：商务印书馆，1986 年，第 122 页。

［20］《四库全书总目·经部一·易类一》："夫六十四卦大象，皆有'君子以'字，其爻象则多戒占者，圣人之情见乎词矣。其余皆《易》之一端，非其本也。"（参见〔清〕永瑢等撰：《四库全书总目》，北京：中华书局，1965 年，第 1 页。）

［22］廖名春：《帛书〈要〉释文》，载廖名春：《帛书〈周易〉论集》，上海：上海古籍出版社，2008 年，第 389 页。

［23］〔唐〕房玄龄等：《晋书》，北京：中华书局，1974 年，第 1432 页。

［24］〔晋〕杜预集解，李梦生整理：《春秋左传集解》，南京：凤凰出版社，2015 年，第 897 页。

［25］〔宋〕赵明诚：《金石录》，《景印文渊阁四库全书》第 681 册，第 296 页。

［26］［27］［28］［31］〔清〕王先谦撰，沈啸寰、王星贤点校：《荀子集解》，北京：中华书局，1988 年，第 11，84，507，495 页。

［29］［30］何建章注释：《战国策注释》，北京：中华书局，1990 年，第 241，396 页。

［34］〔清〕陈厚耀：《春秋战国异辞》，《景印文渊阁四库全书》第 403 册，第 657 页。

［35］〔明〕冯惟讷：《古诗纪》，《景印文渊阁四库全书》第 1380 册，第 609 页。

［38］张岱年：《张岱年学术论著自选集》，北京：首都师范大学出版社，1993 年，第 324 页。

［40］［41］〔清〕王聘珍撰，王文锦点校：《大戴礼记解诂》，北京：中华书局，1983 年，第 251，206 页。

［42］〔清〕孙诒让撰，孙启治点校：《墨子间诂》，北京：中华书局，2001 年，第 298 页。

〔43〕秦朝的"挟书律"内容大致如下:"史官非《秦纪》皆烧之,非博士官所职,天下敢有藏《诗》《书》、百家语者,悉诣守尉杂烧之。有敢偶语《诗》《书》者弃市。……所不去者,医药、卜筮、种树之书。"(参见〔汉〕司马迁:《史记》,北京:中华书局,1959年,第255页。)

〔44〕友人王葆玹曾著文说:"在秦代焚书令与挟书律的限制下,《诗》《书》《礼》和《春秋》都成为禁书,《周易》及其占筮学却未遭到禁止。儒者遂利用这一缝隙,改为采用解《易》的方式来阐扬儒学。"(王葆玹:《儒家学院派的〈易〉学的起源和演变》,载《哲学研究》1996年3期。)

〔45〕〔46〕王利器:《新语校注》,北京:中华书局,1986年,第76,157页。

〔47〕刘文典撰,冯逸、乔华点校:《淮南鸿烈集解》,北京:中华书局,1989年,第326页。

〔48〕〔50〕〔51〕〔52〕〔53〕〔汉〕司马迁:《史记》,北京:中华书局,1959年,第3288,1937,1937,119,119页。

〔49〕〔汉〕韩婴撰,许维遹校释:《韩诗外传集释》,北京:中华书局,1980年,第117—118页。

〔54〕〔汉〕班固:《汉书》,北京:中华书局,1962年,第1704页。

第八章
《易传》解《易》方法析论

第一节 《杂卦传》《大象传》等对于卦名的解释

在我们看来，《易经》作者是利用《易经》的卦爻结构来模拟和总结自然界与社会的某些规律和经验的。世上品物万殊，理亦各异。《易经》只有六十四卦，如何能模拟和总结其中的规律和经验呢？《系辞上》虽然称赞《易经》"范围天地之化而不过，曲成万物而不遗"，但我们相信《易经》六十四卦每一卦之立意取向必是经过精心的选择和思考，而有所取舍。这就意味着《易经》六十四卦，一卦有一卦之主旨。《系辞下》谓"其称名也小，其取类也大，其旨远，其辞文，其言曲而中，其事肆而隐"。这是说，《易经》的卦名，虽然有其既定的意义，但又不能执着于字面的意义，如晋韩康伯注所说："讬象以明义，因小以喻大。""变化无恒，不可为典要。""事显而理微也。"[1]

对于《易经》作者而言，其主旨是通过卦名来概括和表达的。对于解卦者而言，首先要通过卦名来确定理解和解释的向度。在这一点上，古人已经有明确的认识，如魏王弼《周易略例》说："举卦之名，义有主矣。"[2] 宋郭雍说："自一卦论之，原始要终，上下不遗，为一卦之质也，卦名之义，名其质而已。"[3]元解蒙说:"先儒曰:凡先释卦名者,易之通例也。"[4]
清黄宗炎也说:"羲皇六画与文王卦名,确乎一体。或取形象,
或取画象,或取上下二体交错之象,其文字与卦画俨然画一,
不容移易,学者于此得其会通,六爻无不迎刃矣。"[5]以上诸
家都强调了卦名在《周易》诠释中的优先地位。

然而,早在先秦之时,《易经》的许多卦名,其意义已经
模糊不清。《易传》("十翼")如《杂卦传》《大象传》《彖传》
《序卦传》曾试图解释卦名的意义,有的解释接近本真,有
的解释南辕北辙。但无论如何,各传作者都认为卦名自有其
意义。

现代易学大家高亨否定前人对于《周易》卦名认识的努
力,以为《易经》之卦名本无意义,他批评《易传》作者"讲
论卦名,轻下定义"说:

> 六十四卦卦名,当皆为后人所追题。大多数卦名,
> 不能代表卦象之意义,仅有若干卦名可以体现其卦筮辞
> 之要旨而已。吾人研究《周易》,不必深究其卦名。而
> 《易·十翼》之作者不明乎此,往往讲论卦名,轻下定
> 义,以致陷于纰缪。[6]

与高亨齐名的另一位现代易学大家李镜池早年也曾轻视卦
名,晚年忽然觉悟。他说:"由于易文简古,不易解释,故对
卦名和卦爻辞的联系有许多没有看出来,最近写《周易通义》
一书,才明白卦名和卦爻辞全有关联。其中多数,每卦有一个
中心思想,卦名是它的标题。"[7]笔者认为李镜池的这个意见
是正确的。

这里,笔者不拟指出《易经》每一卦名的意义,只是想通
过若干卦例说明,《易经》的卦名多有其来历,并反映该卦之主

旨。《易传》作者曾为探寻卦名意义作过若干努力。相对于《易传》中的其他传而言，《杂卦传》《大象传》对此作的努力最大，故这里主要以《杂卦传》《大象传》作为例证来进行分析。

1.《颐》卦卦名的意义

《杂卦传》解释《颐》卦卦名之义说："颐，养正也。"

颐 ䷙ 为口颊之象，以卦形言，上下二阳，中含四阴，外实中虚，其形状若人张口露齿。所以《颐》卦的卦名是根据该卦卦画的直观形态命名的。颐言口颊，口的作用主要有二：一是饮食，二是言语。因此，此卦便从两方面立义：一是"节饮食以养其体"，二是"慎言语以养其德"[8]。所以"颐"之引申义便是"养"。

2.《噬嗑》卦卦名的意义

《杂卦传》解释《噬嗑》卦卦名之义说："噬嗑，食也。"

噬嗑 ䷔ 为"颐中有物"之象。《噬嗑》卦之《象传》说："颐中有物，曰噬嗑。"王弼注："颐中有物，啮而合之，噬嗑之义也。"[9]如上面所说，《颐》卦上下二阳爻，中间四阴爻，如人之口颊。《噬嗑》卦与《颐》卦余爻皆同，唯第四爻为阳爻，如口颊中有物梗在其中，有咬断硬物的意思。《噬嗑》卦是治狱之卦，经师解释说，噬嗑所以去颐中之梗者，"圣人之治天下，有为万民之梗者，必用刑狱以断制之"[10]。《杂卦传》所解释的是据象取名之义。治狱的主旨是其引申之义。

3.《鼎》卦卦名的意义

《杂卦传》说："鼎，取新也。"《大象传》谓："木上有火，鼎。"

鼎 ䷱，卦形象鼎，即初六阴爻两短画象鼎足，二三四皆为阳爻象鼎腹，第五爻为阴爻象鼎耳，上爻为阳爻象鼎铉。[11]《鼎·彖传》谓："鼎，象也，以木巽火，亨饪也。"即以上卦、下卦二体解《鼎》卦之象，下卦巽可代表木和风，上卦离代

表火，有亨饪之象。这就是说，《鼎》卦卦名既可取象于卦形，也可取象于上、下二体，或许两者兼而有之。此卦取义与烹饪食物有关，而每次以鼎烹饪，皆须加入新的食材，因而有"取新"之义。

4.《夬》卦卦名的意义

《杂卦传》说："夬，决也，刚决柔也，君子道长，小人道忧也。"

夬 ䷪，乾下兑上，上爻为阴爻，其余五爻皆为阳爻。若六爻皆为阳爻便是《乾》卦，按《说卦》乾可代表圜，代表玉，玉圜有缺口则为玦。清代黄宗炎《周易象辞》、毛奇龄《仲氏易》皆认为《夬》卦从玉玦取象。古人佩玉玦有促决断之意，《夬》卦之"夬"，亦为"决"意。毛奇龄《仲氏易》卷十九说："夬者，缺也。环之有缺者，名玦。……今以五阳戴一阴，其形上缺，则因象名夬，而义亦随之，合五阳之力而决去一阴。"[12]阳代表君子，阴代表小人。君子合力决去小人，所以是"君子道长，小人道忧"。

5.《中孚》卦卦名的意义

《杂卦传》说："中孚，信也。"

中孚 ䷻，黄宗炎《周易象辞》卷十七谓卦名取象于鸟孵卵，此卦初、上两阳象蛋壳，二、五两阳爻象蛋白，三、四两阴爻象蛋黄。蛋黄有虚窍，混混沦沦，元气包藏。"孚"，为古孵字。《淮南子·人间》："夫鸿鹄之未孚于卵也。"[13]孚即孵也。孚，从爪从子，鸟孵卵时常以爪转动卵，使其温度均匀，便于孵化。故"孚"为会意字。《中孚》卦取意鸟孵其卵时，用心极诚，教诫人君化民，自己要内有诚信之心，则诚信化于邦国。

6—7.《蹇》《解》二卦卦名的意义

《杂卦传》说："蹇，难也。"《大象传》谓："山上有水，蹇。君子以反身修德。"

蹇 ䷦ 艮下坎上。艮为山，坎为水。山本水之发源地，今水在山上塞而不流，形成"堰塞湖"，随时有崩决之虞，甚危甚险。是以名此卦为"蹇"。"蹇"字从寒从足，谓道路险难，足不能及。此卦为至险至难之卦，人力难以克服，不应轻易犯险，所以强调"君子以反身修德"。

《蹇》《解》两卦互为覆卦。《蹇》难亦必有缓解之时，所以，《杂卦传》说："解，缓也。"

8.《萃》卦卦名的意义

《杂卦传》说："萃，聚。"《大象传》谓："泽上于地，萃。君子以除戎器，戒不虞。"

萃 ䷬ 坤下兑上。坤为地，兑为泽。萃，会聚之意。天下最易会聚者莫若水，泽乃容受众流停蓄而成。江河汇聚，有清水，也有脏水；人群集聚，什么样的人都会有，很有可能发生动乱。所以《萃》卦强调防范意识：天下太平，民间不能再私藏武器，但是作为国家来讲，不能忘掉可能的动乱和战争，还要加强国防和社会治安的力量，以戒不虞。

9.《涣》卦卦名的意义

《杂卦传》说："涣，离也。"《大象传》谓："风行水上，涣。先王以享于帝立庙。"

涣 ䷺ 坎下巽上。坎为水，巽为风。风吹水面，或起涟漪，或起波涛，流行涣散，故名之曰"涣"。在人世，则为人心涣散、离散。先王善于利用人民的共同宗教信仰来凝聚天下人心，这样才能聚合天下之民。

10.《渐》卦卦名的意义

《杂卦传》说："渐，女归待男行也。"《大象传》谓："山上有木，渐。君子以居贤德善俗。"

渐 ䷴ 艮下巽上。艮为山，巽为木。树木长在山上，由小

至大，直到长成参天大树，皆由渐进而成。《渐》卦是婚嫁之卦。在古代，女子待嫁于闺门，必待媒妁之言、父母之命而后允嫁，允嫁之后，还有许多礼数。若不经过这些礼数，女子直接跑到男方那里，则是淫荡之女，父母恶之，乡人贱之，天下丑之。所以，此卦强调女子出嫁要"渐"。

其实，《易经》六十四卦每一卦的卦名，都有其意义，笔者曾发表《周易卦名探原》[14]一文，读者如有兴趣可以参看。

第二节 《大象传》所体现的《周易》精髓

《易经》之精髓究竟是什么？千百年来学者回答各异，所谓"仁者见之谓之仁，智者见之谓之智"，莫衷一是。笔者以为，关于这个问题，历史上有两个人的回答最有见识。一是南宋时期的叶適（1150—1223），他说："自颜、曾而下，讫于子思、孟子，所名义理，万端千绪，然皆不若《易象》之示人简而切，确而易行。学者诚有志于道，以是为经，而他书特纬之焉可也。"[15]依叶適之见，孔子以下的儒家文献，以《易象》（指《大象传》）所言义理为最高，可以将此作为经来读。二是清代的纪昀（1724—1805），他主持编纂的《四库全书总目提要》，对两千多年的易学发展作了一个高度的概括和总结，然后指出《周易》中唯有《大象传》反映了易学的精髓："夫六十四卦《大象》，皆有'君子以'字，其爻象则多戒占者，圣人之情见乎词矣，其余皆《易》之一端，非其本也。"[16]

《周易》有《象传》上、下篇，这是汉儒所谓"十翼"中的两篇。《象传》亦称象辞。象辞分为卦象辞和爻象辞两部分，前者称为《大象》，后者称为《小象》。"大象"是对"小象"而言，这是历史上研究《周易》的人的一种方便叫法，并非《周易》原有此名目。李镜池曾经正确指出:《大象》和《小象》是两个系统,非作于一人,是后人将两者合在一起的。《大象》以八卦卦象为基本,讲上、下两卦的合象,并且以"君子以……""先王以……""后以……"为格式,讲出一套人生哲理和政治哲理。《大象传》有公式化的倾向,它大体分为两部分,一部分是卦象+卦名,一部分是义理(亦即"演德")。例如:

卦　象	卦　名	义　理
云　雷	屯	君子以经论
山下出泉	蒙	君子以果行育德

每一卦象征一种境遇,在各种不同的境遇下,人应该具备什么德行,追求什么境界。这就提出一种境遇与境界的关系问题,所谓"境遇",包含生存的环境和发展的机遇。人生无不在境遇中,境遇各种各样,有顺境,也有逆境。而所谓"境界"正是处理不同境遇问题所表现的最佳的人生态度。美国著名的伦理学家约瑟夫·弗莱彻(Joseph Fletcher)说:"哪里有了境遇所提出的问题,哪里就有真正的伦理学。"[17]境遇伦理学要求人们从具体境遇出发,充分发挥人的能动性因素,导出事物的正当性的原则。《大象传》可以说是专门探讨境遇与境界问题的奇书。它以六十四卦的形式探讨在不同的境遇下,君子所应具备的境界。

《易经》所假设的境遇是方方面面的,其应对之方也是随宜变化的。尽管不同境遇下应对的方法不同,但却坚定不移地朝着一个积极向上的人道目标,其中体现着非凡的道德智慧。下面我们择取《大象传》一些例证,来展示其处理境遇与境界问题的智慧:

《乾》《坤》二卦因分别象征天、地两个最大的物象,而成为六十四卦的总纲。因此二卦的大象辞也作为立身处世的根本之德。一个人之所以成功，一个民族之所以兴盛，最根本的道理不外乎两条：一是自强，二是团结，而团结就要"有容德"。

《乾·象》云："天行健，君子以自强不息。"天体运动健行不已，人应该效法天之"健"德，自强不息，为此周人教导子弟以自强、勤勉为第一美德。周公作《无逸》开篇即讲"君子所其无逸"，作为君子在任何处境下都不要耽于逸乐。他要周族子弟以文王为榜样，文王处理政事，"自朝至日中昃，不遑暇食"，所以《周易集解》引干宝解"自强不息"云："尧舜一日万机，文王日昃不暇食，……故曰自强不息矣。"[18]《周易》首乾，即以"自强不息"为至德。

《坤·象》云："地势坤，君子以厚德载物。"大地德性博大宽厚，它负载万物，生养万物，人应该效法地之"容"德，培养一种宽厚的德性、包容的精神，所谓包容，既要容人，也要容物。《尚书·武成》记载武王伐纣，说纣王"暴殄天物，害虐丞民"[19]，是天下的大罪人。

以下六十二卦，是讲在某一具体境遇下所应具备的境界，如：

《屯·象》曰："云雷屯，君子以经纶。"《屯》卦是震下坎上。震为雷，坎为云，云而未雨，为"屯"。"屯"象征物之初，兼有"难"义，所谓"万事开头难"。当人处于"屯"的境遇下，非有经纶天下之志与才，不能有日后的亨通上达。

《蒙·象》曰："山下出泉，蒙，君子以果行育德。"《蒙》卦是坎下艮上，坎为泉，艮为山。泉之性行，山之性止。泉始出而其流细，此欲行而彼止之。这是稚而未达之象，所以称为"蒙"。"蒙"象征人之初，这是"育德"时期，要培养勇于实践克服险阻的气概。

《大过·象》曰："泽灭木，大过，君子以独立不惧，遁世无闷。"《大过》卦是巽下兑上。巽为木，兑为泽，木在泽下，木可没而不可仆，象征君子临危不惧，坚贞不屈。"大过"的意思是人当"大过"人之事，而有"大过"人之行，这是在"危"境下君子所应具备的德行。

《困·象》曰："泽无水，困，君子以致命遂志。"《困》卦坎下兑上，坎为水，兑为泽。水在泽下，是泽中无水、进退维谷之象，所以为"困"。君子当此之时，应充分发掘潜力，尽其最大努力，使自己脱离困境，这是君子在"困"境下所应具备的德行。

《升·象》曰："地中生木，升，君子以顺德，积小以高大。"《升》卦巽下坤上，巽为木，坤为地，象征苗木成长，由小到大，由弱到强，积渐而进。所以为"升"。比喻事物的发展、实力的积累皆有一个过程，作为君子要顺应事物发展的固有规律，不欲速成，不应冒进，否则就会犯拔苗助长的错误。这是君子在"发展"境遇下所应具备的德行。

《大壮·象》曰："雷在天上，大壮，君子以非礼弗履。"《大壮》卦乾下震上，乾为天，震为雷。雷霆在天，有万钧巨力，所以称"大壮"。人当势盛力大之时，容易骄狂不可一世，因此要以礼节之。"非礼弗履"需要有内在的人格力量，这才是真正的"大壮"。这是君子在势盛境遇下所应具备的德性。

《临·象》曰："泽上有地，临，君子以教思无穷，容保民无疆。"《临》卦兑下坤上。兑为泽，坤为地，以地临水，喻以上临下，泽有润德，地有容德，喻君子应以"教民""保民"为职志。这是君子在"临民"（作统治者）境遇下所应具备的德性。

《既济·象》曰："水在火上，既济，君子以思患而豫防之。"《既济》卦离下坎上。离为火，坎为水，水在火上是饪煮之象，有饭当思无饭时，所谓居安思危，防患于未然。"既济"

是度过险难之意，当此之时，君子应思更有险难在前。这是君子在取得暂时成功境遇下所应具备的德性。

第三节 《说卦传》所称之卦象

古人常常把形象相似、情境相关的事物，通过比喻、象征、联想、推类的思维方法，使之成为可以理喻的东西，我们称这种思维方法叫取象比类的思维方法。取象比类思维方法关键在于取"象"，什么叫作"象"？《管子·七法篇》："义也，名也，时也，似也，类也，比也，状也，谓之象。"[20]《韩非子·解老篇》："凡诸人之所意想者，皆谓之象。"[21]《易经》所采用的便是一种取象比类的思维方法。《系辞下》说："易者象也。象也者，像也。""古者包羲氏之王天下也，仰则观象于天，俯则观法于地，观鸟兽之文，与地之宜，近取诸身，远取诸物，于是始作八卦，以通神明之德，以类万物之情。"

《周易·说卦传》列举了八卦分别可能具有的卦象，作了详尽的解释，有些解释是最基本的，必须加以肯定和牢记，如《说卦传》说："乾，健也；坤，顺也；震，动也；巽，入也；坎，陷也；离，丽也；艮，止也；兑，说也。"这是八卦基本的性质，也可视为八卦的卦德，内存一定不易之理。但《说卦传》所列的卦象，巨细不遗，名目繁多，则可能是从先秦许多占筮活动中总结出来的。其中有许多卦象对于解释《易经》卦爻辞来说，或许是多余的。比如《艮》卦，《说卦传》说："艮三索而得男，故谓之少男。"又言："艮为山，为径路，为小石，为门阙，为果蓏，为阍寺，为指，为狗，为鼠，为黔喙之属，其于木也为坚多节。"以笔者的理解，除"艮为山""为少男""为门阙""为果蓏"取象外，其余取象对于解释《易经》

卦爻辞来说，都是多余的。因此，笔者从通解《易经》卦爻辞的经验出发，将《说卦》中八卦所胪列的卦象删繁就简，删减后保留了下面一些卦象。在保留的卦象中，有常用的，也有不常用的。常用的无须举例说明，不常用的则以例证说明之：

1. 乾，为天，为圜，为君，为父，为玉，为金，为良马。

乾为健德。凡一卦卦体中含有《乾》卦的，经常会有"利涉大川"的字样，如《需》《同人》《大畜》等卦就是这样。乾，为天，取象常见，不必举例。古人有天圆地方观念，故乾有圆、圜之象。古人以君父比天，故乾有君、父之象。乾为玉，为金，为良马，取象不常见，今举例加以说明：

《小畜》卦"九三：舆说辐"，此卦下卦是乾，乾可以代表金、可以代表圜、可以代表良马，整体有车辐之象。这是《乾》卦取象圜、金、良马的用例。

《夬》卦卦名取象于玉玦，是将此卦看作"乾"之缺，乾为玉、为圜，玉圜有缺口，则为玉玦。这是《乾》卦取象圜、玉的用例。

2. 坤，为地，为母，为大舆，为众，为牛。

坤"为地，为母"，取象常见，不必举例。"为大舆，为众，为牛"，取象不常见，今举例加以说明：

《剥》卦："上九：硕果不食，君子得舆，小人剥庐。""君子得舆，小人剥庐"，是说上九已经到了剥极之时，继续发展会有两种可能：一是君子能最后坚持下来，"君子得舆"，君子有车坐了，执掌大政，并且得到了人民的拥戴；一是最后小人得志了，"小人剥庐"，庐就是上爻那个房顶，若没有上九那个阳爻，庐舍也就不存在了。庐舍被剥夺，天下之民将无庇身之处。《剥》卦取象，下卦坤代表车舆，也代表民众，表示君子有民众的承载和拥戴。这是《坤》卦取象车舆、民众的用例。

至于坤为牛，在《易经》卦爻辞中，似乎没有直接将坤解释为牛的例证。但阴爻得坤之体，因此大凡阳包阴之卦，往往可以解释为"畜牛"。如《离》卦卦辞"畜牝牛吉"，《小畜》《大畜》之卦皆为阳包阴之卦，其卦名当从此而来。《无妄》卦"六三：无妄之灾，或系之牛"云云，也是从阳包阴取象的。在这个意义上，也可以说"坤为牛"。

3. 震，为雷，为大涂，为长子，其于马也为作足。

震为雷，为长子，取象常见，不必举例。震为大涂（途），为作足之马，取象不常见，今举例加以说明：

《大畜》卦"上九：何天之衢，亨"。此卦三四五爻互体为"震"，"震"是大途，上九更在大途之上，就成了"天衢"。这是《震》卦取象大途的用例。

《屯》卦"六二：屯如邅如，乘马班如"。此卦初、二、三爻互体为震，震为"作足之马"，什么是"作足之马"？有人解释说，《震》卦两个阴爻中的四短画，像马的四个蹄子；而震又表示动，表示此马躁动不安，马蹄不停地动，却又踟蹰不前。这是《震》卦取象作足之马的用例。

4. 巽为木，为风，为长女，为绳直，其于人也为多白眼。

巽为木，为风，为长女，取象常见，不必举例。巽为绳直，为多白眼，取象不常见，今举例加以说明：

《无妄》卦"六三：无妄之灾，或系之牛，行人之得，邑人之灾"，此爻取象有"牛"，是因为六二是阴爻，而初爻、三爻和四爻都是阳爻，阳包阴，有如《离》卦。《易经》中凡遇阳包阴，就可能有畜牛之象。三、四、五爻互体为巽，巽有绳的意思，因此有"系牛"之象。这是《巽》卦取象绳直的用例。

《小畜》卦"九三：……夫妻反目"，九三亲近六四，可视为夫妻关系，夫不能正其家室，为妻阴柔管制，导致"夫妻反目"。此卦三四五爻互卦离为目，上卦巽取"多白眼"之象，所以称"夫妻反目"。这是《巽》卦取象多白眼的用例。

5. 坎为水，为中男，为隐伏，为弓轮，为血卦，其于人也为加忧，其于马也为美脊。

坎为水，为中男，取象常见，不必举例。坎为隐伏、为加忧，为美脊之马，取象不常见，今举例加以说明：

《比》卦"九五：显比，王用三驱，失前禽"云云，为王者田猎场面。此卦上卦为坎，九五为一卦之主，处上坎之中，坎代表弓矢，又代表车轮，又代表隐伏。下卦坤代表大车，又代表众人，代表劳役，这些要素加在一起，就构成了一个王者田猎的场面。这是《坎》卦取象隐伏、弓轮的用例。

《小畜》卦："六四：有孚，血去惕出，无咎。""血去惕出，无咎"，就是说无伤无忧，无咎过。《易经》爻辞中凡有"血"字出现，该卦多有坎象，如《屯》《需》《涣》等卦即是，所以称《坎》卦为"血卦"。但《小畜》卦并无坎象。但此卦三四五爻互卦离，离的反面是坎，离显现了，坎不显现。这在《周易》里叫作"伏"，离伏坎，坎为血，为加忧，因伏坎不显，所以说是"血去惕出"。这是《坎》卦取象加忧、血卦的用例。

《晋》卦卦辞"晋康侯用锡马蕃庶"，康济天下之侯受到君主的宠爱，被赐给的马数众多。此卦三四五爻互卦为坎，坎为美脊之马，即肥马。因有赐马之象。这是《坎》卦取象美脊之马的用例。

6. 离，为火，为日，为电，为目，为中女，为甲胄，为戈兵。

离，为火，为日，为电，为中女，取象皆常见，不必举例。离为甲胄，为戈兵，取象不常见，今举例加以说明：

《同人》卦"九三：伏戎于莽"云云，此卦下卦为离，按照《说卦》所讲，离为甲胄、为戈兵，甲胄、戈兵都与戎事有关。二至四爻互卦为巽，巽代表林木，故称"莽"。这是《离》卦取象甲胄、戈兵的用例。

7. 艮，为山，为少男，为门阙，为果蓏。

艮，为山，为少男，取象常见，不必举例。艮为门阙、为果蓏，取象不常见，今举例加以说明：

《艮》卦卦辞"行其庭，不见其人"，李鼎祚《周易集解》卷十："案：艮为门阙，今纯艮，重其门阙。两门之间，庭中之象也。"[22]《贲》卦"六五：贲于丘园"云云，《贲》卦上卦为艮，艮可以代表山，五爻为上卦中爻，为半山，故称"丘"；艮又可以代表果蓏，在山丘上种果蓏，所以称"丘园"。"贲于丘园"就是耕作于丘园，从事生产。这是《艮》卦取象果蓏的用例。

8. 兑，为泽，为少女，为口舌，为毁折，其丁地也为刚卤。

兑，为泽，为少女，取象常见，不必举例。兑为口舌、毁折、刚卤，取象不常见，今举例加以说明：

《需》卦"九二：需于沙，小有言"云云，"需于沙"，上坎为水，近水有沙，所以取象为"沙"。《需》卦二三四互体为《兑》卦，兑为刚卤，有沙之象。兑还为口舌，为毁折，有口舌就有言语，所以说"小有言"。这是《兑》卦取象口舌、毁折、刚卤的用例。

第四节 《象传》《系辞传》解卦的若干方法

《易经》六十四卦，每卦六爻。何谓"卦"？《周易乾凿度》:"卦者,挂也。"[23]孔颖达《周易正义》云:"谓之卦者,《易纬》云:'卦者,挂也。'言悬挂物象以示于人,故谓之卦。"[24]朱震《汉上易传·丛说》:"章詧(察)曰:'挂之墙壁以观其兆。'"[25]朱熹说:"卦分明是将一片木画挂于壁上,所以为卦。"[26]吕柟《周子抄释》卷一说:"卦者,挂也,悬天地人物之理于世间,如图画然也。"[27]这是解释《易经》八经卦与六十四别卦称"卦"的缘由。可是,八经卦与六十四别卦为什么"挂"起来便可以展示"天地人物之理于世间"呢?其道理并不难懂,古代没有那么多理论词汇,这个"挂"字,就相当于现在我们今天讲的"模板"或"理论模型"。关于它有许多基本的解释规则,你要懂得了这些解释规则,就可以推理演算。比如说,在《易经》中,《讼》卦是关于诉讼问题的理论模型,有很多关于诉讼的基本原理在里头;《师》卦是关于用兵问题的理论模型,有很多关于用兵打仗的原理在里头;如此等等。每一卦都可以说是某一方面问题的理论模型。

何谓"爻"?《系辞下》谓:"爻也者,效天下之动者也。"《系辞上》谓:"《易》与天地准,故能弥纶天地之道。"就是说,《易经》用六爻的结构来模拟和效仿天下万物的运动规律。六爻的安排不是随意的、杂乱无章的,而是有其基本规则的,但这些规则又不是固定和僵化的。它有时会随着某一卦主旨所规定的情景,而变化其解释规则。下面我们将其中一些带有规律性的特点,作简要的介绍:

1. 爻序

一卦六爻,其顺序自下而上,为初爻、二爻、三爻、四爻、五爻、上爻。这个顺序可以反映事物的向前发展,初爻是事物发展的初始阶段,然后经历二爻、三爻、四爻的不同发展阶段,至五爻而达于鼎盛,到上爻而走向反面。《易经》作者早就注意到了事物发展"物极必反"的规律,因而在爻位设计

上，五爻是最高点，过此以往，开始走向反面。它体现了事物发展遵循否定之否定的辩证法规律。

2. "当位"说

解释《易经》有一种方法，叫"当位"说，或"得位"说：初爻，三爻，五爻，是奇数，奇数属阳，这三个爻位就是阳位，阳爻居于阳位就是"当位"，也叫"得位"或"得正"，通常是比较好的。二爻，四爻，上爻，是偶数，偶数属阴，这三个爻位就是阴位，阴爻居于阴位就是"当位"，也叫"得位"或"得正"，通常也是比较好的。反之，阳爻居阴位，阴爻居阳位，都是不得位或者不得正。

《彖传》重视以"当位"说解卦，如称《小畜》卦"柔得位而上下应之"，"柔得位"是指《小畜》卦第四爻以阴爻居阴位；称《同人》卦"柔得位得中"，是指《同人》卦第二爻以阴爻居阴位，又居内卦之中；称《渐》卦"进得位"，是指第四爻自下而上得阴位。如此等等。

3. "得中"说

《系辞下》谓："若夫杂物撰德，辨是与非，则非其中爻不备。""二与四同功而异位，其善不同，二多誉，四多惧，近也。柔之为道，不利远者，其要无咎，其用柔中也。三与五，同功而异位，三多凶，五多功，贵贱之等也。其柔危，其刚胜邪？"这是说，即使同是当位之爻，居中之爻尤为重要。那什么是"中爻"呢？在一卦六爻之中，二爻是下卦之中，五爻是上卦之中。这两个爻，是一卦之中的重要位置。得此位为"得中"或"居中"。因而在解卦时，要能解释出中爻在某一具体卦中所表征的重要意义。如杨万里《诚斋易传》评论《蹇》卦之六二与九五两爻说："当蹇之世，六二为王者之大臣，九五履大君之正位，君臣复不往以济难，而谁当往乎？"[28]

《周易·彖传》是最早重视"得中"说的，据笔者初步统计，以"得中"说解释《易经》卦爻辞者，有 43 例之多，如称《蒙》卦："初筮告，以刚中也。"系指称《蒙》卦二爻而言；称《需》卦："位乎天位，以正中也。"指《需》卦五爻而言；称《讼》卦："刚来而得中也。"指《讼》卦二爻而言；"利见大人，尚中正也。"指《讼》卦五爻而言。

社会中有强者弱者、君子小人，《易经》则通过阳爻、阴爻加以反映；社会中有中正之人，有不中不正之人，《易经》则通过"得中""不得中""得正""不得正"等方式加以反映；如此等等。

4."正应"说

所谓"正应"，是说初爻和四爻，二爻和五爻，三爻和上爻之间，有时候可以构成一种"正应"关系，其条件是，在这三对关系中，必须是一个阴爻对应一个阳爻，才能构成"正应"关系；而如果两个都是阴爻或者两个都是阳爻就构不成"正应"关系。南宋杨简曾解释"正应"说的原理，他说：

> 大抵初与四为应，二与五为应，三与上为应，何为乎相应也？重卦故也。初，八卦而已。卦，三画而已。及其重之，则上卦之四即下卦之初也，上卦之五即下卦之二也，上卦之上即下卦之上也。惟类同故有应之象。然一阴一阳则相应，两阴不相应，两阳不相应。[29]

杨简的意思是说，起初《易经》只有八经卦，每卦只有三画。重卦之后，内卦和外卦之间，初爻与初爻、二爻与二爻、上爻与上爻有相应之象。但"一阴一阳则相应，两阴不相应，两阳不相应"，由此构成《易经》重卦六爻之间的"正应"现象。这是对解卦方法的一种技术性解释，其实质是要反映人类

社会中的联姻、结盟、合作、应援一类关系。这类联姻、结盟、合作、应援关系的积极结果，会增强双方的力量，会有更好的结局。以《剥》卦为例，《剥》卦一阳横亘于上，五阴分列于下。初六、六二、六四占辞皆为"凶"，独六三占辞为"无咎"。其原因就在于六三与上九有正应关系，故虽在众阴之中，而与众阴有所不同。当处剥之世，因其志在遵从在上君子之正道，故而"无咎"。

《周易·象传》是非常重视"正应"说的，如《蒙》卦象辞："匪我求童蒙，童蒙求我，志应也。"是讲此卦九二阳爻与六五阴爻其志相应。又如《师》卦象辞："刚中而应。"是讲此卦九二阳爻为刚处中，六五阴爻应之。又如《同人》卦象辞："中正而应。"是讲此卦六二阴爻与九五阳爻，居中得正，且相应。如此等等。

5. "贵贱"说

《易经》六十四卦更多的是对社会规律与经验的模拟和反映。《周易·系辞上》说："列贵贱者存乎位。"正像人间社会秩序中有君臣上下的关系一样，《周易》各卦六爻之间基本上也有这种君臣上下的关系。社会中有尊卑身份的不同，爻位也有尊卑身份的不同。宋代赵汝楳解释说：

> 初、上为外，三、四多凶惧，其能范围世道、利泽四海者，五与二也。五，正君位于上，为之宗主；二，正臣位于下，见之事业。此诸卦之例也。[30]

清顾炎武《日知录》卷一《六爻言位》则说：

> 列贵贱者存乎位，五为君位，二、三、四为臣位，

故皆曰‘同功而异位’，而初、上为无位之爻。譬之于
人，初为未仕之人，上则隐沦之士，皆不为臣。[31]

综合两家之说，可以大致总结如下：一卦之中，位置最
高的是五爻，通常代表君主。《临》卦："六五：知临，大君之
宜，吉。"五爻是至尊之位，《临》卦体现得非常明显，六五就
叫"大君"，这个爻位就是君爻。二、三、四爻为臣位。二爻
居下卦之中，与上卦的中爻相对应，代表重臣之位。三爻居下
卦之上，为地方长官、封疆大吏之位。此爻多"凶"，意味地
方长官、封疆大吏不好做。四爻居于下卦之上，又邻近五爻，
通常为太子或君主近臣之位，因而称为"近君之位"。此爻多
"惧"，所谓"伴君如伴虎"。初爻与上爻皆为无官位之人，就
一般而论，初爻一定表示社会的底层，上爻或为失位之臣，或
为隐逸之士。为什么要这样表示呢？因为社会本来就有这样的
结构，有这样的社会分工，《易经》是通过模拟社会来解释社
会，所以这些爻就自然有了相对的分工。但是，这又不是绝对
的，比如说第五爻代表人君，有个别的卦，如《遯》卦的五爻
就不代表人君，为什么呢？因为整个天下都是天子的，"溥天
之下，莫非王土"，要"遯"到哪里去呢？虽然有个别的例外，
但总体上说，《易经》中大体上有这样一种社会角色的指代。
王弼《周易略例》说："当其列贵贱之时，其位不可犯也。"唐
邢璹注："位有贵贱，爻有尊卑，职分既定，不可触犯。"
　　以上梳理了《易传》的一些解卦规则，这些规则表明，
《易经》卦爻之间存在某种潜在结构和隐性语言。比如《坎》
卦："初六：习坎，入于坎窞，凶。"意谓初六在坎险中，被压
在最底层（初爻为底层），险中复有险。初六是个阴柔之爻，
本来能力是很差的（阴爻相比阳爻，有时表示柔弱、能力差），
此时却处在严重的险难之中，且上无应援（初六与六四不构成

"正应"关系)。"习坎",是坎中复有坎。"坎窞",是坎中之陷处。身陷坎中不能出来,越陷越深,直入于坎中之陷处,其凶可知。其中一些意思并没有在爻辞中明白写出来,因而必须了解其潜在结构中的隐性语言,才能把意思说完整。初爻代表底层,这是隐性语言;阴柔一定代表弱,阳刚一定代表强,这也是隐性语言;初和四,二和五,三和六有无应援关系,这也是隐性语言。很多人解释《易经》,只着眼于卦爻辞字面,不知道或不愿意承认《易经》有结构语言,他们认为这些都是解经的人后加上去的,因而不愿意援引这些规则。其实《易经》本来就有这些规则。

《易经》正是运用这些规则来模拟、反映出"世界之理"。但是我们千万不能把这些规则绝对化。在我们看来,"易卦规则"与"世界之理"的关系,就好比是"履"和"足"的关系。在通常的情况下,《易经》作者是通过"易卦规则"来模拟、反映"世界之理"的。但在某些特定的主题下,当"易卦规则"不能很好地来模拟、反映"世界之理"之时,《易经》作者也并不迁就"易卦规则",而作"削足适履"之事。这也就是说,"易卦规则"并不是绝对的、机械的、一成不变的。反过来说,虽然我们会在个别卦中看到不合"易卦规则"的情况,但不能由此认为这些"易卦规则"根本就不存在。

注释:

[1][2][9]〔魏〕王弼著,楼宇烈校释:《王弼集校释》,北京:中华书局,1980年,第564,591,322页。

[3]〔宋〕郭雍:《郭氏传家易说》,《景印文渊阁四库全书》第13册,台北:商务印书馆,1986年,第253页。

[4]〔元〕解蒙:《易精蕴大义》,《景印文渊阁四库全书》第

25 册，第 674 页。

〔5〕〔清〕黄宗炎：《周易寻门余论》，《景印文渊阁四库全书》第 40 册，第 691 页。

〔6〕高亨：《周易古经今注（重订本）》，北京：中华书局，1984 年，第 45 页。

〔7〕李镜池：《周易探源》，北京：中华书局，1978 年，第 291 页。

〔8〕〔宋〕程颐撰，王孝鱼点校：《周易程氏传》，北京：中华书局，2011 年，第 151 页。

〔10〕〔11〕〔宋〕李过：《西溪易说》，《景印文渊阁四库全书》第 17 册，第 685，747 页。

〔12〕〔清〕毛奇龄：《仲氏易》，《景印文渊阁四库全书》第 41 册，第 359 页。

〔13〕刘文典撰，冯逸、乔华点校：《淮南鸿烈集解》，北京：中华书局，1989 年，第 615 页。

〔14〕姜广辉：《周易卦名探原》，载《哲学研究》2010 年第 12 期。

〔15〕〔宋〕叶適：《习学记言序目》，北京：中华书局，1977 年，第 35 页。

〔16〕〔清〕永瑢等撰：《四库全书总目》，北京：中华书局，1965 年，第 1 页。

〔17〕〔美〕约瑟夫·弗莱彻著，程立显译：《境遇伦理学》，北京：中国社会科学出版社，1989 年，第 119 页。

〔18〕〔22〕〔唐〕李鼎祚撰，王丰先点校：《周易集解》，北京：中华书局，2016 年，第 7，319 页。

〔19〕〔汉〕孔安国传，〔唐〕孔颖达等正义：《尚书正义》，〔清〕阮元校刻：《十三经注疏》，北京：中华书局，2009 年，第 391 页。

〔20〕黎翔凤撰，梁运华整理：《管子校注》，北京：中华书局，2004 年，第 106 页。

〔21〕〔清〕王先慎撰，钟哲点校：《韩非子集解》，北京：中华书局，1998 年，第 148 页。

〔23〕〔汉〕郑康成注：《周易乾凿度》，《景印文渊阁四库全书》第 53 册，第 874 页。

〔24〕〔魏〕王弼、〔晋〕韩康伯注，〔唐〕孔颖达等正义：《周易正义》，〔清〕阮元校刻：《十三经注疏》，第 21 页。

〔25〕〔宋〕朱震：《汉上易传·丛说》，《景印文渊阁四库全书》第 11 册，第 385 页。

〔26〕〔宋〕黎靖德编，王星贤点校《朱子语类》，北京：中华书局，1986 年，第 1942 页。

〔27〕转引自〔明〕逯中立：《周易札记》，《景印文渊阁四库全书》第 34 册，第 12 页。

〔28〕〔宋〕杨万里：《诚斋易传》，《景印文渊阁四库全书》第 14 册，第 630 页。

〔29〕〔宋〕杨简：《杨氏易传》，《景印文渊阁四库全书》第 14 册，第 33 页。

〔30〕〔宋〕赵汝楳：《周易辑闻》，《景印文渊阁四库全书》第 19 册，第 37 页。

〔31〕〔清〕顾炎武著，黄汝成集释，栾保群、吕宗力校点：《日知录集释》，上海：上海古籍出版社，2006 年，第 14 页。

第九章
《春秋》大义

　　先秦时期各国都有史书，晋国史书名《乘》，楚国史书名《梼杌》，其他各国史书大都名《春秋》。之所以取名"春秋"，因为这是一种编年体史书，记载每年春、夏、秋、冬四季发生的大事。而春季和秋季是诸侯朝聘王室的季节，而朝聘王室在当时被视为头等大事，史家遂以《春秋》作为当时史书之通名。

　　今传《春秋》，相传为孔子晚年所作。在记载孔子言行的《论语》一书中，并未言及孔子作《春秋》之事。孟子最先提出孔子作《春秋》，并提出孔子作《春秋》的历史原因和历史作用。《孟子·滕文公下》载："世衰道微，邪说暴行有作，臣弑其君者有之，子弑其父者有之。孔子惧，作《春秋》。""孔子成《春秋》而乱臣贼子惧。"后世也有质疑孔子作《春秋》之事的学者，但未能提出有力的怀疑证据。

　　孔子根据《鲁春秋》而删修成《春秋》一书，此书记载了自鲁隐公元年（前722）至鲁哀公十四年（前481）的历史，其间共历十二公，合计二百四十二年。此书虽说是根据鲁史编成，但实际反映了当时各国的历史。由于孔子《春秋》的流行，史家遂将《春秋》一书所涵盖的年代称为"春秋时期"。后来为了确定大致的上下限，取齐确定春秋时期为公元

前 770—前 476 年。

《春秋》本是史书，却又被儒家学者作为六经之一，这是因为此书蕴含孔子对当时各国君臣行为的褒贬评判，犹如一个历史的道德法庭。班固《汉书·艺文志》说："《春秋》所贬损大人当世君臣，有威权势力，其事实皆形于传，是以隐其书而不宣，所以免时难也。"[1] 自汉以后，历代统治者多依此书建立纲常秩序。

《春秋》一书，原文约有一万八千字，今存一万六千多字。其记事太过简略，若无传注说明，后人读之，会感到一头雾水。关于《春秋》最著名的传注分别是《公羊传》《穀梁传》《左氏传》。《公羊传》《穀梁传》主要讲《春秋》的宏纲奥旨，《左氏传》所记为春秋时期之史事，读《春秋》，必结合三传一起读，方可找到门径。正如宋家铉翁《春秋集传详说·纲领》所说："不观《左传》，无以知当时之事，不读《公》《穀》，无以知圣人垂法之意。"[2]

但《公羊传》《穀梁传》所讲之《春秋》宏纲奥旨，未必学者皆能接受。特别是公羊家声称《春秋》寄寓了孔子的"微言大义"，而朱熹等学者认为《春秋》只是"直书其事"，并无"微言"。虽然如此，各派学者仍公认《春秋》有"大义"存于其间。但学者所举之大义或有差异。笔者汇总前人意见，归纳四条，今述之如下：

第一节　公天下以求治道

《朱子语类》卷八十三载："问：'《胡春秋》如何？'曰：'《胡春秋》大义正，但《春秋》自难理会。'"[3] 这里所说的《胡春秋》是指胡安国所撰的《春秋传》，又称《胡氏春秋传》。

朱熹认为《春秋》一书很难理会，但胡安国讲《春秋》大义甚正。这是对胡安国《春秋传》的肯定。南宋胡安国《春秋传》一直受到朝野的重视，元代以后被作为科举考试的官方定本。此书甚至与"《春秋》三传"并列，被称为"《春秋》四传"。

胡安国《春秋传》的一个重要特点就是反复讲"天下为公"。但他所讲的"天下为公"不是从社会制度意义上讲的，而是从社会正义的角度讲的，如儒家经典《礼记·礼运》篇载孔子告子游之语"大道之行也，天下为公，选贤与能，讲信修睦"[4]云云。胡安国把"选贤与能，讲信修睦"作为"天下为公"的具体内涵，认为《春秋》一书在许多地方贬斥的是不能讲信修睦，不能选贤与能。在他看来，天下只有"讲信修睦""选贤与能"，才能走向治道。

胡安国指出，《春秋》多有诸侯参与"盟""会"的记载，"盟""会"的目的是要在诸侯国之间建立一种相互的盟约和承诺，是要求守信的。但春秋时期频繁的"盟""会"恰恰反映此时诸侯之间缺乏应有的相互信任。如《春秋·隐公三年》记载："冬，十有二月，齐侯、郑伯盟于石门"，胡安国解释说：

> 外盟会，常事也。何以书？在春秋之乱世，常事也。于圣人之王法，则非常也。有虞氏未施信于民而民信。夏后氏未施敬于民而民敬。殷人作誓而民始畔，周人作会而民始疑。子曰："大道之行与三代之英，丘未之逮也，而有志焉。"诸侯会盟来告，则书而弗削者，其诸以是为非常典，而有志于天下为公之世乎？故凡书'盟'者，恶之也。[5]

又如，《春秋·隐公八年》："秋，七月庚午，宋公、齐侯、

卫侯盟于瓦屋。"胡安国解释说：

> 大道隐而家天下，然后有诰誓；忠信薄而人心疑，
> 然后有诅盟；盟诅烦而约剂乱，然后有交质子。至是倾
> 危之俗成，民不立矣。《春秋》革薄从忠，于参盟书日，
> 谨其始也。……不繇（由）天子，口血未干而渝盟者有
> 矣。其末至于交质子，犹有不信者焉。《春秋》谨参盟，
> 善胥命，美萧鱼之会，以信待人而不疑也。盖有志于天
> 下为公之世。凡此类，亦变周制矣。[6]

又如，《春秋·桓公十一年》："冬，十有二月，公会宋公
于阚。"胡安国解释说：

> 《春秋》之志，在于天下为公，讲信修睦，不以会
> 盟为可恃也。[7]

春秋之世，常有诸侯会盟之事，司空见惯，见怪不怪。诸
侯会盟时，往往歃血发誓，宣称绝不背叛。有时为了取得对方
信任，诸侯之间还要交换儿子作为人质。

《春秋》三传，特别是《公羊传》和《穀梁传》认为孔子
作《春秋》有"常事不书"之例，合于礼者则以为常事而不
书，凡书者皆属失礼反常之事，而存讥弹警世之意。

那么，为什么《春秋》会屡书诸侯会盟之事呢？胡安国解
释说，这是因为诸侯会盟对于"天下为公"的圣王之世而言，
乃属反常之事。因为会盟之举，从其诅咒发誓、歃血载书，乃
至交换质子等形式而言，皆反映了"大道隐而家天下""忠信
薄而人心疑"的时代特征。并且这种结盟也未必靠得住，在春
秋时代，常有"口血未干而渝盟""交质子犹有不信"的事件

发生。孔子修《春秋》,屡书诸侯会盟之事,即在警示其时代的信任危机,而有志于"天下为公""讲信修睦"的圣王时代。

胡安国还指出:"《春秋》大义,在于天下为公,选贤与能,而不拘大人世、及之礼。"[8]这是说,国君在选择继承人的时候,应本着"天下为公,选贤与能"的大原则,而不是一定要把君位传给儿子或兄弟。这里的"世"是指将君位传给世子,"及"是指"兄终弟及"。《春秋·桓公六年》记载:"九月,丁卯子同生。"胡安国议论说:

> 適(嫡)冢始生,即书于策,与子之法也。唐、虞禅,夏后、殷、周继。《春秋》兼帝王之道。贤可禅,则以天下为公,而不拘于世、及之礼;子可继,则以天下为家,而不必于让国之义。万世之通道也。与贤者,贵于得人;与子者,定于立適(嫡)。传子以適(嫡),天下之达礼也。……经书"子同生",所以明与子之法,正国家之本,防后世配適(嫡)夺正之事。垂训之义大矣。[9]

子同是鲁桓公之嫡长子,即后来的鲁庄公。周代的宗法制度是嫡长子继承制,一国未来的继承人出生,是一件大事。胡安国在解释《春秋》此一记载时,讲了唐尧、虞舜"二帝"的禅让制向夏、商、周"三王"的世袭制变化。他不认为这种制度变化是不可逆转的,《春秋》兼帝王之道",后世国家权力的转移,可以视具体的历史情况有两种制度选择:"贤可禅,则以天下为公,而不拘于世、及之礼;子可继,则以天下为家,而不必于让国之义。"胡安国认为这就是孔子所抱有的"天下为公,选贤与能"的政治理想。

第二节　尊王室而正僭窃

《春秋》被称为"尊王"之书。周平王东迁以后，周王朝逐渐沦落为一个小国，周天子作为天下共主，有其名而尤其实。当时诸侯纷争，天下日益走向分裂。为使天下不致过快地分崩离析，尊重和维护周天子的权威，是当时唯一可行的方法。正是在这样的形势下，出现了以齐桓公、晋文公为代表的"霸主"，以"尊王"相号召，维持一个相对稳定的政治局面。反映在历史编纂学上，春秋时期这段历史到底应该怎么写，以给后人一种正面的历史鉴戒，这是孔子作《春秋》所面对的实际问题。事实上，孔子所作《春秋》正是处处突显"尊王"这条主线的。下面我们来举几个例证：

1. "春王正月"

《春秋》一书开篇于鲁隐公"元年"，即书"春王正月"四字。这有什么意义呢？《春秋》原本是鲁国旧史书，孔子以此书作为底本，加以删修而成《春秋》。《春秋》始于鲁隐公元年，其时诸侯国各有本国纪年法，鲁隐公元年（前722）为齐僖公九年、晋鄂侯二年、周平王四十九年。孔子删修鲁《春秋》，用的还是鲁国纪年法，但他在鲁隐公"元年"下特加"春王正月"四字，郑重表明所秉承的乃是周王之正朔，即以子月（阴历十一月）为正月，而以子、丑、寅之三月为春。这便显示出尊周一统的意思来。孔子曾主张"行夏之时"，这是从农事自然的角度说的。而在《春秋》中则是"尊周之时"，这是从"大一统"的政治角度说的。

2. "天王狩于河阳"

《春秋》记载鲁僖公二十八年（前632），"冬，公会晋侯、齐侯、宋公、蔡侯、郑伯、陈子、莒子、邾人、秦人于温。天王狩于河阳"。这个背景是晋文公率领盟军，侵卫伐曹，在城

濮与楚军作战取得了决定性的胜利，回师与各盟国国君会合于
晋国之温地，并想借此机会，号召诸侯"尊王"。晋国温地与
东都洛阳相距百里。晋文公欲"尊"天子以令诸侯，又担心率
领诸侯连同各路大军前往朝周，会造成不便。于是召请周襄王
来晋国温地相会。鲁国史书如实记载了晋侯召请周天子这件
事。孔子删修《鲁春秋》，认为"以臣召君，不可以训"，于是
改写为"天王狩于河阳"。当西周时，周天子有冬狩之礼，这
样修改，就表示并非晋侯召请周天子，而是周天子主动来冬
狩。孔子之所以书"河阳"而不书"温"地，是因为"温"地
是一个具体地点，河阳乃属一方，既然来冬狩，当然不会限制
在一个小地方。这是孔子的"《春秋》特笔"，备受后世学者推
崇，如清人顾奎光《春秋随笔》卷上说："书'天王狩于河阳'，
便是旋乾转坤之笔。"[10]

　　3. 天王崩葬

　　诸侯对周天子是否尊重，可以从一件事上明显看出来。那
就是当周天子去世后，诸侯特别是鲁国国君所表现出的态度。
因为天下诸侯，周王朝对鲁国恩礼最重，鲁国对周王室理应表
示特别的尊重。诸侯对于周天子而言，诸侯是臣，周天子是
君。臣之事君，犹子之事父。父亲葬礼，儿子不参加为不孝。
同理，君之葬礼，臣子也必须参加。所以，《春秋》将"天王
崩"之事记载甚详，周天子讣告来，则书"天王崩"。按照当
时礼仪规定，天子去世，七月而葬。诸侯近者奔丧，远者会
葬。《周礼·大行人》称："若有大丧，则诏相诸侯之礼。"[11]
说的就是此事。《春秋》常事不书。如鲁公届时参加会葬，合
于礼则不书。周襄王之葬在鲁文公九年，鲁文公不参加葬礼，
而派叔孙得臣参加；周景王之葬在鲁昭公二十二年，鲁昭公不
参加葬礼，而派叔鞅参加。《春秋》书之，意在批评鲁公未能
亲自参加周天子葬礼，不合于礼制。孔子就是以这种《春秋》

笔法来彰显其"尊王"立场的。

上面是讲孔子"尊王室"的立场，下面再讲孔子"正僭窃"的立场。

孔子《春秋》"尊王"的另一重要表现就是反对诸侯僭大子之制。所谓"僭"，是指超越本分和制度，以等同于在上者的名位行事。举例说，诸侯以天子的名位行事，便是"僭"；卿大夫以诸侯的名位行事，也是"僭"。等级制乃是当时权力结构和社会秩序的基石，破坏了这个基石，就等于破坏了当时的权力结构和社会秩序。春秋时期可以说是天下大乱，这个"乱"的根源，总结起来就是一个"僭"字。孔子对当时的僭越行为极为反感，如我们熟知的《论语·八佾》所载："孔子谓季氏，八佾舞于庭，是可忍也，孰不可忍也。"八佾之舞本是天子礼乐，鲁国大夫季桓子在其家庙之中竟然僭用天子礼乐。如果这样的事可以容忍，那还有什么事不能容忍呢？司马迁《史记·孔子世家》说："鲁自大夫以下皆僭，离于正道。故孔子不仕，退而修《诗》《书》《礼》《乐》。"[12] 当然，孔子不仅修《诗》《书》《礼》《乐》，他还特意作《春秋》，其所作《春秋》，发凡起例，专攻各种僭越行为。《春秋》一书随处可见讥刺僭越的行为，今举二例：

1. 鲁僭用天子郊礼

《春秋·襄公七年》载："夏四月，四卜郊，不从。"郊礼是天子祭天礼。郊礼每以辛日举行，一月三旬，每旬有一个辛日，祭祀之前要进行卜日，如上辛不吉，则卜中辛，中辛不吉，再卜下辛。卜三旬皆不吉，则不举行郊礼。鲁君作为诸侯而行郊礼，已属僭越礼制行为。更何况三卜不吉，还要进行四卜！不仅僭制，而且是亵渎神明。这在当时已属荒唐之事。所以元儒吴澄说："三卜不吉而至四卜，四不吉而至五卜，渎甚矣！"[13] 清儒顾栋高《春秋大事表》也批评说："呜呼！以诸侯而用天子之礼，是为上僭，上僭自鲁（僖）公以后，世世行之，孔子身为鲁臣子而不忍言也。以诸侯用天子之礼，而旋为大夫所窃，是为下陵。下陵自宣、成之世始之，孔子心忧其渐而不能以救也，不得已从其甚者书之。……郊自僖三十一年始，三桓之祸由僖基之也。……孔子立定、哀之世，目击祸败，追原本始。……呜呼！此孔子当日作《春秋》之发凡起例也。"[14]

2. 楚僭称王号

古语说："天无二日，国无二王。"在春秋以前，天下定于一，那时天下只有一个王，就是周天子，或称为"天王"。

周武王始封熊绎为诸侯，爵位是子爵。三百年后楚国强大，楚君熊通妄自尊大，目无天子，僭称王号。孔子于《春秋》中削其僭号，凡记其后楚君去世，皆书"楚子某卒"。如：

《春秋·宣公十八年》："秋七月甲戌，楚子旅卒。"（笔者按：旅即楚庄王熊侣）

《春秋·襄公十三年》："秋九月庚辰，楚子审卒。"（笔者按：审即楚共王熊审）

《春秋·襄公二十八年》："十二月乙未，楚子昭卒。"（笔者按：昭即楚康王熊昭）

《春秋·昭公元年》："冬十有一月己酉，楚子麇卒。"（笔者按：麇即楚王郏敖，无谥号。）

《春秋·昭公二十六年》："九月庚申，楚子居卒。"（笔者按：居即楚平王熊弃疾）

《春秋·哀公六年》："秋七月庚寅，楚子轸卒。"（笔者按：轸即楚昭王熊轸）

正像清人叶酉《春秋究遗·春秋总说》所言："圣人于楚，

所以深恶而痛绝之者，只为其僭王，而楚之僭王，与后世之称兵犯顺、僭称大号者不同，不过妄自尊大耳。圣人却见得此事极重，使非义理精到极处，不能如此。"[15]这是说，楚国君主当时僭称王号，只是妄自尊大，并无意与周天子争天下。但是孔子看到这样做的后果，只能使天下更趋于混乱，因此深恶而痛绝之。

第三节　贵仁义而贱诈力

以孔子为代表的儒家，主张仁政，反对以诈力取天下。这一主张自然也会在《春秋》笔法中体现出来：

1. 齐桓公九合诸侯，不以兵车

《论语·宪问》载："子曰：桓公九合诸侯，不以兵车，管仲之力也。如其仁，如其仁！"管仲（？—前645）为齐桓公的上卿，即丞相，辅佐齐桓公进行了经济、军事等多方面的改革，使齐国形成了雄厚的物质基础和军事实力，打出了"尊王攘夷"的旗帜，保护了中原经济和文化的发展，为华夏文明的存续做出了巨大贡献，所以为孔子所称许，《春秋》一书所载齐桓公的霸业，基本是管仲所导演的。在春秋时代的政治家中，管仲和子产可以说是两个最为出彩的人物，以致清代学者姜炳璋说："《春秋》上半部得一管仲，《春秋》下半部得一子产。"[16]

《春秋·庄公二十七年》记载："公会齐侯、宋公、陈侯、郑伯，同盟于幽。"孙复《春秋尊王发微》卷三说：

孔子称桓公九合诸侯，不以兵车，管仲之力也。
案：桓公之会十有五……孔子止言其九者，盖十三年会

北杏，桓始图伯，其功未见；十四年会鄄，又是伐宋诸
侯……皆有兵车也，故止言其会之盛者九焉。此圣人之
贵礼义、贱武力之深旨也。[17]

实际的情况是，齐桓公之会诸侯共有十五次，其中四次以
兵车相会，十一次不以兵车相会。齐桓公、管仲意在团结诸
侯，同心为善，多次与诸侯会盟，虽然霸业渐显，犹不敢以盟
主自居。并且在会盟之时，齐桓公厚以信义，从不举行歃血为
盟的仪式。在他主盟期间，诸侯之间不曾有大战，说明他是贱
视武力、爱惜民命的。所以孔子对他大加赞赏。

2. 晋悼公萧鱼之会

《春秋·鲁襄公十一年》记载："秋，公会晋侯、宋公、卫
侯、曹伯、齐世子光、莒子、邾子、滕子、薛伯、杞伯、小邾
子伐郑，会于萧鱼。"

当时以晋国为代表的中原地区的各诸侯国，被称为中国，
而处于江淮以南的楚、吴两国，一由于所处为蛮夷地区，二由
于僭称王号，而被《春秋》称为"夷狄"。晋、楚两强国争霸，
郑国处在南、北、东、西之中。晋国与东方齐国相争，必先争
郑。晋国与南方楚国相争，也必先争郑。所谓"欲匡天下，莫
如服郑"[18]。郑国夹在强国中间，楚国攻来则依附楚国，晋
国攻来又依附晋国。朝晋而暮楚，成为其不得已的生存之道，
很是无奈。在晋悼公时代，为了保护中原文化，使郑国长期宾
服于晋国，以郑国为南北之界，是其最为明智的战略考量。晋
悼公做到了这一点。

自晋悼公所主导的萧鱼（郑国地名）之会后，郑国依附晋
国二十余年，再也没有背叛晋国。这是什么原因呢？这主要是
晋悼公本人的因素，晋悼公虽然年轻，但他在即位之前曾在东
都洛阳学习，懂得以礼待人之道。他以扶持王室、相互"救灾

患、恤祸乱"为号召，团结中原各诸侯国；其次是晋国在郑邑虎牢设重兵戍守，以防楚国，使得楚国不敢轻易来犯。这一关键措施，使得晋、楚争郑的战争暂时得到止息，诸侯国之间的战争也少了许多。此次萧鱼之会，郑伯显然是参与了。但《春秋》并没有写上，原因是这将突显郑伯突然又倒向晋国的难堪地位。圣人体谅郑伯的被动无奈，因而不予明载其事。为此北宋刘敞《春秋意林》卷下分析说：

> 会于萧鱼，郑伯如会欤？则宜以如会。书乞盟欤？则宜以乞盟。书今一皆没之，独称"会"何哉？曰：《春秋》"嘉善矜不能"，而成人之美。悼公之服郑也，有道其信义著于诸侯，非一日之积，此善之可嘉者也。郑伯之欲从中国也，亦非一日之积，逼于楚之强而未果，此"不能"之"可矜"者也。……至其会也，诸侯以小息，中国以小安，是乃有贵乎约信者也。故以战伐为事者，残人民、敝财用，未必能下敌也。以盟誓为信者，繁牺牲、费辞令，未必能合众也。今示以"救灾患、恤祸乱，同好恶，奖王室"，而远人服矣。为天下岂可以诈力哉？[19]

南宋李琪对此事也给予了高度评价，其《春秋王霸列国世纪编》卷一说：

> 悼公之齿浅矣，更事变未多，阅义理未熟也。乃能忠信而不迫，坚忍而持重，……盖亦稍知以道养其心者欤？八年九合诸侯，则勤于安夏也；三分四军则谨于用民也；不登叛人，则识名义也；禀命王官，则知所尊

也；……此其所以能服诸侯，得郑而驾楚哉？使晋以智
力相长，设诈术，任强力，未必能服诸侯也。悼公先以
谦德临之，鸡泽之召诸侯曰："寡君愿与一二兄弟相见，
以谋不协。"此岂有势要力劫之为哉？故十三国相与周
旋。不令而从。[20]

"晋悼公萧鱼之会"可以说是《春秋》"贵仁义而贱诈力"
的一个重要例子。但这是否符合孔子本人的看法呢？孔子《春
秋》记载此事文字太过简略，似乎并未明确表达意见。学者
应是根据孔子"贵仁义而贱诈力"的一贯思想对此事加以分
析的。

3. "诈力"有时而穷

《春秋·鲁定公十四年》载："五月，於越败吴于檇李，吴
子光卒。"檇音醉，依贾逵注：檇李为越国地名。《春秋》此
条所记为吴越两国的"檇李之战"，这一战使得吴国国君阖闾
受伤致死。按照《春秋》笔法，凡属诈战，书"月"而不书
"日"，"於越"就是越国，这是越国人自己的读音，华夏地区
文字皆是单音节，越国人读"越"字拉长音，就读成了"於
越"。《春秋》故意书"於越"而不书单字"越"，有贬之之意。
为什么要贬越国？因为吴国开国之君是周族先祖太王之子泰
伯，虽然吴国在春秋时期僭称王号，但后来与南方强楚争霸，
客观上缓解了中原诸侯的压力。而越国与吴国为敌，则在客
观上帮助了楚国。"於越败吴"，是说越军打败了吴军。越军打
败了吴军而不书"战"，不书"胜"，也是要突显越军以诈力
取胜。

先前，吴军与楚军曾有"鸡父（楚国地名）之战"，吴国
打败楚、顿、胡、沈、蔡、陈、许联军，当时吴军采用了"诈
力"之法，即用三千罪人组成乌合之众，去冲击敌方胡、沈、

陈三国盟军，这些乌合之众遇敌即溃逃，三国盟军尾随追击，结果进入吴军的埋伏圈中被歼灭，吴军乘胜大败楚军。

这次"檇李之战"，吴军与越军对阵，吴军阵列十分严整，难以冲击。越军遂命死囚犯排成三行到吴军阵前，一批一批表演集体自杀。吴军感到震惊而奇怪，看得目瞪口呆，阵脚为之大乱。越军乘机出击，大败吴军，吴国国君阖闾大脚趾被越军砍掉，受伤感染致死。《春秋》所记"於越败吴于檇李，吴子光卒"说的就是此事。宋洪咨夔《洪氏春秋说》卷二十八评论说：

> 以诈遇诈，诈有时而穷；以力遇力，力有时而穷。穷则我之施于人者，人得以反诸我矣。楚之诈力，中国莫能制也，而穷于吴。吴之诈力，楚人莫能当也，而穷于越。越之败吴，即吴所以败顿、胡、沈、蔡、陈、许之术，吴轻剽而越深阻，故越得以制其穷也。况阖闾畜专诸以屠僚，用子胥以鞭郢，处心忍矣，而身死于兵，亦天理之穷必复欤。[21]

当年，吴公子光（即阖闾）命专诸刺杀吴王僚，夺取了吴王宝座，又命伍子胥率吴军攻进楚国郢都，伍子胥为泄个人私愤掘楚平王墓鞭尸，这些都表现出吴王的残忍凶狠性格。他最后受伤死于战争中，玩兵灭身，咎由自取。

第四节　内中国而外四裔

史学家修史，对所记史事或褒或贬，必然会有自己的立场。特别是在对待本国与外国处在对立状态时，需要自己有一个明确的立场。孔子并不隐晦自己的立场，他的基本立场是："内京师而外诸夏"，这是由孔子"尊周"的立场来决定的，"礼乐征伐自天子出"（《论语·季氏》)，被视为"有道"；反之，被视为"无道"。"内中国而外四裔"，或称"内中国而外夷狄"。当时所谓"中国"基本是淮河以北的各诸侯国，而所谓"夷狄"并不专指华夏族之外的西戎、北狄等族裔，更多的时候是指楚国与吴国，楚国与吴国虽然都曾经是周王朝的封国，但因为春秋时期两国脱离中原礼乐文明，自封为王，构建独立王国，并且经常侵犯中原诸侯国，所以《春秋》通常将两国视同"夷狄"。但如果两国在某些方面与中原诸侯国作出仁爱友善的表现时，《春秋》也会给予积极的评价，在那个时刻又不以"夷狄"视之。

"中国"之人是人，"夷狄"之人也是人，作为"圣人"的孔子为什么将两者加以明显区别？这可以从两个角度来解释：

1. 体用关系

胡安国《春秋传》解释说："天无所不覆，地无所不载，何有于内、外乎？无不覆载者，王道之体。'内中国而外四裔'者，王道之用。"[22]他用中国哲学的"体"和"用"的关系来解释人类性与族群性的关系问题。他的论点蕴含这样的意思："天无所不覆，地无所不载"，是说天下所有的人，皆为此"天"所"覆"，此"地"所"载"，天地对人是一视同仁的。圣人是"与天地参"者，也应该对人一视同仁，不应区分内、外。然而在胡安国看来，对天下人皆一视同仁，这本是"王道"的主张，所以说它是"体"。但怎么来将这个"体"发用出来呢？因为这个"王道"一直是文王、武王、周公所代表的周王朝的主张，而周王朝的礼乐文明便是"王道"的承载者，因而"王道"的发用推行，也必由周王朝向外发出，由此而有

"内京师而外诸夏""内中国而外四裔"的逻辑命题。

2. 以"仁"释"道"

既然以周王朝的"王道"为体，向外发用推行，那就应确保周王朝的"王道"的正当性、正义性。如何确保"王道"的正当性、正义性呢？那就要对此一"王道"的本质加以界定。此"王道"的本质是什么？是仁义。正如余允文《尊孟辩》卷中所说："谓之王道者，即仁义也。君行王道者，以仁义而安天下也。"[23]李樗、黄櫄《毛诗集解》卷二十一中有一段话可以说是从"仁"的角度来为胡安国此说作注脚的：

> 圣人之于夷狄，一视而同仁，岂有内、外之别哉？惟先王之法"内中国而外夷狄"，然夷狄之民，皆吾赤子也。岂可若秦皇、汉武，穷兵黩武，深入不毛之地，开疆拓境，以快一时之忿哉！此非先王之仁心也。先王之于夷狄，岂有意而征之，其所不得已而征之者，盖以吾民迫于祸患，不得不征之也。[24]

从客观的意义说，"中国"和"夷狄"毕竟有地域、政体、文化的许多不同。区分"中国"和"夷狄"，至少有两方面的意义。如宋孙觉《春秋经解》卷八所说："《春秋》之义以为，不'内中国'不足以责治道之详，不'外夷狄'不足以杜侵陵之渐。"[25]这里，"侵陵"一词似乎是专对"夷狄"而说的。实际上要讲"王道"，讲"仁义"，对各方都有约束性，即你不"侵陵"我，我也不"侵陵"你，"各安其所"，这才叫"王道"，才叫"仁义"。所以吕本中《春秋集解》卷一即提出："中国之有外裔，犹昼之有夜，阴之有阳。昼短则夜长，阴盛则阳衰。此自然之理，圣人于此加之区别，为之分制，所以使之各安其所也。"[26]

从以上论述中，我们可以比较完整地理解《春秋》"内中国而外四裔"思想的意义。这种思想之所以在那个时代产生，主要是因为当时华夏文化正面临周围敌对势力的严重威胁。首先是楚国和吴国，因而《春秋》所讲的"夷狄"在很多时候，主要是指楚、吴两国而言。明唐顺之《荆川集》卷十二说：

> 夫《春秋》之所夷者，吴与楚。楚之先鬻熊为姬文师，国于江、汉之间，而泰伯端委以临吴。盖皆神明之胄矣。荆人不道，间周之乱，革子以王，丛毒上国。吴亦相效而王，是乱贼之尤也。是以《春秋》从而夷之。春秋诸侯中，其显然为逆者，莫如楚、吴。[27]

唐顺之又指出，夷狄之所以祸乱中国，究其原因，主要还是由于周室衰微，中国内部先发生了混乱。他在《荆川稗编》卷十六中说：

> 东迁之后，周室既微，四夷乘之，以乱中国，盗据先王之土地，戕艾先王之民人，凭陵寇虐，四海汹汹，礼乐衣冠盖扫地矣。其所由来者，非四夷之罪也，中国失道故也。是故吴、楚因之交僭大号。观其蛮夷之众，斥地数千里，驰驱宋、郑、陈、蔡之郊，诸侯望风畏栗，唯其指顾奔走之不暇。乡（向）非齐桓、晋文继起，盟屈完于召陵，败得臣于城濮，驱之逐之，惩之艾之，则中国几何不胥而夷狄矣……召陵之盟，城濮之战，虽迭胜强楚，不能绝其僭号，以尊天子。使平、惠以降，有能以王道兴起如宣王者，则是时安有齐桓、晋文之事哉？[28]

当然，《春秋》讲"夷狄"有时也指通常意义的"夷狄"，如赤狄、白狄等蛮戎部落，这一类"夷狄"力量并不强大，对华夏各诸侯国并不构成大的威胁，最多只是在边境进行骚扰、掠夺而已。所以，《春秋》主张对这类来犯之寇只须驱逐就可以了，不必赶尽杀绝。《春秋·宣公十五年》记载："六月癸卯，晋师灭赤狄潞氏，以潞子婴儿归。"孙复《春秋尊王发微》卷七提出："《诗》云'薄伐猃狁，至于太原'，侵轶疆圉，诸侯驱之、逐之可也。晋师灭赤狄潞氏，以潞子婴儿归，此则甚矣。"[29]认为晋国军队做得太过分了。

有人说，孔子当年提出"内中国而外四裔"的思想观点，具有狭隘的族群性。这种批评是不恰当的。我们理解历史，只能在历史过程中看，而不能外于历史看。不能因为现代中国已经实现了各民族的大融合，便称两千年前的孔子有民族狭隘主义。

在我们看来，《春秋》"内中国而外四裔"的思想，与今日通行的民族国家观念和国际关系准则是相通的。每一民族国家的公民都以本国为"内"，站在本国的立场上说话，这可以说是出于爱国主义的立场。但从人类性的角度而言，各民族国家应该相互尊重与扶助，这可以说是国际主义的立场。如果两国发生战争冲突，那还要看冲突双方谁是正义的，谁是非正义的。判断正义与非正义的标准很简单，那就是看谁是侵略者，谁是反侵略者。而当一个国家或社会共同体的主权和文化遭受外敌侵略威胁的时候，这个国家或社会共同体的人民是有权利和义务进行反抗的。

注释：

[1]〔汉〕班固：《汉书》，北京：中华书局，1962年，第

1715 页。

　　[2]〔宋〕家铉翁:《春秋集传详说》,《景印文渊阁四库全书》第 158 册,台北:商务印书馆,1986 年,第 21 页。

　　[3]〔宋〕黎靖德编,王星贤点校:《朱子语类》,北京:中华书局,1986 年,第 2155 页。

　　[4]〔汉〕郑玄注,〔唐〕孔颖达等正义:《礼记正义》,〔清〕阮元校刻:《十三经注疏》,北京:中华书局,2009 年,第 3062 页。

　　[5][6][7][8][9]〔宋〕胡安国:《胡氏春秋传》,《景印文渊阁四库全书》第 151 册,第 26—27, 34, 52, 63, 48 页。

　　[10]〔清〕顾奎光:《春秋随笔》,《景印文渊阁四库全书》第 181 册,第 663 页。

　　[11]〔汉〕郑玄注,〔唐〕贾公彦疏:《周礼注疏》,〔清〕阮元校刻:《十三经注疏》,北京:中华书局,第 1929 页。

　　[12]〔汉〕司马迁:《史记》,北京:中华书局,1959 年,第 1914 页。

　　[13][15]〔清〕叶酉:《春秋究遗》,《景印文渊阁四库全书》第 181 册,第 487, 354 页。

　　[14]〔清〕顾栋高:《春秋大事表》,北京:中华书局,1993 年,第 1435—1436 页。

　　[16]〔清〕姜炳璋:《读左补义》,《续修四库全书》第 122 册,上海:上海古籍出版社,2002 年,第 576 页。

　　[17][29]〔宋〕孙复:《春秋尊王发微》,《景印文渊阁四库全书》第 147 册,第 38, 75 页。

　　[18]〔清〕卓尔康:《春秋辩义》,《景印文渊阁四库全书》第 170 册,第 485 页。

　　[19]〔宋〕刘敞:《春秋意林》,《景印文渊阁四库全书》第 147 册,第 524 页。

　　[20]〔南宋〕李琪:《春秋王霸列国世纪编》,《景印文渊阁四库

库全书》第 156 册，第 194 页。

　　［21］〔宋〕洪咨夔:《洪氏春秋说》,《景印文渊阁四库全书》第 156 册，第 699 页。

　　［22］〔元〕汪克宽:《春秋胡传附录纂疏》,《景印文渊阁四库全书》第 165 册，第 40 页。

　　［23］〔宋〕余允文:《尊孟辩》,《景印文渊阁四库全书》第 196 册，第 540 页。

　　［24］〔宋〕李樗、黄櫄:《毛诗集解》,《景印文渊阁四库全书》第 71 册，第 413 页。

　　［25］〔宋〕孙觉:《孙氏春秋经解》,《景印文渊阁四库全书》第 147 册，第 723 页。

　　［26］〔宋〕吕本中:《吕氏春秋集解》,《景印文渊阁四库全书》第 147 册，第 15 页。

　　［27］〔明〕唐顺之:《荆川集》,《景印文渊阁四库全书》第 1276 册，第 474 页。

　　［28］〔明〕唐顺之:《荆川稗编》,《景印文渊阁四库全书》第 953 册，第 312 页。

第十章
《论语》之"道"

周王朝自平王东迁之后，地方诸侯势力日趋强大，先前西周王朝的礼乐制度和文化对这些诸侯而言已经变成了一种束缚。此时，周天子已无力保持和维护先前的典章文化，诸侯们对这一套典章文化也失去了应有的敬意。这种情况如同孟子所说："诸侯恶其害己也，而皆去其籍。"[1]鲁昭公二年（前540，时孔子十二岁），晋国执政大臣韩宣子访问鲁国，称周礼尽在鲁地，这说明在他国已无文献之传。此时，孔子做了一件什么事，使得他成为千古圣人、万世师表？简单说，孔子就是把大家视之如敝屣的文化遗存，加以搜集整理，并作出理论阐释，作为中华民族的优秀文化传统加以弘扬和光大。这种优秀文化传统就是孔子所倡导的道德思想。孔子的道德思想主要表现在《论语》一书中。

《论语》是孔子及其亲传弟子的言行录，可能由孔子再传弟子编纂结集。虽然，关于孔子的言论，尚有《孔子集语》等书加以辑录，但《论语》一书无疑是研究孔子思想的最为直接而可靠的资料。

第一节　儒学的最高追求是"道"

我们知道，在先秦，道家哲学的最高范畴是"道"，其实儒家哲学的最高范畴也是"道"。只是各家对"道"的理解不同而已。

孔子说："朝闻道，夕死可矣。"[2]他认为闻道可以获得人生最大的满足和快乐。那么，孔子的"道"究竟指的是什么？是指理义。其实这个问题，在孟子那里就已作过回答。孟子说："理义之悦我心，犹刍豢之悦我口。"（《孟子·告子上》）美食可以悦口，理义可以悦心，而最大的快乐和满足，无过于洞彻人生的真谛。

人是有理性、有精神、能反省的，并且自然有一种求知、求本的心理。人在孩童时代总是很好奇的，他们会不断向父母询问"为什么"，这种好奇所反映的便是人们求知、求本的天性。当孩子长大之后，他们会把外部世界的神秘感转向自身。他内心时常自问：我是谁？我从哪里来？我来到世上干什么？当人对其理性、精神加以反省的时候，便容易带有宗教意绪，仿佛人为着某种使命降临人世，而当他降生时把它的本来面目和使命统统忘记了。他想洞彻了解这个世界，洞彻了解自我，归结起来就是要"闻道"。这个问题如此重要，因为长期不得解决而产生生命的焦虑。孔子所说"朝闻道，夕死可矣"，便反映了一颗敏感的求道者的心灵。

这时人的精神可以导向两条路：一条是向下的路，离开反省，去追逐感官刺激和物质欲望的满足；一条是向上的路，追求心灵的愉悦与精神生活的充实，这种向上的路，可以是道德的，也可以是宗教的。

世界上不少民族将道德精神寄托在宗教信仰中，如基督教、伊斯兰教等就是如此。宗教往往认为，人本来是有罪的

（原罪观念），希望上帝和天神来拯救自己，使精神解脱，升入天堂，获得永恒的幸福。

儒学并不把人们引向宗教，它回避宗教，引导人们向道德、理义的路上走。儒学没有宗教的种种许诺，儒者修道不是为了成仙成佛，而是为了"成人"。人不需要神灵来拯救，而需要自己来成就。

古代男子二十岁要行冠礼（即成人礼），表示已经"成人"，这时他就要为自己的道德行为负责。但是孔子所理解的"成人"有更高的标准，他把"成人"理解为具有完美人格的人。《论语·宪问》载："子路问成人。子曰：'若臧武仲之知，公绰之不欲，卞庄子之勇，冉求之艺，文之以礼乐，亦可以为成人矣。'"他认为完美人格需要五个条件：一是要有知（智），像鲁国大夫臧武仲那样；二是要"寡欲"，像鲁国大夫孟公绰那样；三是要有勇，像鲁国卞邑大夫卞庄子那样；四是要有才艺，像冉求（孔门弟子）那样；五是有了这些品格之后，再用礼乐加以修饰，就可以算是具有完美人格的人了，也可以说是"成人"了。孔子又说："今之成人者何必然？见利思义，见危授命，久要不忘平生之言，亦可以为成人矣。"《论语·宪问》如果上面那五个条件达不到，能做到以下三点也就可以了：见到财利能想到道义的要求，遇到危险能献出生命，长久处于穷困能不忘平时的承诺，这样也可以算是"成人"。

在孔子看来，修德、完善自己是一件很重要的事情。所以，儒家学说，概括地说，可以称为"学做人"的学问，《论语》之道即是"学做人"之道。做人的道理，可以由别人来指导，但真正的理解和体悟，则要靠自己。孔子学说的魅力就在于，它循循善诱，引导人们对人生真谛的洞彻。

孔子是一个原则性很强的人，却又富有灵活性和变通性。他教育学生，因材施教，循循善诱，不同的人都可以从他的

教诲中获得益处。《论语》一书中充分体现了孔子的道德精神，其中许多言论蕴藉隽永，意味深长，它把你带入一座精神的殿堂，领略获得人生智慧的喜悦，而不是那种简单乏味的道德说教。譬如《论语》开篇就说："学而时习之，不亦说乎！有朋自远方来，不亦乐乎！人不知而不愠，不亦君子乎！"（《论语·学而》）它并不是告诉你应该这样做，不应该那样做的训条，而总是注意唤起你心灵的美好体验，使你的精神不断升华。

第二节　立德——道德修养的自我完善

孔子提出了一整套道德教育的理论，他的理论是建立在这样的人性论基础上的，孔子说："性相近，习相远也。"（《论语·阳货》）他认为，从孩童看，人的本性是很接近的，都是很纯洁的，后天由于环境、教育、习染不同而人的性情发生变化，分别渐大。

而外部环境的种种问题，都是人为造成的。改变环境还是要由人自身做起。关键是要在社会上树立起"人之所以为人"的正确信念。

人立足于社会，最重要的信念是什么？是德，还是位？孔子说："不患无位，患所以立。"（《论语·里仁》）所以立，立于什么？《左传·襄公二十四年》载穆叔之语说："太上有立德，其次有立功，其次有立言。"[3] 孔子这里说的，首先是立德。他曾引用《易经》的话说："不恒其德，或承之羞。"（《论语·子路》）无德就不会受到尊重，所以人不应以无位为羞，而应以无德为羞。立德，是做人的根本。无位，并不妨碍我堂堂正正做一个人。如果不注意修德，蝇营狗苟，即使一朝得位，终将不齿于人类，位也可以得而复失。所以孔子说："不义而且富贵，于我如浮云。"（《论语·述而》）尊重自己的人格，同时也要尊重别人的人格，为此，孔子说"立于礼"，"不学礼，无以立"。（《论语·季氏》）他主张把学习礼仪规范作为道德教育的必修课程。

孟子对于孔子的这一思想，从心理学上予以解释：人都有自尊心，都希望得到别人的尊重，这种"尊重的需要"，这种有尊严的生活要求，如何能得到满足呢？一般人以为，人只要有社会地位，就会受到尊重。而孟子却不这样看。他认为，希望尊贵是人们的共同心理，但尊贵有两种：一种人品德高尚，受人尊重，这是人人都可以有的"良贵"、自然之贵，是上天赐予的"天爵"，是别人夺不走的；另一种是达官显贵的尊贵，这是别人所给予的"人爵"，也能为别人夺回。宦海浮沉、世态炎凉。许多达官显宦在位时门庭若市，失位时门可罗雀，由此可见，当初人们所尊重的是他的"位"，并非他这个人。所以人要保持自己人格的尊严，就要"立德"。

"立德"就是道德修养的自我完善。对此，孔子提出两条基本方法。一条是经常树立榜样，"见贤思齐"，以众人为师，认为"三人行，必有我师焉"（《论语·述而》）。孔子注意学习别人的优点与长处，哪怕是一德之优、一技之长。《论语》中记载：孔子在和别人一起唱歌时，如果发现谁唱得好，必定要他重唱，然后自己随着唱。另一条是随时修正错误，孔子提出"过则勿惮改"（《论语·学而》），有了错误不要害怕改正，他很欣赏颜回的"不贰过"精神，同样的错误不会犯第二次。他的学生都有其师的风范，"子路人告之以有过，则喜"（《孟子·公孙丑上》）。子贡说："君子之过也，如日月之食焉。过也，人皆见之，更也，人皆仰之。"（《论语·子张》）人难免要犯错误，伟人也是如此。伟人不怕他有过错，有了过错可以改正，改正了，人们仍然会敬仰他。如果文过饰非，或诿过他人，那就会令人失望了。

"立德"，要有高尚的志向和操守，要有维护和弘扬人间正气的道义精神，这种道义精神是自己心中的最高信仰，它甚至高于自己的生命。孔子强调君子要有弘毅的品格，维护道义，见义勇为，不谋私利，急赴公难。他说："见义不为，无勇也。"（《论语·为政》）他强调君子要有坚贞的操守和坚定的意志，在敌人的威胁、利诱面前，绝不屈服，"临大节而不移"。他说："三军可夺帅也，匹夫不可夺志也。"（《论语·子罕》）"志士仁人，无求生以害仁，有杀身以成仁。"（《论语·卫灵公》）这些思想培育了后世许许多多的爱民爱国的民族英雄。

"立德"是一个长期的过程，孔子自述他的立德过程说："吾十有五而志于学，三十而立，四十而不惑，五十而知天命，六十而耳顺，七十而从心所欲，不逾矩。"（《论语·为政》）在"立德"的长期过程中，大约要经历两个大的阶段：

"立德"的第一个阶段是从自然美到修饰美。儿童的本性是纯真的，这可以说是自然美，但有了自然美还应该加以修饰，子夏曾经问孔子："'巧笑倩兮，美目盼兮，素以为绚兮'，何谓也？"（《论语·八佾》）意思是说有了自然美，为什么还要打扮呢？孔子回答说："绘事后素。"先有白底，然后画画。子夏很理解老师的意思，立即反问："礼后乎？"他领悟到：人有了自然美，还应该用礼仪加以修饰。

"立德"的第二个阶段是从外在的规范到内心的愉悦。礼仪总是带有某种约束性、制约性，人们不免感到礼仪对思想和行为的束缚力量，可是习惯成自然，慢慢地人们会安于礼仪，并从中获得心理上的愉悦，所以孔子说"七十而从心所欲，不逾矩"。他能从规范中得到心理上的愉悦，不再感到规范的束缚，并且无往而非仁。他又说："仁者安仁，智者利仁。"（《论语·里仁》）智者认为仁有利，才提倡仁道；仁者是为了仁而仁，并不考虑它有利还是无利，这也是因为他可以从仁中得到心理的愉悦。到此地步，可以说他已进入了一种崇高的道德精神境界。

第三节 以孝悌为本的爱人主题

千百年来人们一直向往，直到当代仍为人们所唱颂的主题是普遍的人类之爱。在绵长的人类历史中，伟大的思想家总是引导人们走向爱的世界。

爱可以说是人类最基本的道德原则，中国古代儒家提出的"仁爱"，墨家提出的"兼爱"，西方基督教提出的"博爱"，都为提出这一道德原则做出了贡献。

表面看来，墨家的"兼爱"主张较之儒家的"仁爱"主张，更讲公义而少私情，因为"兼爱"主张的特点是爱无差等，爱自己的亲人同爱别人一般，不加区别。而儒家"仁爱"主张的特点是爱有差等，首先要爱自己的亲人，然后由近及远，推己及人。墨家的口号虽然响亮，但却带有空想性质，因为在实际上和逻辑上势必会遇到这样的难题：爱一切人一定要从爱具体人开始，但爱具体人并不等于爱一切人。你要么以爱一切人为借口，拒绝对具体人的爱，要么因对具体人的爱而减少了对其他人的爱，形成实际的厚此薄彼。

对基督教所讲的"博爱"来说，也遇到这样的难题，但基督教义明确指出：博爱首先要"爱邻人"，即关心那些我爱之所及和需要我的人。这就把人类之爱的一般观念与具体人的互爱实践统一起来。

儒家"仁爱"思想解决上述难题的思路与基督教相仿佛，但儒家面临着不同的社会背景。中华民族由于农业文明发达很早，因而长期以来形成一种安土重迁的心理，人们往往祖祖辈

辈定居在一个地方，很自然地形成以血缘关系为纽带的村社聚落形态。这样"爱邻人"也就表现为爱亲人。

孔子说"仁者爱人""泛爱众"，这是指普遍的人类之爱，但其爱人之心则是血缘亲情的显发和推扩，由爱父母兄弟推而及于爱国家天下，所以有子说："孝悌也者，其为仁之本与！"（《论语·学而》）《礼记·中庸》说："仁者，人也，亲亲为大。"[4]《礼记·祭义》更明确地说："立爱自亲始。"[5]如果一个人连自己的父母亲人都不爱，就很难谈得上爱别人，只有具有爱自己父母亲人的真挚感情，才能把这种爱推广于社会，"老吾老以及人之老，幼吾幼以及人之幼"，这种思想方法是推己及人，将心比心，由此而形成一种社会道德的通则："己欲立而立人，己欲达而达人。"（《论语·雍也》）"己所不欲，勿施于人。"（《论语·颜渊》）

"爱人"是社会教化的最重要内容，但要成功地施行这一教化，就要按照人们的心理发展规律，以潜移默化的方式，把基本的道德规范内化为人们的心习。儒学是从"孝悌"观念出发来施行社会教化的。父母对于子女的爱可以说是发自本性的自然之爱，尤其是母爱，可以说是无条件的。人在父母养育下长大，也自然产生对父母的爱敬之心。儒家昭示这种爱敬之心，显发之，扩充之，强化之，使之形成一种根深蒂固的观念和情感，儒家施行教化时十分注意潜移默化的作用。举例说，儒家本来对鬼神持存疑态度，但在对待祭祀祖先问题上，却不容许有半点含糊，曾子说："慎终追远，民德归厚矣。"（《论语·学而》）单看这句话，我们的理解可能还不深，但联系《大戴礼记·盛德》就完全清楚了，其中说："丧祭之礼，所以教仁爱也。……春秋祭祀之不绝，致思慕之心也。夫祭祀，致馈养之道也。死且思慕馈养，况于生而存乎？"[6]年长者对祖先的追慕活动本身就有一种表率作用，使后生无形中受到感化：对于死去的祖先尚且思慕馈养，那对活着的亲人更要尽孝养之责了。

儒家学者明白，道德规范的建立，要求自觉的、长久有效的道德信念支撑。要做到这一点，道德信念就必须建立在人性的基础上。如果人们在年少时被灌输了某种道德观念，他们长大成人后即将这种道德观念抛在脑后，那只能说是教化的失败。因而儒学始终抓住"孝"的观念，把它贯彻于人的一生。所以孔子在解释"孝"时说："生，事之以礼；死，葬之以礼，祭之以礼。"（《论语·为政》）

"孝"的观念牢固确立，可以帮助其他道德规范的确立，因为自己的身体是父母所遗，寄托着父母的殷殷期望，因而自爱自重，不辱没父母，也就理所应当成为"孝"的准绳。如果人们说，亏得某人生了这样的儿了，这就可谓大孝。反之，如果"事君不忠""莅官不敬""朋友不信""战阵无勇"等等，为父母带来恶名，那就不能称作孝。

"孝"是一种敬本心理，在古人看来，天地是人之本，因而对天地也应该有孝敬之心。广义的"孝"就是"仁民爱物"，与自然万物相协调，中国古人奉此为理所当然的信念、安身立命的根据。从这点出发，就会对世界充满爱心，"仁被万物"。中国古代的生态学也正建立在这一基点上，曾子曾述孔子的话说："断一树，杀一兽，不以其时，非孝也。"[7]这里体现了古代东方的道德智慧。

"孝"观念在理论上虽然是与仁民爱物相统一的，却在实际社会中每每发生私情大于公义，以及老辈压少辈、死人压活人等弊端。"五四"以来人们反对家族主义，"孝"的观念也因此受到很大的冲击。这时激进的人们提出了新的主张，这些新的主张可以说是"兼爱"精神的复活。可是当实践又无情地证明新的主张的空想性质后，一些人便变成了一种异常短视的功

利主义者和极端自私的利己主义者，于是一切理论都变得空泛，以至于连理论也懒得去建立了。一个民族如果失去了人文精神目标，就会面临几代人的危机。那么如何重建人文精神呢，这确实是值得深思的问题。

第四节 仁、礼统一——仪文美备的理想人格

在孔子那里，"仁"是一种道德精神的自觉向上，属于个体的主观性的范畴；而礼是行为规范的外在制约，属于群体的社会性的范畴。仁、礼统一，即是内在的人格美与外在的丰仪美的统一。在孔子看来，只有仁、礼两者统一，才能构成一种理想的完全的人格。

首先来看"仁"。"仁"蕴含着人类的一切美好的品格，孔子说："刚毅木讷近仁。"（《论语·子路》）"仁者必有勇。"（《论语·宪问》）"能行五者于天下为仁矣，曰：恭、宽、信、敏、惠。"（《论语·阳货》）"博学而笃志，切问而近思，而仁在其中矣。"（《论语·子张》）这就是说，刚直、坚毅、厚道、诚实、勇敢、谦恭、宽容、守信、聪明、大方以及好学深思等都是"仁"。总之，"仁"是人生的最高境界，连孔子自己也不肯以"仁"自任，他说："若仁与圣，则吾岂敢！"（《论语·述而》）

孔子不仅把求仁看作个人修养的需要，而且看作自己对他人应尽的责任和义务，因而他不是要人们离群索居去闭门修养，而是要人们在现实的人伦关系中来实现道德的自我完善。而在与人的应接酬酢之中也便有个"礼"在。

我们接着来看"礼"。孔子把"礼"当作文明的表征，这表征即在于群体的和谐，因为"礼之用，和为贵"（《论语·学而》），"君子有礼，则外谐而内无怨"[8]。社会从天子以至一般

的士阶层都被制约在礼之中。礼在社交活动中表现为礼节和礼貌，只有尊重别人才能得到尊重，尊重是相互的，不是单方面的。"君使臣以礼，臣事君以忠。"（《论语·八佾》）"父慈子孝，兄爱弟敬，夫和妻柔，姑慈妇听，礼也。"[9]由此形成社会的和谐与安定。孔子称之为"礼让为国"，他说："不能以礼让为国，如礼何！"（《论语·里仁》）孔子反对僭越等破坏礼制的行为，他不满意小贵族讲大排场，认为是对礼的精神的破坏，他说："礼，与其奢也，宁俭。"（《论语·八佾》）反对人们停留在礼的浮面形式，而是要人们透过形式发现其中所含的价值，他说："礼云礼云，玉帛云乎哉！"（《论语·阳货》）孔子强调礼的互敬互让的内在价值，把它加以昭示和升华，把它作为理想人格的行为范式，并使礼具有广大的社会性，产生应有的教化作用。

以前学者研究《论语》总是争论孔子的思想核心究竟是"仁"，还是"礼"。在我们看来，孔子的思想核心既是"仁"，也是"礼"，是"仁"和"礼"的内在统一。在这个意义上，《论语》之道即是"仁"和"礼"的内在统一之道。

第五节　和谐——人与自然的关系和人际关系的正常秩序

"和谐"是中国古人对世界事物的本质认识，也是对人际关系的理想追求。《尚书·尧典》颂扬尧的大德，称尧"克明俊德，以亲九族；九族既睦，平章百姓；百姓昭明，协和万邦"[10]。《国语·郑语》记载西周末年史伯之语说："夫和实生物，同则不继。"[11]世界必然是二元或多元的对立统一。这种二元或多元的对立统一，就是"和"。只有一种元素，那就是"同"。万物产生于二元或多元的对立统一，如果只有同一种

元素，事物便无法发展延续。

自史伯之后，"和同之辨"便成为中国哲学的一个独特范畴。春秋末期，孔子便提出了君子"和而不同"的行为准则，《论语·子路》："君子和而不同，小人同而不和。"主张人与人之间相互尊重、和睦相处，反对沆瀣一气、一味苟同。

讲和谐，不是为了和谐而和谐，而是要讲原则的。《论语·学而篇》记载有子之言说："礼之用，和为贵。先王之道，斯为美。小大由之，有所不行。知和而和，不以礼节之，亦不可行也。"指出礼乐文明的精神，是以和谐为贵。文武成康的"先王之道"优胜之处，也就在这一点。但是如果你不论大事小事只顾按和谐的办法去做，有时候也行不通。这是因为，为和谐而和谐，不按礼规定的原则来办事，也是不可行的。概括言之，和谐是目标，但为和谐而和谐，可能达不到真正的和谐，有时要通过思想斗争来实现和谐。

先秦儒家讲"和谐"，包括两个方面：一是人与自然关系的和谐统一，一是人际关系的和谐统一。

在人与自然关系方面，儒者主张对待天地万物应该采取友善的态度，因为天地万物的自然资源是人类赖以生存的物质基础，破坏、浪费这些自然资源，也就损害了人类本身。按照古代制度，对林木、鸟兽等自然资源都分官典守，加以保护，并严格规定了捕猎鸟兽、采伐林木的季节。古代制度：春夏之交，不准捕猎，这时新出生的鸟兽还没有长成，没有离开巢穴，这时捕猎就会伤害幼稚的鸟兽。夏季是山林树木生长季节，不准斩伐，"凡窃木者，有刑罚"[12]。待到草木黄落时，才允许伐薪为炭。古人很早就认识到，乱砍滥伐不仅会浪费自然资源，而且会破坏自然界的生态平衡，"斩其木，不雨"[13]。破坏森林，就会造成气候干旱、反常。古代儒家学者对于保护自然资源是非常自觉的，《论语·述而》记载："子钓而不纲，弋不射宿。”是说孔子只用鱼竿钓鱼，不用大挂网拦河捕鱼，并且反对偷猎归林的宿鸟。孟子主张“数罟不入洿池”，“斧斤以时入山林”。(《孟子·梁惠王》)捕鱼不准用很细密的渔网，避免把小鱼捕上来，采伐树木要遵守一定的时节，以免妨害树木的生长。荀子说：“草木荣华滋硕之时，则斧斤不入山林，不夭其生，不绝其长也；鼋鼍鱼鳖鳅鳣孕别之时，网罟毒药不入泽，不夭其生，不绝其长也。”[14] 就是说，在草木生长季节，不准进山采伐，在鱼类繁殖季节，不准在河里张网投毒等等。这种爱护自然资源，保护生态平衡的思想是非常可贵的。

在人际关系方面，儒家的思想方法是，以一家规模推之天下；而从其理想目标而言，则是要实现天下一家。儒家希望整个社会成为一个“老者安之，朋友信之，少者怀之”(《论语·公冶长》)的和睦大家庭。社会和谐的实现，需要有一个稳定的生产、生活秩序。现实社会中常常出现不和谐的局面，在许多情况下，是由于统治者的残暴政治违背了人民的自然生养之道。孔子说：“使民以时”(《论语·学而》)，告诫统治者爱惜民力，毋违农时。儒家主张薄赋敛，《礼记·檀弓下》记孔子之言“苛政猛于虎”[15]，反映了儒家对暴政的批判态度。

《周易·乾·象传》说：“首出庶物，万国咸宁。”《尚书·尧典》说：“百姓昭明，协和万邦。”这是讲民族与民族、邦国与邦国之间的友好相处，和谐统一。《中庸》讲治理天下的大经大法有九项，其中两项是：“柔远人也，怀诸侯也。”[16]这是讲大国对待周边少数民族的态度，对待他们要亲善，对他们好的东西要加以学习，对他们还做不到的，要给予帮助，“嘉善而矜不能，所以柔远人也”[17]。小邦国纳贡的礼品不妨少些轻些，而回报的礼品却要厚重，“厚往而薄来，所以怀诸侯也”[18]。这是古代哲人提出的大国对待小邦国的态度。古代许多思想家以为，国与国之间应该和睦相处，不要轻易诉诸武力。古代思想家并不一概反对用兵，在乱世之时战争是避免不了的。但他们反对在太平时节擅启兵端，发动侵夺战争。孟子说："善战者服上刑。"（《孟子·离娄上》）《吕氏春秋·召类篇》说："三王以上，固皆用兵也。乱则用，治则止。治而攻之，不祥莫大焉。"[19]擅自发动侵夺战争，最终是不会有好下场的。这种思想体现出了中华民族热爱和平、不尚暴力的思想性格。

注释：

[1]〔汉〕赵岐注，〔宋〕孙奭疏：《孟子注疏》，〔清〕阮元校刻：《十三经注疏》，北京：中华书局，2009 年，第 5963 页。按，本章引《孟子》均为此版本，仅随文标注书名与篇名。

[2]〔魏〕何晏等注，〔宋〕邢昺疏：《论语注疏》，〔清〕阮元校刻：《十三经注疏》，第 5367 页。按，本章引《论语》均为此版本，仅随文标注书名与篇名。

[3][9][13]〔晋〕杜预注，〔唐〕孔颖达等正义：《春秋左传正义》，〔清〕阮元校刻：《十三经注疏》，第 4297，4594，4517 页。

[4][5][7][8][15][16][17][18]〔汉〕郑玄注，〔唐〕孔颖达等正义：《礼记正义》，〔清〕阮元校刻：《十三经注疏》，第 3535，3459，3469，3098，2843，3536，3536，3536 页。

[6]〔清〕王聘珍撰，王文锦点校：《大戴礼记解诂》，北京：中华书局，1983 年，第 143 页。

[10]〔汉〕孔安国传，〔唐〕孔颖达等正义：《尚书正义》，〔清〕阮元校刻：《十三经注疏》，第 250 页。

[11]徐元诰撰，王树民、沈长云点校：《国语集解》，北京：

中华书局，2002年，第470页。

［12］〔汉〕郑玄注，〔唐〕贾公彦疏：《周礼注疏》，〔清〕阮元校刻：《十三经注疏》，第1611页。

［14］〔清〕王先谦撰，沈啸寰、王星贤点校：《荀子集解》，北京：中华书局，1988年，第165页。

［19］许维遹著，梁运华整理：《吕氏春秋集释》，北京：中华书局，2009年，第262—263页。

第十一章
《中庸》之"中"与"诚"
——兼谈子思疑案与郭店楚简

史称子思作《中庸》，学界向无异议。子思是孔子的孙子，司马迁《史记·孔子世家》："孔子生鲤，字伯鱼。伯鱼年五十，先孔子死。伯鱼生伋，字子思，年六十二，尝困于宋。子思作《中庸》。"[1]关于《中庸》的篇数，文献记载颇不一致。《孔丛子》卷上《居卫》称子思"撰《中庸》之书四十九篇"。这个材料如果属实，我们或许可以这样来理解，即子思除了作《中庸》一篇之外，可能还有若干其他篇目的文章，因为《中庸》可能排在第一篇，所以又作为全书的书名。

《汉书·艺文志》载："《中庸说》二篇。"[2]这条记载可以理解为解释《中庸》的说记，也可以理解为《中庸》的另名。

子思作《中庸》的缘起是什么？《孔丛子》卷上《居卫》称，子思在宋国，宋大夫乐朔来与子思谈学问，他对子思说：著书立说，目的在于教化民众，语言应以"简易"为上。有人故作高深难知之辞，是不是太繁难了？大概子思平时讲学内容比较高深，乐朔对子思这样说，颇有挑衅的味道。子思回答说：《尚书》意深辞奥，学者训诂成义，古人视为典雅。乐朔进一步挑衅说：鲁国城市中的一些小巷子里也有类似您的这种说法。子思听了很不高兴，回敬说：道为知者传，如果来讨教

的不是知者，便不会将道传给他。您就是这种人吧？乐朔不悦而退，以为子思侮辱了自己，遂派人围攻子思。宋国国君听说此事，立刻亲身来救子思。子思得救后，思考文王当年困于羑里作《周易》、先祖孔子困于陈蔡作《春秋》，吾今困于宋国，能不作书吗？"于是撰《中庸》之书四十九篇"[3]。这个故事的真实程度如何，我们已经很难考证。

《中庸》的书名，用的本是孔子的话。孔子最先提出"中庸"的概念。《论语·雍也》记载：

> 子曰："中庸之为德也，其至矣乎！民鲜久矣。"[4]

细绎孔子之语，其意乃是对当时民风的批评。先王之时，民风淳正质朴，此时之人平日做事守规矩，"无过无不及"，这就是"中"；依本分，不为怪异之事，这就是"庸"，"庸"是平常的意思。在孔子看来，这种看似"平常"，看似"质朴"的民风，其实乃是"至德"的表现。这应该是孔子之语的原意。

子思作《中庸》为的是要证明孔子的话："中庸"之德为什么是"其至矣乎"，即为什么是"至德"。"夫子之言性与天道，不可得而闻也。"《论语·公冶长》孔子平时不愿作抽象的玄谈，怕将人引向理论空谈。但这不等于孔子没有深刻的思考。当他说"中庸之为德也，其至矣乎"，那他一定懂得"中庸之德"何以为"至德"的道理。孔子对此没有展开说明，便离开人间了。子思是孔子的嫡孙，有得于家学，懂得"中庸"之为"至德"的道理，他若是再不说，怕以后再也没人能知道了。这应该是子思作《中庸》的一个原因。

从我们所掌握的文献来看，子思之时，似乎有人将"中庸"作肤浅化、世俗化解释的倾向。子思作《中庸》，就是要把一个看似世俗的概念，赋予它深刻而神圣的哲理，借以提升儒者的精神境界。在他看来,"中庸"是既现实而又超越的,不可以将它简单理解为"无过无不及"的折中之道,它实际还是一种超越的精神境界。先秦的儒家经典,大多缺乏哲学思辨性,但《中庸》也许是个例外。《中庸》的难读,在于这是一部独创性很高、思辨性很强的哲学著作,其中提出了很多哲理性的命题。

第一节 《中庸》之"中"

今《中庸》最初辑于《礼记》之中。关于《中庸》最早的注疏,见于《礼记正义》。东汉郑玄为《礼记》作注,自然也为《中庸》作注,孔颖达为《礼记》作疏,自然也为《中庸》作疏。郑玄、孔颖达对《中庸》的看法,代表了汉唐儒者的一般意见。

关于"中庸"二字,郑玄作注说:"以其记中和之为用也。庸,用也。"又说:"庸,常也,用中为常道也。"依郑玄的解释,所谓"中庸",就是"用中",是以"中和"为用的理论,或者说是以"中"为常道的理论。

《中庸》说:"喜怒哀乐之未发,谓之中,发而皆中节,谓之和。中也者,天下之大本也;和也者,天下之达道也。致中和,天地位焉,万物育焉"。从字面理解,一个人(主要指统治者)不能带着"喜怒哀乐"的情绪做决策,那样会带来灾难。但人毕竟可能是有情绪的,即使发作情绪,也要在"中节"的范围内。如果人们(主要指统治者)能这样处理事物,就会达到"天地位焉,万物育焉"的效果。但在后世学者的解释中,"中"作为一个重要的哲学概念被提出。

宋代朱熹指出,《中庸》之"中"实际有两层含义,他说:

《中庸》之中，本是"无过无不及"之"中"，大旨在"时中"上，若推其"中"，则自"喜怒哀乐未发"之"中"而为"时中"之"中"。"未发"之"中"是体，"时中"之"中"是用。[5]

这里，我们先谈一下孔子、子思所讲的"时中"问题，以及君子与小人是如何理解和处理"时中"的。《中庸》说："仲尼曰：'君子中庸，小人反中庸。君子之中庸也，君子而时中；小人之中庸也，小人而无忌惮也。'"[6]从本质上说，君子之为君子，是他能行中庸之道。小人之为小人，是他反对中庸之道。君子行中庸之道，既秉持原则性，又富有灵活性，所以在不同的时空条件下都能及时调整自己，做到恰到好处，此即"时中"。小人唯利是图，唯名是求，他们的心思想法与君子一切相反。但他们也会装成君子的样子，也会跟着讲"中庸"、讲"时中"，其实是打着"中庸"的旗号反中庸。他们自以为得计，所作所为，肆无忌惮。

有这样一种小人，"同乎流俗，合乎污世"，盯着社会潮流搞政治投机，毫无原则之可言，这也是一种"小人之中庸"。比如东汉时期有一位高官，姓胡名广，字伯始，生前事奉六位皇帝。当时天下多故，群奸乱政。胡广身居高位，与世浮沉，既不能匡时救世，又不能引身而退，平时逊言恭色，左右逢源，滴水不漏，甚至趋炎附势，取媚外戚宦官。所以当时京师流行一句谚语说："万事不理问伯始，天下中庸有胡公。"[7]对这种明哲保身的人，你能说他奉行的是孔子、子思所倡导的中庸之道吗？不，不是。这其实是孔子、子思所说的"反中庸"。这里所说的胡广虽然是东汉时期的人，孔子、子思之时未必没有这一类人。所以，单讲"中"是不偏不倚、"无过无不及"是不够的，还要强调"中"与"道"合一的那一面。这就要求从"天""天道""天命"或"上帝"的本体高度来谈"中"。

《尚书·商书·汤诰》载成汤之语说:"惟皇上帝,降衷于下民。"[8]按儒者的解释,所谓"上帝"即指"天"而言。"衷"即是"中","自天所降而言,则谓之'衷',自人所受而言则谓之'性',非有二也"[9]。这便导出《中庸》"中也者,天下之大本也"和"天命之谓性"的观点。

元代陈绎曾《文说》谓:"读《中庸》最不易,此兼明大人之道,微而显,著而隐,若识得'天命之谓性'一句分明,方可读下文也。"[10]

中国自商周以来,有一种"天命"神学观。那时人们普遍认为,"天"或"上帝"是天地间最高的神圣主宰,所以人们对"天"或"上帝"保持着敬畏之心。"天命"就是"天"或"上帝"的命令或安排。人世间的王者是"天"或"上帝"所命,这是当时人们被统治者所普遍告知的。

而《中庸》告诉人们,人类的本性(人性)也是天所"命"。《中庸》反复强调,不要以为"天"或"上帝"无声无息,其实"他"是一种真实的存在,他"高高在上",时时监视着人类。"天"或"上帝"赋予了人类以德性("中"),人类应该珍惜它、守护它,不应该让它丢失。所以《中庸》开篇劈头就是一句:"天命之谓性。"人性既是天所赋予,那便有一种神圣的意义。天对人如此眷顾,人类怎么可以等闲视之呢?将此理论与西方对比,西方近代有"天赋人权论",而中国古代可以说是"天赋人性论"。

"天赋人性论"是什么意思呢?今天的中国人大多成了自然主义、唯物论者,已经不很能懂得其中的含义了。打一个比方,一个基督教徒,当有人告诉他,他的本性是上帝赐予的。他是什么感受呢?那一定是感激涕零、顶礼膜拜。子思讲"天命之谓性",也有这样的意思,就是要人们树立起对"天"的敬畏,同

时也要人们尊重自己,不要让社会的污浊玷污了自己的天性。

笔者由此想到,树立对"天"的敬畏,应该是人类的一种正确态度。将来中国哲学在世界哲学舞台上重新登场,首先要能以新的视角、新的方式论证对"天"的敬畏的合理性和必要性。今天的人类应该思考,上天给人类在宇宙中安置了这么美好的一个星球居住,难道人类要把它连同自己一起毁掉吗?人类应该如何认识"天下之大本"和"天下之达道"呢?如何以一种"中道"的精神、以一种"诚明"的境界与他人和万物共生共存呢?敬畏,敬畏!懂得"敬畏",才是"君子中庸";不懂"敬畏",便是"小人而无忌惮"。

第二节 《中庸》之"诚"

《汉书·艺文志》曾载《中庸说》二篇,今传《中庸》只有一篇。自南宋迄今一些学者认为今传《中庸》可能是将两篇合在一起了,其后一篇的篇题应该叫《诚明》。如南宋王柏即"谓《中庸》古有二篇。'诚明'可为纲,不可为目。"[11]虽有此等意见,但大多数学者已经习惯于将《中庸》看作一篇来研究了。即便如此,"诚"在《中庸》中仍有十分重要的地位。如果说《论语》突出"仁"论,《孟子》突出"性善"论,《大学》突出"明德"论的话,那《中庸》则是突出"中"论和"诚"论。《中庸》是这样论"诚"的:

(一)以"鬼神"特性比喻"诚"之存在方式

《中庸》在讨论"诚"之前,先讨论"鬼神"问题。子思援引一段孔子讨论"鬼神"的文字说:

子曰：鬼神之为德，其盛矣乎！视之而弗见，听之而
弗闻，体物而不可遗，使天下之人齐明盛服，以承祭祀，
洋洋乎如在其上，如在其左右。《诗》曰："神之格思，不
可度思，矧可射思。"夫微之显，诚之不可掩如此夫！[12]

孔子是否相信鬼神的存在，一直是学术界研究的课题。原因在于，孔子当谈到鬼神时，总是模棱两可。解析上面这段话，"鬼神"是这样一种存在，"视之而弗见，听之而弗闻"，却又无所不在，山有山神，水有水神，万物有灵，"体物而不可遗"。人们因为敬畏鬼神，所以斋戒清洁，穿上礼服来进行祭祀活动。祭祀时觉得鬼神就在你的上面，就在你的左右。我们将文中所引《诗经·大雅·抑》那段话翻译出来，意思是这样的："祭祀的时候，鬼神降临了。因为它无形无声，不能度知它的情状。我们平时对它已很恭敬，何况这是祭祀之时，怎么可以厌倦呢？"鬼神无形无声，这是"微"；然而有感必应，不可掩蔽，善者必降以福，恶者必降以祸，这是显。这一段描述不见得是孔子的观点，但这是一般人对鬼神的认知和态度。总而言之，这是一种敬畏的心理。

这段话实际是借鬼神问题来谈"诚"。"夫微之显，诚之不可掩如此夫！"如果你不知道"诚"是一种怎样的存在，你可以把它想象成像"鬼神"那样的存在。此正如南宋谭惟寅所说："诚之为道，与鬼神之德更无异理。方其隐于至微，有如鬼神之不可闻见也。"[13]

在子思看来，"诚"是本体，是宇宙间的一种根本性存在，所以二程弟子侯仲良（字师圣）说：

天非诚，其行也不健；地非诚，其载也不厚；人非
诚，其形也不践。总摄天地，斡旋造化，动役鬼神，阖

辟乾坤，万物由之以生死，日月由之而晦明者，诚也。
《经》不曰"鬼神"，而曰："鬼神之为德其盛矣乎！"鬼
神之德，诚也。[14]

正因为"诚"之道与"鬼神之德"相同，所以你应该承认
这种存在，相信这种存在，并敬畏这种存在。宋袁甫《蒙斋中
庸讲义》卷二说：

学者读《中庸》，须思圣人何为发明"鬼神"之道，
又思圣人反复形容，何为于此下一"诚"字。呜呼！欲
识"不睹不闻"，请观于此！欲识"君子谨独"，请观于
此！欲识"物之终始，不诚无物"，请观于此！此书发
明"诚"字，不待后面论"诚"而已。[15]

因为人们对鬼神敬畏，所以即使对鬼神"不睹不闻"，仍
然相信"三尺之上有神明"，即使在私居独处之时，也不敢放
肆妄为。你对"鬼神"的态度如此，你对"诚"的态度也应如
此。因为对"诚"的存在不好描述，所以子思借对鬼神的描写
来说"诚"。这是《中庸》写入"鬼神"一节的目的。

（二）诚者，天之道也。诚之者，人之道也

子思的思维方式与我们今人有很大的不同。假如我们今人
论证"中"的人道价值，会从社会功效上论证，比如说它对自
身、家庭、社会有什么好处，等等。子思不是这样，他从源头
上来论证"中"的人道价值，提出"中"的人道价值来源于
"上天"，因而"中"兼有天道和人道两层意义。从天道方面
说，"中"是"天下之大本"；从人道方面说，"中"是"无过
无不及"。古人因而称子思"见道"。用我们今天的话说，这是

一种哲学的思维。

子思用同样的方法来论证"诚"的人道价值,"诚"的人道价值也来源于"上天",因而它也兼有天道和人道两层意义。从天道方面说,"诚者,天之道";从人道方面说,"诚"是"诚信"之"诚",偏重"信"的意义。《朱子语类》卷六载:"叔器问诚与信如何分?曰:'诚'是个自然之实,'信'是个人所为之实。《中庸》说'诚者,天之道也',便是诚。若'诚之者,人之道也',便是信。"[16]读了这段话,我们便可以明白,《中庸》"诚者,天之道也"的意思是:"诚"是天道的属性。下一句"诚之者,人之道也",这个"诚"字,是信奉的意思。信奉"诚",努力使自己接近"诚"的境界,这是对人道的要求。

(三)自诚明,谓之性;自明诚,谓之教。诚则明矣,明则诚矣

郑玄解释说:"自,由也。由至诚而有明德,是圣人之性者也。由明德而有至诚,是贤人学以成之也。有至诚则必有明德,有明德则必有至诚。"[17]郑玄的理解比较符合文本原意。后人解释也大多不出此意。

子思认为,有两种学问路数:一种是圣人的学问路数,一种是贤人以下的学问路数。圣人是"生而知之",因为他们天生气质清明纯粹,犹如良玉美珠。这种人无待于教,不假修行,率性而为,思想行为会自然合于中道,此即"不勉而中,不思而得,从容中道"。这是"圣人之德",是天性本有的,所以说"自诚明,谓之性"。那么,世界上有没有这种人呢?谁又是这样的圣人呢?孔子说:"我非生而知之者。"(《论语·述而》)又说自己:"吾十有五而志于学",直到七十岁才做到"从心所欲,不逾矩"。那孔子也算不上是"自诚明"的路数了。所以笔者以为,子思所说的"自诚明"的路数过于高远,可以说是

"虚悬一格"。

另外一种学问的路数，是贤人以下"自明诚"的路数。这类人思想行为做不到自然合于中道，未免有过、有不及。怎么办呢？只有"学而知之"，通过"学道"来纠正。其学由教而入，所以说"自明诚，谓之教"。达到"诚"境界的人，自然无有不明。由"明"求"诚"的人，也可达到"诚"的地步，所以说"诚则明矣，明则诚矣"。

（四）诚者，物之终始，不诚无物

这句话文字很少，不知确切说什么，所以历来有很多种说解，具有代表性的有两家：一是郑玄，他说："物，万物也，亦事也。大人无诚，万物不生；小人无诚，则事不成。"[18]二是二程的解释，二程说："诚者自成，如至诚事亲，则成人子；至诚事君，则成人臣。'不诚无物''诚者，物之终始'，犹俗说'彻头彻尾不诚，更有甚物也'？"[19]二程的解释与郑玄并没有很大出入，但说得更为透彻。其意是说，人事亲也好，事君也好，无论做什么事情，都要将诚信贯彻始终。一旦某时失去诚信，事情就会出岔子。若彻头彻尾没有诚信，那就什么事情也做不成了。二程的这种解释有很强的教诫意义。所以朱熹认为在各家解释中，二程的解释最好。他说："'诚者，物之终始，不诚无物'之义，亦惟程子之言为至当。"[20]

（五）戒慎恐惧

《中庸》说："君子戒慎乎其所不睹，恐惧乎其所不闻。莫见乎隐，莫显乎微，故君子慎其独也。"子思认为，君子应追求道、修持道，不可须臾离开道。这就要求他心里对"天道"常存敬畏，于那目所不睹之处，虽是须臾之顷，也戒慎不敢轻忽；于那耳所不闻之处，虽是须臾之间，也恐惧不敢怠慢。清代学者陈廷敬指出，二程将"戒慎恐惧"归结为一个"敬"字，以此为古今圣学的"大源头"，"入德之门、体道之极，功悉在是矣"。[21]朱熹晚年又将"敬"字解释为"畏"。他说："'敬'之为义，惟'畏'字足以尽之。"[22]由上所论，"戒慎恐惧"的意思就是教人要懂得"敬畏"。

"莫见乎隐，莫显乎微，故君子慎其独也"，是什么意思呢？"隐"指"幽隐"之处，"微"指念虑萌动之初，"独"指人尚不知而唯己独知。常言说："若要人不知，除非己莫为。"一个人即使在幽隐之处，刚有一个念头闪现，似乎没有别人知道，只有自己知道。但真的是这样吗？子思并不这样认为。在他看来，天下之事没有比这更显著、更明显的了。这是为什么呢？子思没有点破，但邵雍将它点破了。邵雍说："思虑一萌，鬼神得而知之矣。故君子不可不'慎独'。"[23]《列子》卷二中记载了这样一个故事：有一个喜欢海鸥的孩子，每天早晨到海边与海鸥一起玩乐，有些海鸥也喜欢落在他的身上。他的父亲知道了这件事，对他说：明早你抓来一只给我玩。他答应了。第二天早上他到海边，海鸥在他头上飞舞，却不落下来了。这是说：你的心思隐微之处，连禽鸟都会觉察，还能不会为别人觉察吗？所以圣贤教人做人要诚信，而不要自欺欺人。

再讲一个故事，据《后汉书·蔡邕传》记载，蔡邕通晓音律，早年在陈留时，邻居请他赴酒宴，他来到主人门前，听有人在里面弹琴，听了一会儿转头就走。有人报告主人，说蔡君来到大门口又回去了。蔡邕一向为乡里人所尊重，主人听说他又转回去，马上追出来问其缘故。蔡邕说您请我饮酒听琴，我怎么听到琴音中含有杀声呢。主人感到很奇怪，便问琴师。琴师解释说：刚才弹琴时，看见一只螳螂在捕蝉，蝉要离去而未飞，螳螂在后面动作缓慢，琴师的心动了一下，怕蝉飞走了，

螳螂捕不到蝉。琴师问：这是不是"杀心"反映到琴音中了？蔡邕说：正是这样。这个故事说明，人心一动，便有反映，不可欺人，更不可欺天、欺鬼神。[24]

为什么子思强调人在幽隐之处要"慎独"呢？有一句话说："无事生非。"人在闲居无事时，会有许多闲臆想、闲言语、闲勾当，招惹是非，自以为隐秘，后来全暴露出来，那你成了一个什么人呢？成了肆无忌惮的小人。作为君子便不能这样做。

《中庸》在另一处又引《诗经》来论证"戒慎恐惧"的主张："《诗》云：'相在尔室，尚不愧于屋漏。'故君子不动而敬，不言而信。""相"，是视的意思。"屋漏"，指房室的西北隅，是祭祀鬼神的地方，平时无人居住。看你一个人独居之时，犹能不愧于屋漏，那有人之时便能做到无愧于心。这种表里如一的人，值得人敬重和信任。

子思作《中庸》，意在教人平时谦恭谨慎，如临深渊，如履薄冰，敬慎修身，无须臾懈怠。一个人平时常存敬畏之心，就可避免意外的祸患。正如明儒薛瑄所说："君子对青天而惧，闻震雷而不惊。"[25]也如常言所说："平时不做亏心事，夜来不怕鬼叫门。"君子修德，是为了修德而修德，不是为了功利而修德。此正如孔子所说："芝兰生于深林，不以无人而不芳；君子修道立德，不以困穷而改节。"[26]

第三节　子思疑案与郭店楚简

关于子思的著作，除了《中庸》外，史称尚有《子思子》一书。如《汉书·艺文志》说："《子思》二十三篇。名伋，孔子孙，为鲁穆公师。"[27]《隋书·经籍三》说"《子思子》七卷。鲁穆公师孔伋撰。"[28]此后，《旧唐书·经籍志》《新唐书·艺文志》《宋史·艺文志》对《子思子》一书皆有著录。而自元以后不见著录。清儒洪颐搜集只言片语，辑为《子思子》一卷，在《问经堂丛书》中。黄以周亦有辑本，台湾《中国子学名著集成》编印基金会印行。

关于子思其人及其思想，历史上一些记载和评论由于语焉不详，后人始终不明其所以然。近年，考古工作者于湖北荆门郭店楚墓中出土一批竹简，学者认为其中一些篇章应属于已经失传的《子思子》的内容，以其对照传世文献，一些关于子思的历史疑案便迎刃而解了。

以《荀子·非十二子》为例，该篇曾批评子思、孟子说："略法先王而不知其统，犹然而材剧志大，闻见杂博。案往旧造说，谓之五行，甚僻违而无类，幽隐而无说，闭约而无解。案饰其辞而祗敬之曰：'此真先君子之言也。'"[29] 思孟学派与荀子学派是儒学内部的两大学派，对于两派的是非曲直，我们这里不予评论。我们心中的疑团是，荀子批评所针对的内容是什么？《郭店楚墓竹简》给我们提供了几个方面的材料。

（一）"略法先王而不知其统"指的是什么

《郭店楚墓竹简》中有一篇《唐虞之道》，是赞扬"尧舜禅让"制度的。其中说："唐虞之道，禅而不传。尧舜之王，利天下而弗利也。禅而不传，圣之盛也；利天下而弗利也，仁之至也。故昔贤仁圣者如此。"[30] 尧、舜、禹是儒家所称的"先王"，尧让位于舜，舜让位于禹，这是原始社会的民主制度的反映，后世称之为"禅让"制度。子思主张时王应效法先王的"禅让"制度。荀子不承认上古有过"禅让"制度，他批评子思根本不知尧、舜、禹之间的"继统"原则。为此，《荀子·正论》有一大段文字批评所谓的"禅让"制度："世俗之为说者曰：'尧舜擅让。'是不然。天子者，势位至尊，无敌于

天下，夫有谁与让矣！……曰：'死而擅之。'是又不然。……
圣王已没，天下无圣，则固莫足以擅天下矣。天下有圣而在
后子者，则天下不离，朝不易位，国不更制，天下厌然与乡
（向）无以异也；以尧继尧，夫又何变之有矣？圣不在后子而
在三公，则天下如归，犹复而振之矣，天下厌然与乡（向）无
以异也；以尧继尧，夫又何变之有矣？"[31]意思是说，天子
势位至尊，不会主动将君位让给别人。舜和禹有德有能，又位
居"三公"的重要位置上，是新君的自然人选，先君去世后，
方被推举为新君。

（二）"犹然而材剧志大"指的是什么

这是批评子思自视甚高，性刚而傲，不好合作。《孔丛
子·抗志篇》载"曾申谓子思曰：'屈己以伸道乎？抗志以贫
贱乎？'子思曰：'道伸，吾所愿也。今天下王侯，其孰能
哉？与屈己以富贵，不若抗志以贫贱。屈己则制于人，抗志则
不愧于道。'"[32]同书《公仪篇》又载："鲁人有公仪潜者，砥
节砺行，乐道好古，恬于荣利，不事诸侯。子思与之友。"[33]
同书《居卫篇》又载曾申曾对子思说："吾观子有傲世主之心，
无乃不容乎？"[34]而《孟子·万章下》记载鲁穆公访晤子思
说：千乘之国的国君若同士人交友是怎样呢？子思很严肃地回
答说：恐怕应该说国君以士人为师吧，怎么能说交友呢！这些
记载都是说子思有一种刚风傲骨的性格，但材料本身都属后人
的追记。《郭店楚墓竹简》中有《鲁穆公问子思》一篇。从时
代上说，应是子思同时代的作品，文中记："鲁穆公问于子思
曰：'何如而可谓忠臣？'子思曰：'恒称其君之恶者，可谓忠
臣矣。'"[35]子思当着鲁穆公的面这样说，引起鲁穆公的不悦。
虽然子思时代知识分子地位较高，但说出"恒称其君之恶者，
可谓忠臣"这样的话，在当时也是惊世骇俗的，以致成孙弋说：

"非子思，吾恶闻之矣！"[36]意思是：这样的话，只能出自子思之口。

（三）"案往旧造说，谓之五行。甚僻违而无类，幽隐而无说，闭约而无解"指的是什么

《郭店楚墓竹简》中有《五行》一篇。与此前出土的马王堆汉墓帛书《老子甲本卷后古佚书》中《五行》篇之经部大体相同，文中的"五行"指仁、义、礼、智、圣。庞朴先生《马王堆帛书解决了思孟五行说古谜》[37]与帛书整理者皆已指出，此即《荀子·非十二子》所批评的子思、孟子的五行说。《郭店楚墓竹简》中《五行》篇出土，我们可以进一步推定《五行》为子思所作。所谓"甚僻违而无类，幽隐而无说，闭约而无解"[38]，大约是说子思的理论伦类不明，高深莫测，难以索解。

（四）"案饰其辞而祗敬之曰：此真先君子之言也"指的是什么

这是批评子思托名孔子，造作语录。郑玄《三礼目录》说："子思作《中庸》，以昭明圣祖之德。"[39]《孔丛子·公仪篇》载鲁穆公谓子思曰："子之书所记夫子之言，或者以谓子之辞。"子思曰："臣所记臣祖之言，或亲闻之者，有闻之于人者，虽非正其辞，然犹不失其意焉。"[40]这些资料都在说子思在其著作中记述了许多孔子的话，由于孔子这些话世无述闻，当时已有人怀疑是子思自己的话。《隋书·音乐志》引沈约之言："《中庸》《表记》《坊记》《缁衣》，皆取《子思子》。"[41]这是说，《中庸》《表记》《坊记》《缁衣》原是《子思子》的篇章，是子思所作。沈约之语，前人或不相信，但在学者估计为《子思子》的这批楚简中，出现了《缁衣》，这使学者相信沈

约是有所本的。今考《缁衣》等四篇文献的特点是，每篇全部或大部系引用孔子之语。这些到底是孔子的话，还是子思自己的话呢？在先鲁穆公曾经怀疑过，其后大儒如荀子也批子思欺人。"自古圣贤皆寂寞"，真可谓千古同慨！

注释：

［1］〔汉〕司马迁：《史记》，北京：中华书局，1959年，第1946页。

［2］［27］〔汉〕班固：《汉书》，北京：中华书局，1962年，第1709，1724页。

［3］［32］［33］［34］［40］傅亚庶：《孔丛子校释》，北京：中华书局，2011年，第132—133，174，163，130，164页。

［4］〔魏〕何晏等注，〔宋〕邢昺疏：《论语注疏》，〔清〕阮元校刻：《十三经注疏》，北京：中华书局，2009年，第5385页。按，本章所引《论语》均为此版本，因篇章与内容为学者熟悉，故下文仅随文标注书名与篇名。

［5］［16］〔宋〕黎靖德编，王星贤点校：《朱子语类》，北京：中华书局，1986年，第1480，103页。

［6］［12］［17］［18］［39］〔汉〕郑玄注，〔唐〕孔颖达等正义：《礼记正义》，〔清〕阮元校刻：《十三经注疏》，第3528，3532，3542，3544，3527页。按：注［39］原文作："孔氏颖达曰：'案，郑目录云：名曰《中庸》者，以其记中和之为用也。庸，用也。孔子之孙子思伋作之，以昭明圣祖之德。'"

［7］［24］〔南朝宋〕范晔撰，〔唐〕李贤等注：《后汉书》，北京：中华书局，1965年，第1510，2004—2005页。

［8］〔汉〕孔安国传，〔唐〕孔颖达等正义：《尚书正义》，〔清〕阮元校刻：《十三经注疏》，第342页。

［9］〔宋〕真德秀撰，朱人求校点:《大学衍义》，上海：华东师范大学出版社，2010年，第68页。

［10］〔元〕陈绎曾:《文说》，《景印文渊阁四库全书》第1482册，第252页。

［11］〔元〕脱脱等:《宋史》，北京：中华书局，1977年，第12982页。

［13］［14］引自〔宋〕卫湜:《礼记集说》，《景印文渊阁四库全书》第120册，第150，147页。

［15］〔宋〕袁甫:《蒙斋中庸讲义》，《景印文渊阁四库全书》第199册，第580—581页。

［19］〔宋〕程颢、程颐著，王孝鱼点校:《二程集》，北京：中华书局，2004年，第203页。

［20］〔宋〕朱熹:《四书或问》，《景印文渊阁四库全书》第197册，第288页。

［21］〔清〕陈廷敬:《午亭文编》，《景印文渊阁四库全书》第1316册，第369—370页。

［22］引自〔元〕方回:《桐江续集》，《景印文渊阁四库全书》第1193册，第719页。

［23］〔宋〕邵雍著，郭彧、于天宝点校:《邵雍全集》，上海：上海古籍出版社，2016年，第1244页。

［25］〔明〕陆陇其:《四书讲义困勉录》，《景印文渊阁四库全书》第209册，第374页。

［26］〔魏〕王肃注:《孔子家语》，《景印文渊阁四库全书》第695册，第50页。

［28］［41］〔唐〕魏徵等:《隋书》，北京：中华书局，1973年，第997，288页。

［29］［31］［38］〔清〕王先谦撰，沈啸寰、王星贤点校:《荀子集解》，北京：中华书局，1988年，第94，331—332，94页。

按：注［31］引文"擅让"的"擅"通"禅"。

［30］荆门市博物馆编著：《郭店楚墓竹简·唐虞之道》，北京：文物出版社，2003年，第30页。

［35］［36］荆门市博物馆编著：《郭店楚墓竹简·鲁穆公问子思》，北京：文物出版社，1998年，第141，141页。

［37］参考《文物》1977年10期。

第十二章
《孟子》之弘道

　　一般经学史著作大多这样说：某某经典如何代代传承，一线不绝，至汉代经学运动兴起，始确立为"经"，于是乎大行天下，云云。因此在某经的传承上便会有一长串传经之儒的名单。因为孟子不是传经之儒，所以在经学发生史上几乎没有位置。这样一种经学史观根本没有考虑到经学的发生所需要准备的条件，没有看到孟子在经学酝酿时期对经学发生所起的特殊作用。

　　孟子之时，无所谓经书，亦无所谓经学。然后来之有经书和经学，亦并非一朝一夕之功，而有一积渐发展的过程。《诗》《书》等典籍在先秦就曾被反复称引，不断弘扬，汉以后之被确立为经，与这种"弘扬"应该说有直接的关系。所谓"人能弘道，非道弘人"[1]，我们在研究经学发生的问题时，不仅要注重"传经"之儒，更要注重"弘道"之儒，而孟子就是其中最重要的"弘道"之儒。

　　经学之成立，包含了下面一些既定意义：一、"经"被认定为圣人所修，由对圣人之崇拜，而有对经书之信仰，所谓"曾经圣人手，议论安敢到"；二、有经书必有传习者，而其传习者应具备道义担负的强烈意识，能维护经典的崇高地位而不敝；三、"经"者，常也，经书的基本教义应具有至尊性和

普世性，在精神上高于一切权势，并有广泛的社会基础，成为维持社会稳定的指导性原则；四、建立起一套诠释学的原则和方法，通过对经典的创造性诠释来发展经学，使之能适应社会形势的变化。

以上四点虽然不能说是经学成立的全部准备条件，却可以说是经学成立的必要条件。而孟子倡导圣人崇拜，强调士的道义担负，高扬其价值理想和民本主义思想，以及提出"以意逆志"等一套解经原则和方法等，对于儒家经学之确立，起了看似间接但却极其重要的铺垫作用。下面具体论之。

第一节　以圣人和《诗》《书》作为信仰对象

研究儒家经学思想，应先明"圣人"观念之重要，正如研究基督教的《圣经》当先明"上帝"观念之重要一样。儒学虽然不是宗教，但也是一种信仰的体系。儒者对于儒家经典之信仰乃来自对作经之人——圣人的信仰，因此树立对圣人的信仰乃是经学形成的先决条件。树立对圣人的信仰也许不是一人之功，但无论如何，孟子对此所做的巨大贡献是不应该被轻忽的。

顾颉刚先生在《"圣""贤"观念和字义的演变》一文中指出：春秋以前，"圣人"的意义只是聪明人的意思，并无崇高和神秘的意味；春秋以后，圣人观念变得非常崇高，并逐步向神秘和玄妙莫测的方向发展。[2]顾先生的见解大体上是符合历史实际的。大约在孟子之前，"圣人"的观念还不那么崇高，孔夫子的形象也不那么伟大，以儒家的立场树立"圣人"的崇高地位，并以孔子为宗主、至圣者，其大端在孟子。

圣人崇拜观念产生于长期的民族苦难，人民为脱离痛苦期盼代表秩序的权威人物出现，如孟子所说，"民望之，若大旱之望云霓也"[3]。先秦诸子之所谓"圣人"，虽然实有所指，但在一定意义上又是一种符号，它是真理，是正义，是秩序，是理想，总之，是人们所希望的一切美好的东西。而圣人崇拜之所以兴起，是因为当时的社会现实太无序、太黑暗、太荒谬。诸侯为了争霸天下，"贪饕无耻，竞进无厌"[4]；各国之间动相征伐，"兵革更起，城邑数屠"[5]。更其荒谬者，统治集团内部争夺权力，以至于"臣弑其君者有之，子弑其父者有之"（《孟子·滕文公下》）。春秋时期二百四十二年之间，弑君三十六，亡国五十二。因此，"圣人"崇拜的倡导，便是对无序、荒谬的社会现实的批判，是对正义和秩序的渴望和呼唤。

与西方的"上帝创世说"相对比而言，中国古代哲人则持一种"圣人救世说"。应该说孟子是这种"圣人救世说"的最典型的代表。孟子首先高扬了"圣人"的价值，他以"圣人"为"人伦之至"（《孟子·离娄上》）、"百世之师"（《孟子·尽心下》），将"圣人"树立为崇拜的偶像。接着便讲述他的"圣人"救世的历史观：

华夏民族经历的第一次大灾难是，"当尧之时，水逆行，泛滥于中国，蛇龙居之，民无所定；下者为巢，上者为营窟。……使禹治之"。尧、舜、禹三圣协力治水，"然后人得平土而居之"。（《孟子·滕文公下》）

华夏民族经历的第二次大灾难是，"尧舜既没，圣人之道衰，暴君代作，……及纣之身，天下又大乱。周公相武王，诛纣伐奄"。周文王、武王、周公三圣两代"翦商"除暴，"天下大悦"。（《孟子·滕文公下》）

华夏民族经历的第三次大灾难是，"世道衰微，邪说暴行有作，臣弑其君者有之，子弑其父者有之。孔子惧，作《春秋》"（《孟子·滕文公下》）。孔子成《春秋》而乱臣贼子惧。

这第三次灾难并没有结束，因为到了孟子所处的战国时代，"圣王不作，诸侯放恣，处士横议，杨朱墨翟之言盈天下。天下之言不归杨，则归墨。杨氏为我，是无君也；墨氏兼爱，是无父也。无父无君，是禽兽也"。杨、墨之言在理论思想上可能导致无父无君，仁义充塞，"率兽食人，人将相食"。所以孟子以继承先圣自居，"闲先圣之道，距杨墨，放淫辞，邪说者不得作"。(《孟子·滕文公下》)

孟子所谓的"先圣之道"，即是"仁义之道"。这里需要说明的是，孟子所主张的圣贤政治，虽然表面上与后世的圣贤政治很相似，但两者实有重要的区别。孟子当时讲圣贤政治，是要统治者来此取法。他对统治者不仅没有丝毫的媚态，而且有一种藐视的态度，所谓"说大人，则藐之，勿视其巍巍然"(《孟子·尽心下》)。后世在君主专制制度下，朝臣不管君主多么昏庸，都诚惶诚恐地称之为"圣上"，所谓"臣罪当诛兮，天王圣明"[6]。奴颜婢膝，完全丧失了孟子所高扬的尊道自尊精神。

孟子要统治者来此取法，这个"此"，实指儒学(不是宗教，但起到类似宗教的作用)，而儒学之宗主(不是教主，但近于教主)就是孔子。而孔子儒学宗主地位之确立，孟子实有力焉！

人们也许会认同这样一种看法：任何学派的大师，其地位之确立，除了其自身的非凡品格和造诣外，也还需要有影响力的后学不遗余力地弘扬。那些有影响力的后学在弘法的过程中也同时在其学派史上刻下自己的名字。孟子正是这样一位有影响力的孔子后学。孟子自汉代即被称为"亚圣"，很重要的原因是他推尊孔子、丕阐儒学。在孟子看来，孔子不是一般的"圣人"，而是一位"集大成"的"至圣"。他借孔子弟子宰我等人之口说："夫子，贤于尧、舜远矣。""自有生民以来，未有孔子也。"(《孟子·公孙丑上》)他还说:"孔子,圣之时者也。孔子之谓集大成。"(《孟子·万章下》)"乃所愿,则学孔子也。"(《孟子·公孙丑上》)可以说,他对孔子的评价已经达到无以复加的地步。而后世称孔子为"大成至圣""万世师表",其实不过概括孟子之意。

推尊圣人,必然要论及经典与圣人的关系问题。孟子除了曾说孔子作《春秋》外,没有直接谈到《诗》《书》等其他经典与圣人的关系。但孟子频繁引用《诗》《书》,所引述的内容又总与圣人有关,这表明他有一种思想,即认为《诗》《书》等经典是记载圣人言论行事的典籍。钟彩钧教授提出,孟子论述圣贤的方式有三种:第一是介绍或讨论圣贤的行为、事功与道德,并阐明圣贤的苦心孤诣;第二是讨论某个问题时,引证圣贤传说或加以发挥,其特色是将圣贤的作为直接当成解答的一部分,遇到政治上的难题时,直接指出圣贤处理这种困境的方法;第三是孟子言行、意见又有与圣贤相一致之处。[7]钟彩钧教授的概括可谓周匝。而无论哪种论述圣贤的方式,其思想资料的获得都不能越出《诗》《书》等儒家经典。

汉代赵岐《孟子题辞》说"(孟子)通五经,尤长于《诗》《书》"[8]。《孟子》一书引《诗》、论《诗》凡38处,引《书》、论《书》凡20处,说明孟子确实是"长于《诗》《书》"的。以今日之研究,孟子之时,"礼"大部尚未成书,当时所谓"习礼",可能是靠口授或示范来传习的。《孟子》一书出现"礼"字凡64次,我们可以认为孟子是通礼的。《孟子》谈到过《春秋》一书,也论及乐,却只字未提及《周易》。我们知道,经学家之所谓"六经",是指《诗》《书》《礼》《乐》《易》《春秋》而言;所谓"五经",乃就缺《乐》而言。因此赵岐说孟子"通《五经》"云云,隐含的意思是:《孟子》书中虽未言及《易》,但孟子本人是通《易》的。后世许多思想家也认为

孟子是通《易》的，如二程说："知《易》者，莫若孟子。"[9]
"由孟子可以观《易》。"[10]焦循说:"《孟子》全书，全是发明
《周易》变通之义。"[11]"孟子深于《易》，悉于圣人通变神化
之道。"[12]所以赵岐说孟子"通五经"应该也是可信的。

　　《诗》《书》等典籍在先秦学术界，至少在道家、法家那
里颇有异议，这些典籍之所以后来能被称为"经"，获得那
样尊显的地位，是与孟子当年将"圣人"作为信仰对象，并
把《诗》《书》等典籍作为圣人的言行事迹加以大力弘扬分不
开的。

第二节　士阶层的道义担负与人格重塑

　　东周以降，中国历史由原始的统合，进入了群雄争霸的长
期分裂、混乱的时期，这一时期出现了所谓"以力兼人""以
富兼人""以德兼人"的各种政治力量，社会阶级关系也发生
了所谓"高岸为谷，深谷为陵"的剧烈变化，而处于上下流动
的过渡阶层——士，由于其半依附性、半独立性及以知识才能
自售的性质，在政治舞台上显得格外活跃。

　　人们也许会问，当时的社会混乱与士阶层的活跃究竟是一
种什么关系？

　　要确切回答这个问题是有困难的，在我们初步看来，两者
可能有一种互为因果的关系。造成这一时代动荡的因素很多，
而主要的因素，恐怕是政治制度已不能适应生产力（人的生产
和物质资料的生产）的发展，而这种政治制度的变革，需要以
强有力的统一的政治力量为前提。当时群雄都想通过攻伐兼并
别国来壮大自己的政治力量，因而诸侯国之间便长期处于对峙
相争的局面。而士在其中推波助澜，导演了一出出的活剧，扮

演了重要的角色。下面我们不妨将春秋战国时代士阶层的地位及其表现略作考察。[13]

我们知道，在周代，士为低级之贵族，有享受贵族化教育的资格，有居于国中统驭平民的权利，也有执干戈以卫社稷的义务。由于当时实行世袭制度，"士之子恒为士"，因而当时"士"是一相当稳定的社会阶层。

可是当时的宗法制度是嫡长子继承制，"余子"地位世代递降，数代之后原来上层贵族的"余子"后代便可能降而为"士"，所谓"君子之泽，五世而斩""三后之姓，于今为庶"，就是说的这种现象。另一方面，由于春秋时期"学术下移"，庶人也有通过教育上升为"士"的机会。士阶层因而变成一个上下流动、非有定职的知识阶层。

士阶层来源既广，人数激增，其寄食四方，求售于诸侯者，称为"游士"。游士流品复杂，其中不少人"言无定术，行无常议"，以利害说人主，而以"仁义"为迂谈。《荀子·非十二子篇》批评当时之"士"之无德行操守说：

> 今之所谓士仕者，污漫者也，贼乱者也，恣睢者也，贪利者也，触抵者也，无礼义而唯权势之嗜者也。……今之所谓处士者，无能而云能者也，无知而云知者也，利心无足而佯无欲者也，行伪险秽而强高言谨悫者也，以不俗为俗，离纵而跂訾者也。[14]

士一旦决定参与政治，即要面临一种选择："从道"，还是"从势"？从实际的历史看，当世的许多"成功"者例如张仪之流，并不是"君子儒"，这似乎是历史对"君子儒"的一种讽刺，但它也引发一种思考：凡是所谓"成功"即是价值所在吗？《史记·孟子荀卿列传》即有意通过对比来凸显这一

问题：

> 当是之时，秦用商君，富国强兵；楚、魏用吴起，
> 战胜弱敌；齐宣王、威王用孙子、田忌之徒，而诸侯东
> 面朝齐。天下方务于合纵连衡，以攻伐为贤，而孟轲乃
> 述唐、虞、三代之德，是以所如者不合。[15]

又说与孟子同时代的驺衍，其语"闳大不经"，却很有轰动效应，所到之处，颇受王公大人的礼遇：

> 驺子重于齐。适梁，惠王郊迎，执宾主之礼。适赵，
> 平原君侧行撇席。如燕，昭王拥彗先驱，请列弟子之座而
> 受业，筑碣石宫，身亲往师之。……其游诸侯见尊礼如此，
> 岂与仲尼菜色陈、蔡，孟轲困于齐、梁同乎哉！[16]

儒家之所谓"仁道"，立足于民众的现世福祉、社会的长远利益和人类的共存原理。它为万世立法，自然应当"直道而行"，而不能为了一时幸进，乱了堂堂正正的法度。大道之行，有赖于强有力者之带动。孔子周游列国，遍访不遇，终见其道不行，退而著书立说，期以传之其人。

孔子之后，诸子纵横捭阖，道术大裂。孟子不得已起而廓清辞辟。他针对当时"士无定主"的情形，激励士人"道义担负"的精神；针对当时士人之依附权势，着眼于士人理想人格的重塑。

然而一般人看不到士人被派的大用场，往往认为士人无所事事，是一些白吃饭的人。《孟子·尽心上》载：王子垫问曰："士何事？"孟子曰："尚志。"曰："何谓尚志？"曰："仁义而已矣。杀一无罪非仁也；非其有而取之非义也。居恶在？仁

是也；路恶在？义是也。居仁由义，大人之事备矣。"不杀无辜，非义不取，这是人道的起码原则，也是社会的良心所在。那么谁来维护和捍卫这一人道准则呢？士人。换言之，那维护和捍卫人道准则、充当社会良心的阶层便是"士人"阶层。

在"以攻伐为贤"的时代风气中，能保持清明的历史意识的唯有士人。孟子说："无恒产而有恒心者，惟士为能。"（《孟子·梁惠王上》）士人在经济地位和政治地位上当然算不了什么，但他们作为道义担负者却有一种强烈的历史使命感，有一种内在的"弘毅"力量。正如曾子所说："士不可以不弘毅，任重而道远。仁以为己任，不亦重乎？死而后已，不亦远乎？"（《论语·泰伯篇》）对统治者的普遍失望反而激发了自我意识的觉醒，士阶层可以说是"先觉者"，但"先觉者"有义务唤醒每一个人，即"先觉觉后觉"，每个人都是天成地就的，都有其自身的价值与尊严，都有可能成就一番伟业。孟子说：

> 有天爵者，有人爵者。仁义忠信，乐善不倦，此天爵也；公卿大夫，此人爵也。古之人修其天爵，而人爵从之。今之人修其天爵，以要人爵；既得人爵，而弃其天爵，则惑之甚者也，终亦必亡而已矣。（《孟子·告子上》）
>
> 天将降大任于是人也，必先苦其心志，劳其筋骨，饿其体肤，空乏其身，行拂乱其所为，所以动心忍性，曾益其所不能。（《孟子·告子下》）

这种"天将降大任于是人"的自我激励，这种"当仁不让""舍我其谁"的道义担负，反映了一种不满现实政治的抗议精神和以天下为己任的历史主动精神。

但是，正如前面所指出的，在当时诸侯争雄的时代，士阶层分化得很厉害，其中一些人走了"从势"的路线，翻云覆

雨，纵横捭阖，毫无操守之可言，却因此而飞黄腾达。孟子对
此持严厉的批判态度。他说：

> 今之事君者皆曰："我能为君辟土地，充府库。"今
> 之所谓良臣，古之所谓民贼也。君不乡（向）道，不志
> 于仁，而求富之，是富桀也。"我能为君约与国，战必
> 克。"今之所谓良臣，古之所谓民贼也。君不乡道，不
> 志于仁，而求为之强战，是辅桀也。(同上)

孟子指出，如公孙衍、张仪之流，尽管"一怒而诸侯惧"，
气焰赫赫一时，这不过是趋炎附势、狐假虎威而已，其实是
"以顺为正者，妾妇之道也"(《孟子·滕文公下》)，并非真正的大
丈夫。真正的大丈夫是"居天下之广居，立天下之正位，行天
下之大道；得志，与民由之；不得志，独行其道。富贵不能
淫，贫贱不能移，威武不能屈"(同上)。孟子认为，士有道义
担负的历史使命，应该卓然挺立自己的独立人格，自尊，所
以尊道也。我为君者师，非我求于君，君乃求于我，"将大有
为之君，必有所不召之臣，欲有为焉，则就之。其尊德乐道，
不如是，不足与有为也"(《孟子·公孙丑上》)。这并不是说士应该
高隐不仕，出仕为官是士人应有的职志，当年孔子"三月无
君则惶惶如也"，正是出于他强烈的社会责任感。但是，出仕
为官，必由其道，不能失掉士人的尊严。"古之人未尝不欲仕
也，又恶不由其道，不由其道而往者，与钻穴隙之类也。"(《孟
子·滕文公下》)有鉴于此，孟子提出士人出、处之大节，以重塑
士阶层的独立人格精神，他说：

> 士穷不失义，达不离道。穷不失义，故士得己焉；
> 达不离道，故民不失望焉。古之人，得志，泽加于民；

不得志，修身见于世。穷则独善其身，达则兼善天下。

（《孟子·尽心上》）

"穷则独善其身，达则兼善天下。"这不朽的名言体现了真儒的高洁品格和伟大怀抱，它激励一代代士人砥砺廉隅、任天下之重。而儒学经典的传承、儒学精神的弘扬，若无这些仁人志士来担当，是不可能得以实现和持续的。

第三节　建立具有普世性的价值准则

司马迁《史记·孟荀列传》说孟子"退而与万章之徒序《诗》《书》，述仲尼之意，作《孟子》七篇"[17]。按我们的理解，《孟子》七篇概括了《诗》《书》、孔子的宗旨。因此要了解经学之真精神，不可不先读《孟子》。《孟子》七篇所述体现了《诗》《书》、孔子的价值观，集中反映了儒家关于人类社会的价值准则。职是之故，我们也可以把《孟子》七篇看作儒家价值观的理论著述。下面所述是《孟子》价值理论的几个最重要的原则，从中我们可以看到孟子对《诗》《书》、孔子思想所作的创造性的阐释。

（一）"仁义"优位的价值原则

朱熹说："义利之说，乃儒者第一义。"[18]这是因为义利问题是社会人人时时面对的问题。"义"是维系社会共同生活的道德准则，"利"是维持和增进人们生活的物质资财。儒学教义要求对"义"采取优位的立场，然而儒者并非个个能立定脚跟，因此也便有"君子儒"与"小人儒"之分。可以说，义利问题是一个人生价值观的问题。

义利观念，已先为孔子所重视，孔子说："君子喻于义，小人喻于利。"（《论语·里仁》）要弟子志道修德，"女（汝）为君子儒，无为小人儒"（《论语·雍也》）。当初用以指导儒者的道德修养，可能社会应用的范围还不广。至孟子则把义利观作为一种普世性的价值原则。孟子善于从孔子那里撷取一些重要理念，然后加以突显和发挥，这可以说是孟子"述仲尼之意"的一个重要特点。

《孟子》开篇即谈义利问题：

> 孟子见梁惠王，王曰："叟！不远千里而来，亦将有以利吾国乎？"孟子对曰："王何必曰利，亦有仁义而已矣。王曰何以利吾国？大夫曰何以利吾家？士庶人曰何以利吾身？上下交征利而国危矣。万乘之国，弑其君者，必千乘之家；千乘之国，弑其君者，必百乘之家：……苟为后义而先利，不夺不餍。未有仁而遗其亲者也，未有义而后其君者也。王亦曰仁义而已矣，何必曰利？"（《孟子·梁惠王上》）

就一般而言，作为一国之君时时想着"利国"，并非坏事，但梁惠王之言"何以利吾国"含有一种侵城掠地的贪鄙之心。殊不知"螳螂捕蝉，黄雀在后"，自己有可能首先成为牺牲品。孟子要统治者引起警惕，此并非预防不测的策士之谈，而是独究此一时代之症结，积思既久，有触而发，提出"何必曰利，亦有仁义而已矣"。其思远矣、深矣！

历史上关于义利问题有过许多讨论，张岱年先生总结说："关于义与利的思想，可以说主要共分三派。孔子、孟子、朱子等，尚义，别义与利为二。墨子重利，合义与利为一。荀子、董子、张子、程伊川尚义，而不绝对排斥利，有兼重义利的倾向；而明确兼重义利的，是李泰伯、陈同甫、叶水心及颜习斋。在历史上，此三派中，以第一派势力最大。"[19]然而我们细加考察，以上诸派多为概念理解的争论，而非问题实质的分歧。上列哲学家或将"利"理解为"公利"而主张义、利为一；或将"利"理解为"私利"而别义、利为二。这两种形式对立的观点，在问题实质上究竟有多大差别？恐怕这里有一个价值哲学与语义哲学的分疏问题。孟子本是讲的价值哲学，后儒却把它作为语义哲学来讨论。"中国哲人，多不显明厘别公利与私利。"[20]个中缘由，在于"利"既是维持和增进人们生活的物质资财，本无所谓公、私之分。以"私心"求之为"私利"，以"公心"求之为"公利"。而符合"公利"的实亦即是"义"。"义"意味社会公正，以"义"为优位价值，是社会良好秩序的保证。孟子的义利观之所以影响深远，是因为它表达了一个具有普世性的价值原理。

（二）以民众为价值的主体

社会是由人组成的，而人本身即是价值的尺度。每个人要尊重自我的价值，同时亦应尊重他人的价值。从人具有平等价值的观点出发，民众作为社会的多数，其价值应该更加受到尊重。这是社会的公正。而一种价值如果不能体现社会的公正，亦很难作为普世的价值长期存在，这又是历史的公正。孟子说："民为贵，社稷次之，君为轻。"（《孟子·尽心下》）这是以民众为价值的主体。孟子此一思想之所以能震古烁今，是因为它既体现社会的公正，亦从而符合历史的公正。虽然由于历史的局限，孟子当时尚未以民众作为政治的主体。

孟子以民众为价值的主体，有两处议论特别精彩。第一，他提出以民意作为政治决策的最重要参照，他说："国君进贤，……可不慎与？左右皆曰贤，未可也；诸大夫皆曰贤，未

可也；国人皆曰贤，然后察之；见贤焉，然后用之。左右皆曰不可，勿听；诸大夫皆曰不可，勿听；国人皆曰不可，然后察之；见不可焉，然后去之。左右皆曰可杀，勿听；诸大夫皆曰可杀，勿听；国人皆曰可杀，然后察之；见可杀焉，然后杀之。"（《孟子·梁惠王下》）这种重视民意的思想是很可贵的。第二，孟子认为，如果社会没有起码的公正，臣民有革命的权力，可以起而推翻暴君的统治。齐宣王问孟子："汤放桀，武王伐纣，有诸？"孟子对曰："于传有之。"曰："臣弑其君，可乎？"曰："贼仁者谓之贼，贼义者谓之残，残贼之人谓之一夫。闻诛一夫纣矣，未闻弑君也。"（同上）晚清学者提倡"民权"，作出"先儒"与"后儒"的区分，认为先儒"扶民权"，后儒"抑民权"。先儒以孔子、孟子为代表，孔孟先儒"尊尧舜""称汤武"，其真义在于尧舜是公举的代表，汤武是革命的榜样。如宋恕说："儒家宗旨有二：尊尧舜以明君之宜公举也；称汤武以明臣之可废君也。三代下，二者之义不明，而在下者遂不胜其苦矣。"[21]宋恕这一见解有助于我们对孔孟思想的理解。

（三）以人性为价值的源头

自殷、周鼎革，中国之政教渐由神本位转向人本位。此时关于政教合理性的论证虽有时也诉之于"天命"，但"天命"一词已含有较多理性的成分，所谓"天视自我民视，天听自我民听"（《孟子·万章上》），"天命"作为论证的根据只是"虚悬一格"。而政教合理性的真正实在的根据是"人性"，符合"人性"的政教易于为理性所认可。由此而有广泛深入的人性论的讨论。而人性理论既然与政教问题紧密联系，那它也就不会是一个纯粹的理论问题。

下面我们来讨论人性论与价值论的联系。人性论之所以与价值论有联系，是因为人性善恶问题，关系人的内在尊严与价值问题，也关系价值源头的定位问题。如果我们认为人性本善，那便肯定了人的内在尊严与价值，同时也把人性看作内在的价值源头。反之，便不然。

性与天道，子所罕言。关于人性，孔子只说"性相近也，习相远也"（《论语·阳货篇》）。这话凝结了一个伟大教育家长期观察的经验，反映了一个朴素的真理。孔子似乎没有深究人性善恶问题。他说："为仁由己，而由人乎哉？"（《论语·颜渊篇》）细绎其文，似乎孔子认为人的本质在此"由"字，即在于主体的自由选择，为仁由己，不仁亦由己。[22]

战国时代诸子并作，在人性理论上异说纷呈。《孟子·告子上》记载：

> 告子曰："性无善无不善也。"或曰："性可以为善，可以为不善，是故文、武兴则民好善；幽、厉兴则民好暴。"或曰："有性善，有性不善，是故以尧为君而有象，以瞽叟为父而有舜，以纣为兄之子，且以为君，而有微子启、王子比干。"

这里的"或曰"是与告子人性论观点相接近的不同说法。王充《论衡·本性篇》也记载：

> 周人世硕以为人性有善有恶，……善恶在所养焉，故世子作《养[性]书》一篇。宓子贱、漆雕开、公孙尼子之徒，亦论情性，与世子相出入。[23]

上述种种人性论主张，力图符合社会历史有善有恶的经验事实，并有重视人的自由选择能力的意思，而不采取绝对化的

性善、性恶的观点。

但是孟子的思考方式有所不同，他认为一种理论的提出，要考虑到可能导致的后果。他认为"杨氏为我，是无君也；墨氏兼爱，是无父也。无父无君，是禽兽也"（《孟子·滕文公下》）。他又以同样的思考方式认为，告子"性无善无不善"的观点是"率天下之人而祸仁义"（《孟子·告子上》），会动摇儒家的价值理念。因为此观点可能起一种误导作用，使人认为儒家所讲的仁义道德并不内在于人性，甚至戕害人性。在孟子看来，如果仁义道德不内在于人性，则人之所以为人的价值与尊严也无由建立。孟子因而独标"性善"之论。他对"性善"的论证是很别致的，他提出"人皆有不忍人之心"，却全然不顾那"杀人盈城""杀人盈野"的残忍事实，单单指点"人乍见孺子将入于井"时所自然呈显的"怵惕恻隐之心"。他说：

> 所以谓人皆有不忍人之心者，今人乍见孺子将入于井，皆有怵惕恻隐之心——非所以内交于孺子之父母也，非所以要誉于乡党朋友也，非恶其声而然也。由是观之，无恻隐之心，非人也；无羞恶之心，非人也；无辞让之心，非人也；无是非之心，非人也。恻隐之心，仁之端也；羞恶之心，义之端也；辞让之心，礼之端也；是非之心，智之端也。人之有是四端也，犹其有四体也。……凡有四端于我者，知皆扩而充之矣，若火之始然，泉之始达。苟能充之，足以保四海，苟不充之，不足事父母。（《孟子·公孙丑上》）

孟子将儒家教义安置在这一性善论的基础上，指点人心之善端，此善端即是向上之机，扩而充之，"人人可以为尧舜"。

宋代二程说："孟子性善、养气之论，皆前圣所未发。"[24]

当初孔子讲"性相近，习相远"，虽未深论，却是自足圆满的。自此之后，诸子异说，道术分裂，而能担荷孔子仁教，并能保持其理论一贯性者，唯有孟子的性善论。而性善论的证成，则又使人性作为道德价值的源头，成为价值原则的内在的根据。

第四节　建立一套经典诠释的原则和方法

孟子之时，《诗》《书》等典籍未加"经"之名义，但当时人动辄称引《诗》《书》，"诗云""书曰"经常挂在嘴上，我们似乎可以说当时《诗》《书》已具有准经书的地位。《诗》《书》成为公共的文本，便有理解与解释的问题，而经典的生命力正在于它能不断地被解释。但是怎样的解释才具有有效性呢？这就提出一个解释的原则和方法问题。我们以为，《孟子》一书已经深刻地触及了这个问题。

（一）"智足知圣"

首先是诠释者的资格问题。作为经典的诠释者，他应该走进圣人的精神生活，与圣人的视域相融合，我们不妨称之为"优入圣域"。而诠释者对圣人精神的理解如何，则视其自身境界有多高，譬如说圣人终日所思者在于宇宙人生、社会未来，而你终日孜孜于功名利禄、声色犬马，那便不会思考圣人所思考的问题，也无法理解圣人的思想境界。优入圣域，就是要与圣人进行精神交流，孔子说："甚矣吾衰也，久矣吾不复梦见周公。"（《论语·述而》）孔子以"述周公之训"为职志，日有所思，自然夜有所梦。孟子也已不满足于与当代国士相友教，而上与古人为友，进行精神的感通交流。孟子说，"观于海者难为水，游于圣人之门者难为言"（《孟子·公孙丑上》）。所谓

"难为言",难描述圣人也。孔门贤如颜回对于孔子仍感到"仰之弥高,钻之弥坚,瞻之在前,忽焉在后"(《论语·子罕》)。二程说:"此颜子知圣人之学而善形容者也。"[25]因此,只有优入圣域,"智足以知圣人"者,方有经典诠释之资格。

(二)价值取向

经典诠释是一种精神活动,它具有明确的意向性,即要弘扬道德价值和人文理想。章学诚说"六经皆史",这话虽有一定道理,但并未分别经学与史学思想方法的不同。经学的思想方法主要是价值判断,史学的方法主要是事实判断。价值判断着眼于是否应该如此;事实判断着眼于有无此一事实。着眼点不同,对待历史文献的解释、取舍也会不同。孟子说:"尽信书,则不如无书,吾于《武成》,取二、三策而已矣。仁人无敌于天下,而何其血之漂杵也?"(《孟子·尽心下》)孟子的思路是:周武王是至仁者,商纣王是至不仁者,仁者无敌,武王伐纣,殷军理应前徒倒戈,不战而降,而绝不可能拼死厮杀,以至血流漂杵。这是以价值判断代替事实判断。而从许多历史事实看,战争是残酷的,即使正义的战争也是残酷的。但作为道德家的孟子有自己的价值取向,即主张修仁,而反对修战。因此他对《尚书·武成篇》只取二、三策而已,余皆删除不录。孟子此种做法,实开宋儒删经、改经之先河。

(三)知人论世

孟子说:"尚论古之人,颂其诗,读其书,不知其人,可乎?是以论其世也,是尚友也。"(《孟子·万章下》)孟子的"知人论世"理论已经成为经典研究和诠释的基本方法。作为文本的《诗》《书》是一种历史的存在,文本作者与理解者处于历史发展的不同时期,两者的视界不能尽同,因而对文本的理解也会产生间距，孟子看到了理解的历史性，因而他强调"知其人""论其世"，从而发现古、今人在理解上的可能间距。在孟子看来，经过这种追求客观性的努力，古人和今人的思想是可以得到交流贯通的。孟子称之为"尚友"，在他看来，朋友虽有个性的差别，但在思想感情上相互间是可以沟通理解的。对于古人，只要知其人，论其世，设身处地，走进他的精神世界，也可以像了解熟悉的朋友那样理解他。

"知人论世"是将认识对象置于具体的历史情境中，设身处地予以理解，而不是从抽象的定义出发来理解问题。陈贾曾问孟子这样一个两难的问题：周公使他的哥哥管叔监督殷国，是否预见到管叔会率殷民叛乱？如果周公早有预见，那便是他的"不仁"；如果周公未曾预见，那便是他的"不智"。"不仁"或"不智"，何以称为"圣人"？这里不仅有对周公为人的认识问题，也有对圣人观念的理解问题。孟子回答：当初周公使管叔监督殷国，不曾想到管叔将来会率殷民叛乱，难道弟弟能疑心哥哥会叛乱吗？周公的伟大之处在于他能及时更正自己的过错，圣人并不是永远不犯错误，而是有了过错及时更正。孟子并未从一个抽象的"圣人"定义出发去解释周公，而是从一种合于情理的"仁人之心"来推度他。而此种推度是建立在"知人论世"的基础上的。

（四）"以意逆志"

经典需要理解，但对于同一文本可能有不同理解，如果其中只有一种理解是正解，那其余的理解便是误解。之所以产生这样的问题，是由于语言的多义性、歧义性。同一概念可能有多种含义；同一句话在不同语境中可能具有不同的意义。此外，作者的思想如果不是采取直截了当的表达方式，而是采取隐喻的表达方式，那就更会使人在理解上发生歧义。正因为经典歧解"危机四伏"的可能性，而有解释学的需要，而如何能避免误解，使解释具有有效性呢？

首先，不能脱离具体的语境对经典词句作孤立的解释。咸丘蒙曾问孟子：《诗》云："普天之下，莫非王土；率土之滨，莫非王臣。"（《孟子·万章上》）舜既为天子，何以舜父瞽叟却不是臣民？孟子回答：这首诗不是你说的那个意思，而是说作者本人勤于国事以致不能奉养父母。他的意思是说：这些事都是天子之事，大家都是天子的臣民，为什么独我一人劳苦呢？所以不能离开文本将此语作泛化的理解。

其次，不能以对词义的把握代替意义的把握。孟子在解释上面诗句的原意之后，紧接着说出一个重要的解释原则："故说《诗》者，不以文害辞，不以辞害志。以意逆志，是为得之。"（《孟子·万章上》）由于语言是发展变化的，它所凝结的文化信息会愈来愈丰富，同时语言运用的游戏规则也随之花样繁多。许多时候，语言的表面含义并不足以表达作者的深意，所谓"言外之意""话中有话"等，即指此而言。因而此时的理解便不能胶着于语词表面的意义，而需要一种洞察的智慧，这种智慧高度混融知识素养和领悟的能力，以此逆推作者本意，此即孟子所说的"以意逆志"。

德国哲学家伽达默尔认为，理解是文本所拥有的过去视界与主体的现在视界的叠合（"视域融合"），文本作者的原意是无法复制的。而中国早有"《诗》无达诂""《易》无达占""《春秋》无达辞"[26]之说。韩非子说："孔、墨之后，儒分为八，墨离为三，取舍相反、不同，而皆自谓真孔、墨，孔、墨不可复生，将谁使定世之学乎？"[27]也是说文本原意不可确知。相比之下，孟子"以意逆志，是为得之"的思想，则对解释的有效性持肯定的意见，鼓励了理解主体的参与性。孟子"以意逆志"的方法，主观性是不可避免的，但也因此开始了一个重视义理、重视创造性的经学解释传统。

注释：

［1］〔魏〕何晏等注，〔宋〕邢昺疏：《论语注疏》，〔清〕阮元校刻：《十三经注疏》，北京：中华书局，2009年，第5470页。按，本章引《论语》均为此版本，仅随文标注书名与篇名。

［2］参见顾颉刚：《"圣""贤"观念和字义的演变》，《中国哲学（第一辑）》，北京：生活读书新知三联书店，1979年，第80—96页。

［3］［8］〔汉〕赵岐注，〔宋〕孙奭疏：《孟子注疏》，〔清〕阮元校刻：《十三经注疏》，第5830，5790页。按，本章引《孟子》均为此版本，仅随文标注书名与篇名。

［4］何建章注释：《战国策注释》，北京：中华书局，1990年，第1356页。

［5］［15］［16］［17］〔汉〕司马迁：《史记》，北京：中华书局，1959年，第1344，2343，2345，2343页。

［6］〔唐〕韩愈撰，〔宋〕魏仲举集注，郝润华、王东峰整理：《五百家注韩昌黎集》，北京：中华书局，2019年，第609页。

［7］钟彩钧：《孟子思想与圣贤传统的关系》，载于黄俊杰主编的《孟子思想的历史发展》，台湾"中央研究院"中国文哲研究所筹备处印行，1995年。

［9］［10］［25］〔宋〕程颢、程颐著，王孝鱼点校：《二程集》，北京：中华书局，2004年，第327，366，89页。

［11］［12］〔清〕焦循撰，沈文倬点校：《孟子正义》，北京：中华书局，1987年，第532，525页。

［13］顾颉刚、余英时先生关于"士"已有很深入系统的研究，可参看：顾颉刚《武士与文士之蜕化》，载《史林杂识初编》，

中华书局 1963 年版；余英时《古代知识阶层的兴起与发展》，载《士与中国文化》，上海人民出版社 1987 年版。

〔14〕〔清〕王先谦撰，沈啸寰、王星贤点校：《荀子集解》，北京：中华书局，1988 年，第 100—101 页。

〔18〕〔宋〕朱熹撰，朱杰人、严佐之、刘永翔主编：《朱子全书（修订本）》第 21 册《晦庵先生朱文公文集》卷二十四《与延平李先生书》，上海：上海古籍出版社；合肥：安徽教育出版社，2002 年，第 1082 页。

〔19〕〔20〕张岱年：《中国哲学大纲》，北京：中国社会科学出版社，1982 年，第 398，396 页。

〔21〕参见孙宝瑄：《忘山庐日记·丁酉九月十五日》，上海：上海古籍出版社，1983 年，第 137 页。

〔22〕关于这个问题，学者有不同的见解，参见袁保新《"孟子道性善"的厘清与辨正》，载《鹅湖学志》第七期，1991 年，台北。

〔23〕黄晖：《论衡校释》，北京：中华书局，1990 年，第 132—133 页。

〔24〕〔宋〕朱熹：《四书章句集注》，北京：中华书局，1983 年，第 199 页。

〔26〕〔清〕苏舆撰，钟哲点校：《春秋繁露义证》，北京：中华书局，1992 年，第 95 页。

〔27〕〔清〕王先慎撰，钟哲点校：《韩非子集解》，北京：中华书局，1998 年，第 457 页。

第十三章
《大学》新读

经典的功能之一，在于它能提升人们的精神境界。但大多数人有这样一种心理，既想提升自己的精神境界，又要寻找一种简便方法，那么儒家文献中有无这样的经典呢？有的，它就是《大学》。《大学》八条目"格物、致知、诚意、正心、修身、齐家、治国、平天下"，将儒者的治学规模和人生理想以极其概括的语言表达出来，可以说这是一部最好的儒学入门书。司马谈《论六家要指》说："儒者以六艺为法，六艺经传以千万数，累世不能通其学，当年不能究其礼，故曰'博而寡要，劳而少功'。"[1]有了《大学》，就不能再说儒学"博而寡要，劳而少功"了。

第一节 《大学》为"大人之学"

《大学》原本不过是一篇二千余字的文章，但自宋代以后，学者更习惯于视之为一部书。《大学》在现存先秦典籍中未见有任何记载，它是在汉代戴圣所整理的四十九篇《礼记》中被载录的。《大学》中曾引用孔子之言，又引用曾子之言，因此从一种宽泛的时段看，它作于曾子之后、戴圣之前这三四百年之间。南宋朱熹说，《大学》一书"右经一章，盖孔子之言而曾子述之。其传十章，则曾子之意，而门人记之也"[2]。而当学生问他："何以知其然也？"他回答说："正经辞约而理备，言近而指远，非圣人不能及也。然以其无他左验，且意其或出于古昔先民之言也，故疑之而不敢质。"[3]朱熹是儒学大家，其学问为时人及后世所推崇，但其所注之经书亦不无主观推测之成分。他将《大学》看作曾子及其门人之书，并无明据。而从思想史的角度看，一些概念、范畴、命题的发生与演绎，总有其发展脉络可寻。在我们看来，《大学》与《论语》《中庸》《孟子》等相比较，其"格物""致知"等工夫概念的提出，以及诸多工夫概念先后次序的系统认识，关乎人文精神建构的宏纲巨目，意义重大，应该是对《论语》《中庸》《孟子》思想的发展，因而《大学》应当是《孟子》之后的儒家作品。详论见后文。

关于《大学》篇题的意义，郑玄作《礼记注》，孔颖达为之作疏，皆未加以解释。北宋吕大临作《大学解》谓："大学者，大人之学也。"[4]其后，南宋朱熹作《四书章句集注》，其《大学章句序》说："《大学》之书，古之大学所以教人之法也。"他并且说，三代之时，"人生八岁，则自王公以下，至于庶人之子弟皆入小学，而教之以洒扫应对进退之节，礼乐射御书数之文；及其十有五年，则自天子之元子、众子，以至公卿大夫元士之适（嫡）子，与凡民之俊秀，皆入大学，而教之以穷理正心、修己治人之道"[5]。他又在正文中注解"大学"二字时，沿用了吕大临的说法："大学者，大人之学也。"而其所谓"大人"，实际是从年龄上说的，即指"成人"而言。朱熹在《大学或问》中对此做了解释。有人问"大学之道，吾子以为大人之学，何也？曰：此对小子之学言之也。……方其幼也，不习之于小学，则无以收其放心，养其德性，而为大学之基本。及其长也，不进之于大学。则无以察夫义理，措诸事业，而收小学之成功。是则学之大小所以不同，特以少长所习之异宜，而有高下、浅深、先后、缓急之殊[6]。因而在朱熹看来，大人（成人）是相对于小子（少年）而言，大学是相对于小学而言，是古代学生学习的两个阶段。这种观点成为了关于《大学》篇题解释的主流观点。

但朱熹所发之大学、小学之论，先秦文献未见记载。最早记述其事为汉代学者，而又众说纷纭，莫衷一是。如东汉班固《白虎通》卷上《辟雍》说："古者所以年十五入太学何？以为八岁毁齿，始有识知，入学学书计。七八十五阴阳备，故十五成童志明，入太学，学经籍。"[7]然西汉贾谊《新书》卷六《兵车之容》称："古者年九岁，入就小学。"[8]更早的相传由伏生所撰之《尚书大传》则说："古之王者必立大学、小学，使王子、公卿大夫元士之适（嫡）子、十有五年始入小学，见小节焉，践小义焉；二十始入大学，见大节焉，践大义焉。"[9]朱熹所取的是班固一家之言。

正因为如此，朱熹的注释引起了后世学者的质疑。清代胡渭《大学翼真》卷一说：

> 自吕与叔解云"大学者，大人之学也"，而《章句》因之。《或问》又与"小子"对言。曰"有大人之学，有小子之学"。今案：诸经传所称"大人"，有以德言之者，"困，亨，贞，大人吉""大人不失其赤子之心"是也；有以位言之者，"大人患失而惑""大人世及以为礼"是也；有兼德、位言之者，"飞龙在天，利见大人""大人以继明照于四方"是也。从未有以年齿称者，唯闾巷常谈谓长者为"大人"，幼者为"小人"。不可以说经。俗讲或以位言，或兼德、位言，直说大人自为学，不知

是大学中教人之法。其误亦有所自来。若改"大人之学"为"成人之学"即无病。[10]

清代毛奇龄《四书剩言》卷一说:

> 朱子注《大学》不知何据?曰:"大学者,大人之学。"而究其为义,则曰所以别于"小子之学",……以为大人、小子可对待也。但《白虎通》云"古者年八岁入小学",而贾谊引经即云"九岁入小学",至伏生作《尚书大传》且云十有五岁而入小学,然则年齿尚未定,而可以定大、小乎?[11]

明清之时,阳明一派学者不把"大学"与"小学"相对待,他们也将"大学"解释为"大人之学",但他们所说的"大人",不是"成人"的意思,而是"圣人"或"大人物"的意思。其主要根据在于前人对"大人"二字的解释。如《乾》卦《文言传》说:"大人者,与天地合其德,与日月合其明,与四时合其序,与鬼神合其吉凶,先天而天弗违,后天而奉天时。"就是在这个意思上,王阳明提出了自己的主张:

> 大学者,昔儒以为大人之学矣。敢问"大人之学"何以在于"明明德"乎?阳明子曰:"大人者,以天地万物为一体者也,其视天下犹一家,中国犹一人焉。若夫间形骸而分尔我者,小人矣。"[12]

阳明后学李材则将"大人之学"类比为一种宗教,他说:"大人之学,所以立教开宗,复命归根之宗窾也。"[13]另一位明代学者胡友信甚至说,"唐尧乃以大人之学帝天下者也","成汤乃以大人之学王天下者也""文王乃以大人之学师天下者也"。[14]清初学者陆世仪干脆说"大人之学"就是成就"大人物"之学。其《思辨录辑要》卷一说:"古者十五入大学,自稍有知识,合下便教他为圣为贤,故后来成就得大人物。"[15]

我们认为,在对"大学"篇题的解释上,后一派的观点似乎更得《大学》一篇之精义。

第二节 《大学》"八条目"与《论》《孟》《庸》的比较

《大学》原文开篇即说:"大学之道,在明明德,在亲(新)民,在止于至善。"朱熹注:"此三者,《大学》之纲领也。"[16]学者通常称之为"三纲领"。《大学》又说:"古之欲明明德于天下者,先治其国;欲治其国者,先齐其家;欲齐其家者,先修其身;欲修其身者,先正其心;欲正其心者,先诚其意;欲诚其意者,先致其知。致知在格物。"朱熹注:"此八者,《大学》之条目也。"[17]学者通常称之为"八条目"。

《大学》本文并未有"三纲领""八条目"之说,朱熹这样称呼是为了说经的清晰和方便。"八条目"的说法应该没有什么问题。"三纲领"的说法可能会带来一个新的问题:"三纲领"是否真的有三个纲领?这个问题我们留待下面讨论。这里先讨论《大学》"八条目"与《论》《孟》《庸》的比较。

《大学》列举了"格物""致知""诚意""正心""修身""齐家""治国""平天下"八条目。此八条目对儒学各要素做了一个简要的概括和高明的整合。但《大学》又明确提出:"自天子以至于庶人,壹是皆以修身为本。"这就把"八条目"分为两大段:"修身"以及前"四条目"讲如何"修己";"修身"以后三条目讲如何"安人"。这就使我们联想到《论

语·宪问》中的话：

> 子路问君子。子曰："修己以敬。"曰："如斯而已乎？"曰："修己以安人。"曰："如斯而已乎？"曰："修己以安百姓。修己以安百姓，尧舜其犹病诸！"[18]

"修己以安人""修己以安百姓"乃是孔子所提出的儒学宗旨，这是连尧舜都很难达到的理想目标。也由此可证《大学》所提出的"平天下"的理想目标就是圣人之学的目标。也由此可证"大人之学"就是指"圣人之学"，而不是泛指普通的"成人"之学。当初，孔子只提出"修己以安人"的总则，《大学》把它细化为八条。

《大学》"八条目"的后四句是"修身""齐家""治国""平天下"。《大学》阐述四者的关系说："古之欲明明德于天下者，先治其国；欲治其国者，先齐其家；欲齐其家者，先修其身。"其实在《孟子》《中庸》中也曾有过类似的表述：

> 孟子曰："人有恒言，皆曰天下、国家。天下之本在国，国之本在家，家之本在身。"[19]
>
> 《中庸》曰："知所以修身，则知所以治人；知所以治人，则知所以治天下、国家矣。"[20]

但是，《大学》接着还有一段话："欲修其身者，先正其心；欲正其心者，先诚其意；欲诚其意者，先致其知。致知在格物。"而《孟子》《中庸》却没有讲到前一半话。前人已经意识到这个问题，如元代袁俊翁《四书疑节》卷十二《大学孟子》即提出："《大学》'八条目'，《孟子》止言其半，何欤？"[21]但袁俊翁能提出这个问题，却不能解决它。在他的心目中，

《大学》为曾子所作，在孟子之前，孟子只是没有全引《大学》的文字。他说：

> 《大学》八条目"正心"以上，皆修身之本也。"齐家"以下，乃修身之效也。"修己治人"之条理具见于是。盖即大学之道，而贯为学之始终言也。至于孟子所论，盖因人有恒言"皆曰天下国家"，徒求"治人"之效而不能究夫"修身"之本。故孟子从而晓之曰："天下之本在国，国之本在家，家之本在身。"使能返而求诸"修身"之道，则"正心""诚意""致知""格物"之工夫，自可不言而喻矣。圣贤君子著书立言，各有攸当。《大学》之举其全者非详，《孟子》之举其半者非略。其揆一也。……况孟子初未始明援《大学》之条目。"身"之一字，足以包上四者，较之《大学》，仅举其半，初未害也。[22]

问题在于，以《大学》为曾子所作，乃是朱熹的观点，朱熹自己也承认"无他左验"。如果我们将《大学》看作是孟子以后的儒家作品，这一切就顺理成章了。就是说，在孟子以前，儒者只知道"修身"对于齐家、治国、平天下的重要。但对于如何"修身"，却没有提出系统而具体的方案。《大学》明确提出，"修身"须经历"格物""致知""诚意""正心"的工夫和次第，得到了后世学者的总体上的认同。这正是《大学》对于孔孟儒学的一个巨大贡献。

第三节 "三纲领"，还是"二纲领""一纲领"？

《大学》说："大学之道，在明明德，在亲民，在止于至善。"其中三个"在"字构成了并列句式，因而朱熹称："此三者，《大学》之纲领也。"但若从其内容说，"此三者"的内容是否同等重要呢？在我们看来，朱熹是将"明明德""新民"作为两件实事，而将"至于至善"作为一个标的或标准，他说："言明明德、新民，皆当至于至善之地而不迁。"[23]意思是说，"明明德"应该"止于至善"，"新民"也应该"止于至善"，这似乎只是说两件事。所以元代何异孙《十一经问对》卷二说："'明德''新民'，皆当'止于至善'，此二句乃《大学》之纲领。"[24]他似乎认为"在明明德，在新民"二句乃《大学》之纲领。有人问何异孙："二者皆在止于至善者何？"何异孙对曰："修己、治人，二者莫不各有当然之则，如父慈子孝，君仁臣敬，兄友弟恭，朋友以信之类，道至于此而无以复加，尽善而止也。"[25]显然，何异孙是把"大学之道，在明明德，在亲民，在止于至善"归结为"修己、治人"两件事。持此种意见的学者不在少数，如南宋倪思说："学者之功用不过'修己安人'而已，'明明德'所以修己也。'亲民'所以安人也。两者皆欲'止于至善'也。"[26]这是说《大学》的纲领即是"修己安人"，"修己""安人"是两件事，也可以说是"二纲领"。

更深一层说，朱熹解释"新民"说："新者，革其旧之谓也。言既自明其明德，又当推以及人，使之亦有以去其旧染之污也。"意思是说，"明明德"是开显自己所具有的"明德"，"新民"是开显他人所具有的"明德"，也就是"先觉觉后觉"的意思，究其实质，就是"明明德"一事。所以明代高拱撰《问辨录》十卷，取朱子《四书章句集注》疑义，逐条辩驳，论《大学》谓"新民"即"明德"中事，不应分之为"三纲领"。有人问高拱："明德、新民皆欲止于至善，何如？"高拱对曰："《大学》只是'明德'，而'新民'亦是'明德'中事。

既曰'明德'，能不'新民'乎？未能'新民'，可谓'明德'乎？"[27]这是认为《大学》只有"明德"一个纲领。

而心学一派学者认为，《大学》之宗旨在"止于至善"一句。如南宋陆九渊说："'在明明德'，'在亲民'，皆主于'在止于至善'。"[28]其弟子杨简说："'在止于至善'，夫所谓'至善'，即'明德'之别称，非有二物。"[29]王阳明说："'明明德''亲民'，而不'止于至善'，亡其本矣。故'止于至善'以'亲民'，而明其'明德'，是之谓大人之学。"[30]这是认为《大学》只有"止于至善"一个纲领。

第四节 关于"定""静""安""虑"得"的解释

《大学》在"大学之道，在明明德，在亲民，在止于至善"一段话之后，紧接着有如下五句话："知止而后有定，定而后能静，静而后能安，安而后能虑，虑而后能得。"从字面上看，这五句话并不难理解，但其中究竟有什么义理呢？我们来看历史上的主要几种解释：

唐代孔颖达解释说："知止于至善，而后心能有定；心定无欲故能静；静故情性安和；情性安和故能思虑；于事能虑，然后于事得宜。"[31]

南宋朱熹《大学章句》解释说："止者，所当止之地，即至善之所在也，知之则志有定向；静，谓心不妄动；安，谓所处而安；虑，谓处事精详；得，谓得其所止。"[32]

元代许衡是朱熹一派学者，他发挥朱熹的观点，对这一段话做了通俗的解释，他说：

　　　　这是承上文说"止"字，便是"在止于至善"的

"止"字，"明德""新民"都有个所当"止"的去处。
人若是先晓得那所当"止"的去处，志便有个定向，无
疑惑了，这便是"知止而后有定"；志若有了定向，心
便有个主张，不妄动了，这便是"定而后能静"；心既
能静，身子便到处皆安稳，自然不动摇，这便是"静而
后能安"；身既能安，凡事便会仔细思量，自然不错乱，
这便是"安而后能虑"；事既能虑，然后"明德""新民"
都得了所当"止"的至善，这便是"虑而后能得"。[33]

然而关于"知止而后有定"一段话，心学学者杨简认为
"此非圣人之言"，以为它太过刻板做作。杨简说：

> 《大学》曰"知止而后有定，定而后能静，静而后
> 能安"，此非圣人之言也。此以意为之，故有四者之序。
> 不起乎意，融明澄一，恶睹四者？……先儒以《大学》
> 为孔子之言，意之尔。[34]
>
> 吁，此膏肓之病也。道亦曷尝有浅深，有次第哉？
> 浅深次第，学者入道自为，是不同耳。是人也，非道
> 也。学者学道奚必一一皆同？而欲以律天下万世，无益
> 于明道，而反壅之。[35]

学者一向有一牢不可破的信念，认为《大学》是圣贤之
书，而圣贤之书便是完完全全的正确，不可质疑，即使不能
解通，也强作解人。如《大学》"知止而后有定，定而后能静，
静而后能安"，学者向无善解。杨简与众不同，他干脆认为这
段话"非圣人之言"。他的意见值得我们警醒，即学习经典也
当有怀疑和批判的精神。

第五节 "格物致知"：开出知识论向度

"致知在格物"之语，只出现在《大学》中，而未见于其他先秦文献中。汉代郑玄注《礼记》谓："'知'谓知善恶吉凶之所终始也。""'格'，来也。'物'犹事也。其知于善深则来善物，其知于恶深则来恶物，言事缘人所好来也。"按孔颖达的疏解，此句之意是说"善事随人行善而来应之；恶事随人行恶亦来应之"[36]，亦即人们常说的"善有善报，恶有恶报"。这就将"格物致知"做伦理学的意义解释了。唐代韩愈以前，很少有人援引《大学》。韩愈《原道》首先引据《大学》，但也只引到"正心""诚意"，而未引到"致知""格物"。而真正能凸显"格物致知"价值的，则是南宋的朱熹。

"格物致知"经朱熹等人的诠释，成为宋明理学中最见光彩、也是争议最多的一个命题。说它"最见光彩"是因为这个命题集中反映了宋明理学的知识论向度及其可能蕴含的科学精神。说它"争议最多"是有见于朱熹以后理学家们对"格物"一词竞相诠解，竟有数十百家之多，以致迷惑了许多儒者的判断力，乃至于最后无所适从。明末刘宗周（1578—1645）曾说："格物之说，古今聚讼有七十二家。"[37]这里，我们没有可能、也没有必要将各家"格物"之说一一考证罗列，仅将汉至清初若干具有代表性的解释列之于下：

　　一、以"格"训"来"。《礼记·大学》"致知在格物"，郑玄注："格，来也。物，犹事也。其知于善深则来善物，其知于恶深则来恶物，言事缘人所好来也。"

　　二、以"格"训"扞格"。司马光训"格"为扞格之"格"，"格物"为格物欲。王道（纯甫）说："格，扞格之义，御之于外也。物，物交物之物，凡外物皆是也。格物，即孔子所谓'克己'，孟子所谓'寡欲'，周子所谓'无欲'也。格物以致知，犹刮垢以磨光也。格物致知，则垢尽而明见矣。"[38]许孚远《敬和堂大学述》："宋儒司马温公尝有扦去外物之说。近时天台王子、泾阳胡子皆主格去物欲之说。……顷入七闽，得温陵苏子所遗'格物'之解，若合符契，然后益信人心之所同然。"[39]

三、以"格"训"至"。朱熹《大学章句》："格，至也；物，犹事也。穷至事物之理，欲其极处无不到也。"[40]吕柟（泾野）："格物之义，自伏羲以来未之有改也。仰观天文，俯察地理，远求诸物，近取诸身，其观察求取，即是穷格之义。"[41]

四、以"格"训"正"。王阳明训"格"为"正"，训"物"为"意之用"，"格物"是"格者，正也。正其不正以归于正也"[42]。王廷相说："格物之训，程朱皆训'至'字。程子则曰'格物而至于物'，此重叠不成文义；朱子则曰'穷至事物之理'，是'至'字上又添出一'穷'字。圣人之言直截，决不如此，不如训以'正'字，直截了当，义见疏通。"[43]

五、以"格"训"通"。罗钦顺《困知记》卷上谓："'格物'之'格'，正是通彻无间之意。盖工夫至到则通彻无间，物即我，我即物，浑然一致。"[44]

尤时熙说："近斋（朱得之）乃训'格'为'通'，专以通物情为指。"[45]

六、以"格"训"法"和"典则"。明黄绾："《大学》之要，在'致知在格物'一句。其云'致知'，乃格物工夫；其云'格物'，乃致知功效。'在'者，志在也，志在于有功效也；'致'者，思也。心之官则思，思则得之，不思则不得也；'格'者，法也，有典有则之谓也。先儒不明，乃以格物为致知工夫，故以格物为穷究事物之理，而不知有典有则之为格物，所以求之于物，失之于外，支离破碎，而非圣人之学矣。今日君子，又不能明之，亦以格物为致知工夫，故以格物为格其非心，谓格其不正以归于正，又谓夫子教颜子克己，工夫皆在'格'字上用，亦不知有典有则之为格物，所以求之于心，失之于内，空虚放旷，而非圣人之学矣。"[46]

七、以"格"训为"格式"。王艮："格如格式之格，即絜矩之谓。吾身是个矩，天下国家是个方，絜矩则知方之不正，由矩之不正也。是以只去正矩，却不在方上求，矩正则方正矣，方正则成格矣，故曰物格。"[47]唐鹤征《桃溪札记》："格字之义，以格式之训为正，格式非则而何？要知物失其则，则物物皆明德之蔽；物得其则，则物物皆明德之用。"[48]

八、以"格"为"量度"。钱升岩（彦隽）曰：《大学》以'格物'始，以'絜矩'终。格物，则量度本末。絜矩，则量度人己。故《广韵》曰：'格，量度也。'"[49]

九、以"格"训为"犯手捶打搓弄"之义，颜元《习斋记余·阅张氏王学质疑评》："按格物之格，王门训'正'，朱门训'至'，汉儒训'来'，似皆未稳。……元谓：当如史书'手格猛兽'之'格'，'手格杀之'之'格'，乃犯手捶打搓弄之义，即孔门六艺之教是也。"[50]

以上各家对"格物"的解释不同，而各有训诂学的根据。在这种情况下就要看哪一家的解释在义理上更胜一筹。儒家学说本质上是一种伦理学的思想体系，而不是知识论的思想体系，这不仅在儒学元典是如此，即使宋明时期的儒家著作也基

本是如此。

因此在儒家思想体系中如何开出知识论的一脉学术来，便是一个重要的历史课题。《大学》一书有此"致知在格物"一句，这至少在字面的意义上关乎知识来源与获取知识的方法问题，而这正是哲学和教育学上一个十分重要的问题。反过来说，有关知识来源与知识论方法问题，在儒家经典中只有《大学》"格物致知"这一命题才触及到，因此对于"格物致知"的解释就显得格外重要。朱熹的理论贡献就在于，他站在时代的理论高度上，通过对"格物致知"的解释开出中国知识论的一脉学术来，在这个意义上，其他各家"格物"之说大多停留在伦理学的工夫论之中，虽然有可能更接近古义，但其理论价值就显得低了许多。有鉴于此，可以说在众多关于"格物致知"的解释当中，以朱熹的解释对学术的发展推动最大。朱熹在《大学章句》中对"格物致知"作了一个《补传》，其文如下：

> 所谓致知在格物者，言欲致吾之知，在即物而穷其理也。盖人心之灵，莫不有知，而天下之物，莫不有理；惟于理有未穷，故其知有不尽也。是以大学始教，必使学者即凡天下之物，莫不因其已知之理而益穷之，以求至乎其极。至于用力之久，而一旦豁然贯通焉，则众物之表里精粗无不到，而吾心之全体大用无不明矣。此谓物格，此谓知之至也。[51]

朱熹的《四书集注》在后世被立为官学，家藏人诵，书中关于"格物致知"的解释因而深入人心。从经学的角度而言，这一解释无疑属于一种"过度诠释"，朱熹的治学方式因而受到后世许多学者的批评。但朱熹是一位具有二重身份的学者，他不仅是一位经学家，也是一位思想家，不如此"过度诠释"，他也就不可能成为思想家。[52]

因为朱熹讲的"格物穷理"在某种意义上与明末西方传来的科学追求目标比较接近，所以当时徐光启等人遂以"格物穷理之学"界定利玛窦等西方传教士带来的西方科学。徐光启《泰西水法序》称，泰西之教"其绪余更有一种格物穷理之学，凡世间世外、万事万物之理，叩之无不河悬响答，丝分理解；退而思之，穷年累月，愈见其说之必然而不可易也"[53]。此后一直到清末中国士大夫便以"格致学"一词译介西方科学。

曾获诺贝尔奖的华裔物理学家丁肇中教授谈到《大学》中"格物致知"一词时说："从探察物体而得到知识，用这个名词描写现代学术发展是再适当也没有了。现代学术的基础就是实地的探察，就是我们现在所谓的实验。但是传统的中国教育并不重视真正的格物和致知。这可能是因为传统教育的目的并不是寻求新知识，而是适应一个固定的社会制度。《大学》本身就说，格物致知的目的，是使人能达到诚意、正心、修身、齐家、治国的田地，从而追求儒家的最高理想平天下。因为这样，格物致知的真正意义便被埋没了。"[54]丁肇中教授从科学方法论的角度来讲"格物致知"，在他看来，"格物致知"的真正意义应该是"探察"与"实验"。在中国明朝末年，方以智首创"质测之学"这样一个新名词，王夫之说："密翁（方以智）与其公子为质测之学，诚学思兼致之实功。盖格物者，即物以穷理，唯质测为得之。"[55]而侯外庐先生称方以智的"质测之学"一词，相当于西方的"科学"一词。在我们看来，可能方以智的"质测之学"一词比较接近丁肇中教授所说的"探察"与"实验"的意思。

由上所论，我们可以看到，在宋明时代，追溯《大学》元典本意是一回事，而利用经典文本揭示认识论的真理又是一回

事。实际上对于"格物致知"的解释，揭示认识论真理的意义已经远远大于追求元典本意的意义。宋明理学家正是通过经典诠释来推动学术思想的发展的，而在这一历史过程中，朱熹开出了知识论向度的新学脉，而官学对于朱熹"格物致知"学说的传播也起到了一定的积极作用。

第六节 "意"是"心之所发"，还是"心之所存"？

关于"诚意"的注释，朱熹《大学章句》说："诚，实也。意者，心之所发也。实其心之所发，欲其一于善而无自欺也。"[56] 既然"意"为"心之所发"，"意"便是"意念"之意。而从工夫次第说，"致知"必先于"诚意"，所以，朱熹《四书或问》说：《大学》之序，先致知而后诚意，其等有不可躐者。"[57] 而"致知"又在"格物"。"格物致知"在朱熹哲学体系中非常重要，成为其为学宗旨。虽然朱熹临终前仍在修改"诚意"章的注释，但"诚意"在朱熹哲学中的位置并不高。

自朱熹《四书章句集注》行世后，四书学遂如日中天，甚至遮掩了五经的光焰。明代经学多袭前代，唯有关于《大学》的解读，不让前修。明中叶阳明学兴起，反对朱熹的"格物致知"理论，认为这种理论引导学者只从"从册子上钻研，名物上考索"[58]，"知而不行"[59]，因而倡导"知行合一"之说，强调道德践履。在对《大学》的解释上，王阳明反对朱熹及各种不同的改本《大学》，而取郑玄所注《礼记》中之《大学》尊信之，谓之"古本《大学》"，称《大学》原无经传之分，亦无缺传须补。因为古本《大学》自"诚意"始有传，所以以"诚意"为《大学》一书的要旨所在。他于《大学古本旁释序》中说:"《大学》之要,诚意而已矣。"[60]这样一来,关于《大学》的古本、改本之争,关于其中的义理是非之争,遂成为学界聚讼不已的焦点问题。但王阳明的学说遭到了同时代学者的质疑,如王阳明的同乡学者蔡宗兖(字希渊)就曾质问他:"文公《大学》新本先'格致'而后'诚意',工夫似与首章次第相合。若如先生从旧本之说,即'诚意'反在'格致'之前。于此尚未释然。"蔡宗兖的质疑正中王阳明的要害,王阳明没有正面回答蔡宗兖的质疑,他说:"若以诚意为主,去用格物致知的工夫,即工夫始有下落。……如新本先去穷格事物之理,即茫茫荡荡都无着落处,须用添个'敬'字,方才牵扯得向身心上来。然终是没根源。若须用添个'敬'字,缘何孔门倒将一个最紧要的字落了,直待千余年后要人来补出?正谓以'诚意'为主,即不须添'敬'字,所以提出个'诚意'来说。正是学问的大头脑处。"[61]在理学家看来,学问的最终目标是要成为圣贤一流人,如果只强调学习知识,"穷格事物之理",那你最多只能成为学问家,而不能成为圣贤一类人。学习圣贤一类人,应从心性道德修养入手。而朱熹把"格物致知"作为了学问的第一要义,把"诚意正心"作为第二义,因而为王阳明所反对:"若'诚意'之说,自是圣门教人用功第一义,但近世学者乃作第二义看。"[62]

王阳明对《大学》的解释在逻辑上有难通之处。即使没有朱熹的《格物致知补传》,《大学》本文即讲:"欲诚其意者,先致其知,致知在格物。"这说明《大学》本身是先"格致"而后"诚意"的。

王阳明虽然认为"诚意"是《大学》之要旨,但在其整个哲学体系中,是以《孟子》的"良知"为本体的。他所理解的"意"仍然是"心之已发"之意念,在这一点上与朱熹并无二致。

明末大儒刘宗周撰有《大学古记》《大学古记约义》《大学

杂言》《大学古文参疑》等书。从学派而言，刘宗周属于王阳明的心学学派，但他怀疑王阳明关于"诚意"的解释，指出："阳明又有'正心'之说曰：'知此则知未发之中。'则欲正其未发之心，在先诚其已发之意矣。通乎，不通乎？"[63]他主张"诚意"是指"心之主宰处"，"意"为心之所存，非心之所发。"意为心之所存，正从《中庸》以'未发'为'天下之大本'，不闻以'发'为本也。《大学》之教，只是知本，'身'既本于'心'，'心'安得不本于'意'？……阳明先生惟于此解错，故不得不提'良知'二字为主柄，以压倒前人。"[64]这样解释，"意"便不是"意念"之"意"，而是"主意"之"意"。这个"主意"，若放大了，就是我们今天说的人生观。所以，用现代语言表示，"正心"即端正思想之意，"诚意"即确立人生观之意。确立人生观，所以为人生最重要之事。刘宗周对"诚意"的解释，是对宋明理学的一个重大理论贡献。

注释：

［1］〔汉〕司马迁：《史记》，北京：中华书局，1959年，第3290页。

［2］［5］［16］［17］［23］［32］［40］［51］［56］〔宋〕朱熹：《四书章句集注》，北京：中华书局，1983年，第4，1，3，4，3，3，4，6—7，3—4页。

［3］［6］［57］〔宋〕朱熹撰，朱杰人、严佐之、刘永翔主编：《朱子全书（修订本）》第6册《四书或问》，上海：上海古籍出版社；合肥：安徽教育出版社，2002年，第514，505，524页。

［4］［26］［31］引自〔宋〕卫湜：《礼记集说》，《景印文渊阁四库全书》第120册，台北：商务印书馆，1986年，第570，577，570页。

〔7〕〔清〕陈立撰，吴则虞点校:《白虎通疏证》，北京：中华书局，1994年，第253页。

〔8〕〔汉〕贾谊:《新书》，《景印文渊阁四库全书》第695册，第428页。

〔9〕〔清〕孙之骒辑:《尚书大传》，《景印文渊阁四库全书》第68册，第408—409页。

〔10〕〔清〕胡渭:《大学翼真》，《景印文渊阁四库全书》第208册，第910页。

〔11〕〔49〕〔清〕毛奇龄:《四书剩言》，《景印文渊阁四库全书》第210册，第212，234页。

〔12〕〔30〕〔42〕〔58〕〔59〕〔60〕〔61〕〔62〕〔明〕王守仁:《王文成全书》，《景印文渊阁四库全书》第1265册，第708，709，25，28，7，196，37，39页。

〔13〕〔38〕〔43〕〔45〕〔47〕〔48〕〔清〕黄宗羲，沈芝盈点校:《明儒学案》，上海：上海古籍出版社，1985年，第672，1040，1176，643，712，610页。

〔14〕〔清〕方苞等奉敕撰:《钦定四书文·隆万四书文》卷一《康诰曰克明德》，《景印文渊阁四库全书》第1451册，第202页。

〔15〕〔清〕陆世仪撰，〔清〕张伯行编:《思辨录辑要》，《景印文渊阁四库全书》第724册，第9页。

〔18〕〔魏〕何晏等注，〔宋〕邢昺疏:《论语注疏》，〔清〕阮元校刻:《十三经注疏》，北京：中华书局，2009年，第5461页。

〔19〕〔汉〕赵岐注，〔宋〕孙奭疏:《孟子注疏》，〔清〕阮元校刻:《十三经注疏》，第5913页。

〔20〕〔36〕〔汉〕郑玄注，〔唐〕孔颖达等正义:《礼记正义》，〔清〕阮元校刻:《十三经注疏》，第3536，3632页。

〔21〕〔22〕〔元〕袁俊翁:《四书疑节》，《景印文渊阁四库全书》第203册，第883，883—884页。

［24］［25］〔元〕何异孙:《十一经问对》,《景印文渊阁四库全书》第 184 册, 第 373, 373 页。

［27］〔明〕高拱:《问辨录》,《景印文渊阁四库全书》第 207 册, 第 6 页。

［28］〔宋〕陆九渊撰, 陆持之编:《象山集·象山语录》,《景印文渊阁四库全书》第 1156 册, 第 601 页。

［29］［34］［35］〔宋〕杨简:《慈湖遗书》,《景印文渊阁四库全书》第 1156 册, 第 826, 627, 827 页。

［33］〔元〕许衡:《鲁斋遗书》,《景印文渊阁四库全书》第 1198 册, 第 318 页。

［37］〔明〕刘宗周著, 吴光主编《刘宗周全集》第 2 册, 杭州:浙江古籍出版社, 2012 年, 第 618 页。

［39］〔清〕朱彝尊原著, 林庆彰等编审, 汪嘉玲等点校:《点校补正经义考》第 5 册, 台北:"中央研究院"中国文哲研究所筹备处, 1997 年, 第 313 页。

［41］〔明〕吕柟撰, 赵瑞民点校:《泾野子内篇》, 北京:中华书局, 1992 年, 第 189 页。

［44］〔明〕罗钦顺:《困知记》,《景印文渊阁四库全书》第 714 册, 第 280 页。

［46］〔明〕黄绾:《明道编》, 北京:中华书局, 1959 年, 第 21 页。

［50］〔清〕颜元:《习斋记余》, 北京:中华书局, 1985 年, 第 90 页。

［52］周予同则认为:"当微言大义之际, 托经学以言哲学, 自有其宋学之主观立场。"(参见:周予同:《孔子、孔圣和朱熹》, 上海:上海人民出版社, 2012 年, 第 203 页。)

［53］〔明〕徐光启:《徐光启集》, 上海:上海古籍出版社, 1984 年, 第 66 页。

［54］丁肇中：《应有格物致知的精神》，本文是作者于1991年10月18日在北京人民大会堂"情系中华"大会上接受特别荣誉奖时所发表的演讲。

［55］〔明〕王夫之：《搔首问》，《船山全书》第12册，长沙：岳麓书社，2011年，第633页。

［63］［64］〔明〕刘宗周：《刘蕺山集》，《景印文渊阁四库全书》第1294册，第443，443—444页。

第十四章
"孝道"与《孝经》

第一节 "孝道"观念是中华文化的内核

中华文化对社会影响最深且久的观念，不是天、道、德、理、仁、义、礼等观念，而是"孝"。从传说时代说起，舜因为"大孝"被推选为尧的接班人。从现代社会来说，中国经历了"五四"运动与"文化大革命"的激进"反传统"思潮，"孝道"思想仍然深深扎根于人心之中。

在先秦时期，不仅儒家倡导"父慈子孝"，墨家亦批评当时社会"父子不慈孝"[1]；道家批评儒家的"仁义"，却主张"孝慈"："绝仁去义，民复孝慈。"[2]秦始皇以法家学说统一天下，而后巡游各地，勒石称功，其中亦有许多宣扬孝道的文字，如《绎山刻石》即有"孝道显明"之语。我们可以说孝道观念是中国古代儒家、墨家、道家和后期法家共同倡导的思想观念。即使是后来的儒、释、道三教并行的时代，"孝道"也是能为各家思想所认同的观念。

《论语·学而》篇载：

> 有子曰："……君子务本，本立而道生。孝悌也者，其为仁之本与！"[3]

清儒阮元指出，人们原来以为有子所说的这四句话十九字，其实是孔子之语。因为汉代刘向《说苑·建本》篇引孔子曰："君子务本，本立而道生。"[4]同篇又引孔子曰："立体有义矣，而孝为本。"[5]刘向在西汉领校秘书，所见传记百家古说甚多，因此，他所引孔子之语，应有所本。

阮元又引《后汉书》卷九十四《延笃传》："笃乃论之曰：……夫仁人之有孝，犹四体之有心腹，枝叶之有根本也。圣人知之，故曰：'夫孝，天之经也，地之义也，人之行也。君子务本，本立而道生。孝悌也者，其为仁之本与！'"[6]就文献而论，延笃所引圣人（即孔子）之言，前十四字载于《孝经》，已明标"子曰"，即为孔子之言；后十九字则见于《论语》首篇第二章有子之言，汉儒延笃认为是孔子之语。阮元由此认为，两汉旧说皆以此十九字为孔子之言。而这段话讲明了仁、孝二者的关系，即对于"仁"而言，"孝"是更根本的。

《孝经》是对中华"孝道"思想的高度提炼和升华。郑玄《六艺论》说："孔子以六艺题目不同，指意殊别，恐道离散，后世莫知根源，故作《孝经》以总会之。"[7]他认为孔子纂修六经之后，有鉴于六经义理太多，怕人流入支流末节，故作《孝经》，用"孝道"来统会六经义理。郑玄将《孝经》作者定为孔子，未必可信。但他关于《孝经》用"孝道"来统会六经义理的观点，则值得重视。这一思想影响了后世许多思想家，如：明初大儒曹端解释"孝经"二字说："'孝'云者，至德要道之总名也；'经'云者，垂世立教之大典也。然则《孝经》者，其六经之精意奥旨欤！"[8]明末黄道周《孝经集传序》说："《孝经》者，道德之渊源，治化之纲领。六经之本皆出《孝经》。"[9]近代章太炎先生则将《孝经》看作"万流之汇归""国学之统宗"[10]。这是说，《孝经》不仅是经学的根本，也是全部国学的根本。《孝经》的地位在传统文献中是否真的这么重要，可能在儒家学者中看法是不一致的。但至少有一些学者是这样看的：中国人的一切道德都是从"孝道"引申出来的。

孙中山先生说："《孝经》所讲的'孝'字，几乎无所不包，无所不至，现在世界上最文明的国家讲到'孝'字，还没有像中国讲得这么完全。"[11] 中山先生的话值得我们认真思考：一部《孝经》不到两千字，何以所涵盖的内容"无所不包，无所不至"呢？这里，我们举一部解释推衍《孝经》的书为例，这部书叫《御定孝经衍义》，是清代顺治皇帝诏令修纂的，体例全仿真德秀的《大学衍义》。我们来看它包括哪些内容。因为《孝经》说"孝"反映了先王的"至德要道"，那"至德"是什么呢？是"仁、义、礼、智、信"，所以"孝"包含了"仁、义、礼、智、信"。那"要道"是什么呢？是父子、君臣、夫妇、兄弟、朋友的五伦之道，所以"孝"包含了这"五伦"之道。"孝"又是"教之所由生"，那什么是"教"呢？是"礼、乐、政、刑"，所以"孝"包含了"礼、乐、政、刑"。"孝"又分五等之孝：第一等是"天子之孝"，"天子之孝"包括哪些方面呢？包括爱亲，而爱亲又包括"早谕教、均慈爱、敦友恭、亲九族、体臣工、重守令、爱百姓、课农桑、薄税敛、备凶荒、省刑罚、恤征戍"十二项。"爱亲"之后，还要"敬亲"，"敬亲"包括哪些方面呢？包括"事天地、法祖宗、隆郊配、严宗庙、重学校、崇圣学、教宫闱、论官材、优大臣、设谏官、正纪纲、别贤否、制国用、厚风俗"十四项。第二等是"诸侯之孝"，"诸侯之孝"包括哪些方面呢？包括爱亲、敬亲、不骄、不溢。第三等是"卿大夫之孝"，"卿大夫之孝"包括哪些方面呢？包括爱亲、敬亲、法服、法言、德行。第四等是"士之孝"，"士之孝"包括哪些方面呢？包括爱亲、敬亲、事君忠、事长顺。第五等是"庶人之孝"，"庶人之孝"包括哪些方面呢？包括爱亲、敬亲、用天道分地利、谨身节用。你看，一个"孝"字把一个国家上上下下、方方面面的事情都包括进去了！那这一部《孝经》不是正如中山先生所说的"几乎无所不包，无所不至"吗？

中国人自古重视现实生活，不重视所谓"彼岸世界"。重视家庭生活，往往为其精神之寄托。而家庭伦理最重要的，就是一个"孝"字。所以胡适先生说："外国人说我们没有宗教，我们中国是有宗教的，我们的宗教，就是儒教，儒教的宗教信仰，便是一个'孝'字。"[12]中国许多人看似没有宗教信仰，把"精神家园"建立在现实的家庭生活之中。他们重视家庭、重视孝道的那种情感，实际亦颇类似于一种宗教的感情。

所以，如果有人问，用哪一个字可以概括中国人的道德精神，或者说，中华民族最核心的价值观念是什么？我们的回答是"孝"。这不是我们的个人观点。《孝经》本身以及《孝经》学派就是这么认为的。我们来看《孝经》首章"开宗明义章"是怎么提出问题的："仲尼居，曾子侍。子曰：'先王有至德要道，以顺天下，民用和睦，上下无怨。汝知之乎？'曾子避席曰：'参不敏，何足以知之？'子曰：'夫孝，德之本也，教之所由生也。'"[13]又，《孝经·圣治章第九》载曾子曰："敢问圣人之德，无以加于孝乎？"子曰："天地之性，人为贵。人之行，莫大于孝。"[14]这也就是说，关于儒家的学问，抓住了"孝"，就是抓到了"至德要道"，就是抓到了政教的根本。

在中国人的心中，没有类似西方基督教那种对"上帝"的信仰，却有一种"良心"的自我坚守。这种"良心"的自我坚守有三条"公理"来支撑，而所谓"公理"是不言自明，无须论证的。

第一条公理，叫"报本反始"。万物本乎天，人本乎祖，"报本反始"就是尊礼天地、追孝始祖，由此而有"敬天法祖"的理念。就人类而言，是天地所生；就个人而言，是父母所生，父母又有父母，一直可以上推至远祖，这样推上去，许多不同的族群即可能原出于共同的祖先，由此又有"协和万邦""四海之内皆兄弟"的理念，有"民胞物与"的理念，等等。

第二条公理，叫"知恩图报"。知恩图报是做人的起码道德。不能知恩图报，或者恩将仇报、以怨报德，那就是小人，甚至禽兽不如，由此而有君子、小人之分，有人、禽之分。对于儒家学者来讲，不仅父母有养育之恩，师友、乡里、社会、国家以至天地都有恩于自己，应该"知恩图报"。这是一种报答的感情和心态。在儒者看来，人一生下来，就欠社会许许多多，所以应该"报答"，报答是一种境界，报答越多，境界越高。儒学与基督教、伊斯兰教等宗教信仰不同，儒学是一种"意义的信仰"，所谓意义，是生命的意义，一个人对社会报答越多，境界就越高，其生命就越有意义。

第三条公理，叫"将心比心"。你孝敬父母，别人也孝敬父母；你慈爱幼子，别人也慈爱幼子。因而推己及人，老吾老以及人之老，幼吾幼以及人之幼。由此得出道德的最基本原则，所谓道德金律："己所不欲，勿施于人。"（《论语·颜渊》）"己欲立而立人，己欲达而达人。"（《论语·雍也》）

中国人的"孝道"观，是建立在这三条公理之上的，所以《孝经》说："夫孝，天之经也，地之义也，民之行也。"[15]不仅中国人的"孝道"观建立在这三条公理之上，中国人的一切道德理论都建立在这三条公理之上。

第二节 《孝经》的思想特色及其历史影响

《孝经》与先秦其他儒家文献相比，有许多相通一致之

处，但也具有其本身的思想特色。在这一节中，我们专门从《孝经》中拈出几个有思想特色的问题来讨论。

（一）"天子之孝"

以前儒家文献谈"孝"，一般并不因人的社会等级不同而谈不同类型的"孝"，《孝经》则明确谈"五等之孝"。我们在先秦儒家文献中，所能看到的是《大戴礼记·曾子本孝》中载有这样的话："君子之孝也，以正致谏。"（注：谓卿大夫）"士之孝也，以德从命。""庶人之孝也，以力恶食。"（注：分地任力致甘美）[16]从中可以模糊地看到君子之孝、士之孝、庶人之孝的等级。而《礼记·祭义》说："祀乎明堂，所以教诸侯之孝也。"其下文尚有"所以教诸侯之弟""所以教诸侯之德""所以教诸侯之养""所以教诸侯之臣"等句[17]，其意是说，西周的一些礼制是为了诱导诸侯能孝、能弟、能德、能养、能臣。其中的"诸侯之孝"并不是一个专门的名目。

至于"天子之孝"，在先秦其他文献中从未明确提及，这是非常特殊的。《孝经》说："爱亲者不敢恶于人，敬亲者不敢慢于人，爱敬尽于事亲，而德教加于百姓，刑（型）于四海，盖天子之孝。"[18]这是对帝王个人所提出的品德要求，即他虽然贵为天子，但也有父母兄弟，也应该像所有人那样奉行"孝悌"之德。我们在研究董仲舒时，认为他提出的"屈君以伸天"，是抬出"天"来压人君。同样，《孝经》提出"天子之孝"，也是用"孝"来压人君，使其行为不致放荡失检，而有所顾忌。实际上，用"孝"来压人君，人君还是比较容易接受的。这里举两个例子：

第一个例子，昔日秦始皇母亲与嫪毐秽乱后宫，秦始皇得知，欲治嫪毐之罪。嫪毐恐惧，矫王御玺，发兵为乱。秦始皇使人击杀之，夷三族。怨母后失行，迁之于雍，与世人隔绝。当时群臣进谏而死者十几人，齐人茅焦冒死进谏说："秦方以天下为事，而大王有迁母太后之名，恐诸侯闻之，由此倍（背）秦也。"[19]秦始皇听后，乃迎太后于雍。这是说即使一向崇尚法家、不可一世的秦始皇也怕背上"不孝"的恶名，而引起天下人的反感。

第二个例子，汉宣帝的第三个儿子叫刘宇，被封为东平王，他对母后不孝。汉宣帝死后，汉元帝即位。东平王母亲告到汉元帝那里，说我没有这个儿子，我去给先皇守陵园。那时的制度，嫔妃无子，才去守陵园。所以汉元帝派遣太中大夫张子蟜奉玺书责问东平王说："皇帝问东平王，盖闻亲亲之恩莫重于孝，尊尊之义莫大于忠。诸侯在位不骄，以致孝道；制节谨度，以翼天子。然后富贵不离其身，而社稷可保。今闻王自修有阙，……惟王之春秋方刚，忽于道德，……故临遣太中大夫子蟜谕王朕意。孔子曰：'过而不改，是谓过矣。'王其深惟孰思之，无违朕意。"[20]你看，汉元帝的诏书就好像是给东平王上《孝经》课，这说明《孝经》乃至孝道对当时的皇亲贵族是有很大的制约力的。

这两个例子说明，强调"天子之孝"或"诸侯之孝"，一方面对皇帝本人和皇亲贵族有一定的约束力，另一方面也在鼓励他们为天下人做出表率。

正因为中国人讲孝道，所以历史上每当小皇帝即位时，便引出太后"垂帘听政"的事情来。小皇帝在亲政之前，即使有顾命大臣，许多大的决策都须由太后最后做出。这种情况的发生，正是由传统文化中的孝道所内在决定的。由此可见，《孝经》中的孝道观念对中国古代社会的政治生活影响之深远。

（二）以孝治天下

《孝经》中明确讲"明王之以孝治天下"。提倡孝道，对于治理天下真的有帮助吗？我们的回答是肯定的。这个道理很简单，因为孝道可以引导许许多多孩子在家庭成长过程中成为一个驯顺守规矩的人，这样的人将来为国家社会服务也将会是一个驯顺守规矩的人。用《孝经》中所引孔子的话说："君子之事亲孝，故忠可移于君；事兄悌，故顺可移于长。"[21]这叫"移孝作忠""移悌作顺"。

战国时期，秦国长期奉行法家政策，曾以"孝悌"为"六虱"之一。秦统一天下后不久便灭亡了，贾谊的千古名篇《过秦论》总结秦王朝覆灭的教训是："仁义不施，而攻守之势异也。"[22]清代的阮元则认为贾谊的认识不够透彻。在他看来，"秦祚不永，由于不仁，不仁本于不孝，故至于此也。贾谊知秦之不施仁义，而不知秦之本于不知《孝经》之道也"。因为"不孝则不仁，不仁则犯上作乱，无父无君，天下乱，兆民危矣"[23]。相比较而言，阮元的认识可以说是更深刻的。我们赞成他的观点：秦朝灭亡，其根本原因在于"秦之本于不知《孝经》之道也"。

笔者以前曾纳闷，汉朝统治者"以孝治天下"，是谁教给他们的？史书上并未见有人建议他们"以孝治天下"呀！现在笔者明白是因为此时《孝经》一书的出现，告诉了他们这个道理。所以汉代皇帝，自汉惠帝以下，几乎每个人的谥号都加一个"孝"字。汉代选拔官吏也注重选拔孝者、廉者[24]，称为"举孝廉"。"求忠臣必于孝子之家"，这是那时统治者的想法，东汉明帝甚至要求期门、羽林宿卫军士悉通《孝经》[25]。这些都突显了汉代"以孝治天下"的特点。

汉王朝"以孝治天下"，应该说是很成功的。特别是到了东汉时期，知识分子崇尚节操已经蔚成风气，"依仁蹈义，舍命不渝"，被顾炎武称赞为"三代以下，风俗之美，无尚于东京者"。[26]

汉王朝"以孝治天下"的政治经验也影响了后世。唐玄宗不仅亲自领衔为《孝经》作注，而且在全国发布诏令："自古圣人皆以孝理（治），五常之本，百行莫先。移于国而为忠，事于长而为顺。永言要道，实在弘人。自今已后，令天下家藏《孝经》一本，精勤诵习。乡学之中，倍增教授。"[27]

北宋时期，礼部规定武学减去《三略》《六韬》《尉缭子》等兵学课程，让武勇之士增习《孝经》《论语》《孟子》，被人批评为"迂阔"，程颐出来帮助辩解说"尚未足为迂阔"[28]。

而清朝初期的三位皇帝都曾大力弘扬《孝经》，连续出了三部"御定"本《孝经》:《御定孝经注》（顺治）、《御定孝经衍义》（顺治、康熙）、《御纂孝经集注》（雍正）。这些都是为"以孝治天下"作理论支撑的。

（三）立身扬名

中国古人的生命观念是这样的，即认为由先祖到自己，再到后代是一个生命连续体。一个人虽然死了，但只要有后代接续，那他的血脉就没有断。而只要血脉没断，他的生命就在延续，他生前的未竟之志，都有机会由其后代来完成。这样一个生命的连续体非常重视荣誉。前人有德，后人有荣；后人显名，前人有光。所以古代士人，把"光宗耀祖"当作人生的追求之一。正是在这样一种文化心理下，曾子提出：

> 身也者，父母之遗体也。行父母之遗体，敢不敬乎？居处不庄，非孝也；事君不忠，非孝也；莅官不敬，非孝也；朋友不信，非孝也；战阵无勇，非孝也。五者不遂，灾及于亲，敢不敬乎？……父母既没，慎行其身，不遗父母恶名，可谓能终矣。[29]

一个人立身处世，不仅要考虑到自己，也要考虑到父母和家庭，是否会因为自己的不良行为给父母和家庭带来恶名。这是最基本的人品。

《孝经》则从一种较高的层次提出：

> 立身行道，扬名于后世，以显父母，孝之终也。[30]

这种"立身行道，扬名于后世"的孝道思想对后世知识分子砥砺气节，影响很大。这里举两个例子：

第一个例子，《后汉书·范滂传》记载，范滂少厉清节，举孝廉。曾任清诏使、光禄勋主事，按察郡县不法官吏，举劾权豪，为此得罪了宦官权势集团。宦官权势集团制造"党锢之祸"，陷害忠良，范滂也在被抓名列，他怕逃走连累别人，主动投案自首。他的母亲为他送行说："汝今得与李（膺）杜（密）齐名，死亦何恨！既有令名，复求寿考，可兼得乎？"[31]滂跪受教，再拜而辞，非常悲壮。

第二个例子，《明史·吕维祺传》记载，明代著名理学家吕维祺，崇祯年间，官至南京兵部尚书。后归居洛阳，李自成农民军攻破洛阳，俘获吕维祺。农民军中有人认识这是"吕尚书"，欲释放之。吕维祺"不辱大节"，北向拜阙，复西向拜父母，乃从容就义。吕维祺著有《孝经本义》，他常说："我一生精神，结聚在《孝经》，二十年潜玩躬行，未尝少怠。"[32]他不愿意自己的名节受损，有辱祖先，以一死来实践《孝经》"立身扬名"的精神。这些例子都说明提倡孝道对知识分子砥砺名节起了很大的作用。

当然历史上也有人为了"举孝廉"的进身需要而弄虚作假的，但那毕竟是少数人，这里我们就不去提它了。

第三节 《孝经》的成书年代与作者问题

回过头来，我们来讨论《孝经》的成书年代与作者问题及撰作动机。这个问题本应在前面交代，但因为它比较复杂，又不很确定，所以我们把它放在后面来探讨。

（一）关于《孝经》成书年代

关于《孝经》的成书年代，有五条材料指向先秦。其一，东汉蔡邕作《明堂论》，其中曰："魏文侯《孝经传》曰：'太学者，中学明堂之位也。'"[33]魏文侯为战国初期有名的贤君，曾以子夏为师。其二，吕不韦《吕氏春秋》曾两次援引《孝经》之文，其中一次明言"《孝经》曰"，今录之："《孝经》曰：高而不危，所以长守贵也；满而不溢，所以长守富也。富贵不离其身，然后能保其社稷，而和其民人。"[34]与《孝经》原文全同。其三，《古文孝经》与《古文尚书》同出于孔子故宅屋壁之中。孔子屋壁藏书之年当在秦始皇焚书之时。其四，秦禁书，河间人颜芝藏《孝经》。其五，陆贾《新语》卷上《慎微》："孔子曰：'有至德要道以顺天下。'言德行而天下顺之矣。"[35]所引孔子之言，见于《孝经》。而陆贾是秦末汉初之人，则孔子此语当出自先秦之时。唯陆贾未明称此语出自《孝经》，或可作别种解释。

魏文侯作《孝经传》之事，事涉太早，学者多不信从。秦末颜芝藏《孝经》之事，因为其说至唐初方出，似不宜作为证据。陆贾《新语》所引孔子之语因未明标出自《孝经》，似亦只可作为参考，而不作为证据。但《吕氏春秋》曾两次援引《孝经》之文，且孔子故宅屋壁中藏有《孝经》，据此两条资料，如说《孝经》成书于先秦，应该可以成立。《吕氏春秋》成于秦王政即位八年（前239），这或许可以作为《孝经》成

书的下限。

我们考察《孝经》的成书年代，还有一个间接的方法，就是它与《左传》文字多有雷同，有抄袭《左传》之嫌。这一点，宋代陈骙《文则》卷上已经指出，今条列如下：

1.《左传·昭公二十五年》："夫礼，天之经也，地之义也，民之行也。天地之经，而民实则之。则天之明，因地之性。"[36]

《孝经·三才章》："子曰：夫孝，天之经也，地之义也，民之行也。天地之经，而民是则之，则天之明，因地之利。"[37]

（此条只有"孝""是""利"三字与《左传》不同。）

2.《左传·襄公三十一年》北宫文子对卫襄公曰："故君子在位可畏，施舍可爱，进退可度，周旋可则，容止可观，作事可法，德行可象。"[38]

《孝经·圣治章》："君子则不然，言思可道，行思可乐，德义可尊，作事可法，容止可观，进退可度。"[39]

（此条"作事可法，容止可观，进退可度"三句皆见于前引北宫文子之言。其余文字虽不同，句法却相同。每句第三字皆为"可"字。）

3.《左传·宣公十二年》士贞子谏晋景公："林父之事君也，进思尽忠，退思补过。"[40]

《孝经·事君章》："子曰：君子之事上也，进思尽忠，退思补过。"[41]

（此条"进思尽忠，退思补过"两者相同。"君子之事上也"与"林父之事君也"句式亦相同。）

4.《左传·文公十八年》季文子对鲁宣公："以训则昏，民无则焉。不度于善，而皆在于凶德。"[42]

《孝经·圣治章》:"以顺则逆,民无则焉,不在于善,而皆在于凶德。"[43]

(此条文字稍有不同。)

两相比较,这里明显存在抄袭的问题,是《左传》抄袭《孝经》,还是《孝经》抄袭《左传》?《左传》中凡引《诗》《书》,皆明称"《诗》曰""《书》曰",为什么援引这么多次《孝经》之文,一次也不说明呢?朱熹同样看到了《孝经》与《左传》的雷同之处,他指出,这些雷同之语"在《左传》中自有首尾,载入《孝经》都不接续,全无意思,只是杂史传中胡乱写出来,全无义理,疑是战国时人斗凑出者"[44]。我们赞同这个见解,这是《孝经》抄袭了《左传》。那么《左传》成书在什么时候呢?《左传》中记载了陈敬仲后代田氏代齐的占筮预言。公元前386年,周安王正式册命田和为齐侯,姜姓齐国为田氏齐国所取代。《左传》自当作于"田氏代齐"事件之后,《孝经》既然多处抄袭《左传》,则其成书不应早于此时。

综合上面考证,我们或许可以将《孝经》成书定在公元前386年至前239年的大致范围之间,这是战国中期至后期。具体一点说,这正是孟子生年与荀子卒年之间,儒家各个学派很活跃的时期。

(二)关于《孝经》的作者及撰作动机

1. 孔子所作

郑玄《六艺论》曰:"孔子以六艺题目不同,指意殊别,恐道离散,后世莫知根源,故作《孝经》以总会之。"此说认为《孝经》为孔子自作,其撰作动机是有鉴于六经义理太多,怕使人流入支流末节,故作《孝经》,以孝道来总会六经的

义理。

孙奭《孝经注疏·序》将当时孔子作《孝经》的情景说得活灵活现："先儒或云夫子为曾参所说。此未尽其指归也。盖曾子在七十弟子中孝行最著。孔子乃假立曾子为请益问答之人，以广明孝道。既说之后乃属与曾子。"[45]因为前人提出《孝经》不是孔子所作，是孔子传授给曾子，由曾子撰作。所以此序作者反驳说，孔子假定曾子为请益之人，以师弟问答的形式写出《孝经》，写出后授给了曾子。这样解释，看似抬高了《孝经》，却使孔子有虚构情景之嫌。

清代，由于顺治、康熙、雍正三位皇帝都重视《孝经》，乃至亲自领衔为《孝经》作注作序，所以清代学者也都致力维护《孝经》的崇高地位，例如阮元就坚决主张《孝经》是孔子自作，并认为是孔子自己定名为《孝经》的，以后儒家诸经缀以"经"字，皆发端于此。释、道二教名其经典，也袭取于此。他说：

> "孝经"二字标题，乃孔子所自名。故孔子曰："吾行在《孝经》。"《史记》："孔子以曾子为能通孝道，故授之业，作《孝经》。"《汉书·艺文志》曰："夫孝，天之经，地之义，民之行也。举大者言，故曰《孝经》。"据此诸古籍，知"经"之一字，始于此书。自此之后，五经、六经、七经、九经、十三经之名，皆出于此。释、道之名其书曰"经"，亦始袭取于此。[46]

如上所述，以汉郑玄、宋孙奭、清阮元为代表，认为《孝经》的作者是孔子本人。

2. 曾子所作

《古文孝经孔氏传·原序》，旧传为孔安国所作，或认为是隋刘炫伪作。真伪不明，作为古人一种观点，姑引于此："曾参躬行匹夫之孝，而未达天子、诸侯以下扬名显亲之事，因侍坐而咨问焉，故夫子告其谊，于是曾子喟然知孝之为大也，遂集而录之，名曰《孝经》，与五经并行于世。"[47]这是解释《孝经》撰作的缘起。但从《孝经》本文看，并非曾子"咨问"在先，孔子始"告其谊"，而是孔子主动传授给曾子的。

司马迁《史记·仲尼弟子列传》："曾参，……少孔子四十六岁，孔子以为能通孝道，故授之业。作《孝经》，死于鲁。"[48]司马迁也主张曾子作《孝经》之说。司马迁曾从孔安国问学。若上引材料果真出自孔安国的手笔，那两人观点倒是一致的。

3. 曾子后学

我们在前面谈到《孝经》的成书年代时，已论证《孝经》大致成书于公元前386年至前239年之间，这已经说明《孝经》不可能是孔子或曾子所作。更不要说《大戴礼记》有曾子学派文献十篇：《曾子立事》《曾子本孝》《曾子立孝》《曾子大孝》《曾子事父母》《曾子制言上》《曾子制言中》《曾子制言下》《曾子疾病》《曾子天圆》，其中只字未提《孝经》之文。这间接说明曾子本人以及早期曾子学派应无作《孝经》之事。

曾子学派以重视"孝道"著称于世，《孝经》当为曾子学派应无疑义。不过这应该是后期曾子学派所作，作者为了加强论述的分量和力度，虚构了一个孔子、曾子对话的场景。《孝经》开篇讲："仲尼居，曾子侍。"仲尼是孔子的字，在古代，在姓氏后面加"子"或"夫子"是尊称，是"老师"的意思。若说《孝经》是孔子自作，孔子不应自称"仲尼"，而称曾参为"曾子"；若说《孝经》是曾参所作，曾参也不

311

应自称"曾子"。这是很浅显的道理。但古人为了维护《孝经》的权威，非要将它说成孔子或曾参所作。其实，从"仲尼居，曾子侍"的叙述方式看，《孝经》明白无误地是曾子后学所作。

虽然《孝经》不是孔子或曾子所亲作，但这不影响《孝经》在中国文化中的特殊重要地位。

注释：

［1］〔清〕孙诒让撰，孙启治点校：《墨子间诂》，北京：中华书局，2001年，第100—101页。

［2］〔魏〕王弼著，楼宇烈校释：《王弼集校释》，北京：中华书局，1980年，第45页。

［3］〔魏〕何晏等注，〔宋〕邢昺疏：《论语注疏》，〔清〕阮元校刻：《十三经注疏》，北京：中华书局，2009年，第5335页。按：本章所引《论语》均为此版本，仅注书名与篇名。

［4］［5］〔汉〕刘向撰，向宗鲁校证：《说苑校证》，北京：中华书局，1987年，第56，57页。

［6］［23］〔清〕阮元著，邓经元点校：《揅经室集（上）》，北京：中华书局，1993年，第52，48页。

［7］引自〔清〕叶方蔼等奉敕编：《御定孝经衍义》，《景印文渊阁四库全书》第718册，台北：商务印书馆，1986年，第23页。

［8］〔明〕曹端，〔清〕张伯行辑：《曹月川集》，《景印文渊阁四库全书》第1243册，第28页。

［9］〔明〕黄道周：《孝经集传》，《景印文渊阁四库全书》第182册，第157页。

［10］章太炎、章念驰：《章太炎演讲集》，上海：上海人民出

版社，2011年，第343页。

［11］孙中山：《三民主义》，北京：九州出版社，2012年，第58页。

［12］转引自严协和：《孝经白话注释》，西安：三秦出版社，1989年，第5页。

［13］［14］［15］［18］［21］［30］［37］［39］［41］［43］〔唐〕李隆基注，〔宋〕邢昺疏：《孝经注疏》，〔清〕阮元校刻：《十三经注疏》，北京：中华书局，2009年，第5525，5551，5543，5526—5527，5562，5526，5543，5554，5567，5553页。

［16］〔清〕王聘珍撰，王文锦点校：《大戴礼记解诂》，北京：中华书局，1983年，第80页。

［17］［29］〔汉〕郑玄注，〔唐〕孔颖达等正义：《礼记正义》，〔清〕阮元校刻：《十三经注疏》，第3472，3469页。

［19］［22］［48］〔汉〕司马迁：《史记》，北京：中华书局，1959年，第227，282，2205页。

［20］〔汉〕班固：《汉书》，北京：中华书局，1962年，第2320—2321页。

［24］《汉书·武帝纪》：汉武帝元光元年（前134），"令郡国举孝廉各一人"，颜师古注："孝"谓善事父母者，"廉"谓清洁有廉隅者。（〔汉〕班固：《汉书》，第160页。）

［25］《后汉书·儒林传》称：汉明帝时，"自期门、羽林之士，悉令通《孝经》章句"。《后汉书·樊宏传》所录樊准奏章也言及汉明帝时"期门、羽林介胄之士，悉通《孝经》"。（参见〔南朝宋〕范晔撰，〔唐〕李贤等注：《后汉书》，北京：中华书局，1965年，第2546，1126页。）

［26］〔清〕顾炎武著，〔清〕黄汝成集释，栾保群、吕宗力校点：《日知录集释》，上海：上海古籍出版社，2006年，第752页。

［27］〔宋〕李昉等编:《文苑英华》卷四百二十五,《景印文渊阁四库全书》第 1337 册, 第 27 页。

［28］〔宋〕程颢、程颐著, 王孝鱼点校:《二程集》, 北京:中华书局, 2004 年, 第 572 页。

［31］〔南朝宋〕范晔撰,〔唐〕李贤等注:《后汉书》, 第 2207 页。

［32］引自〔清〕魏裔介著, 魏连科点校:《兼济堂文集》, 北京:中华书局, 2007 年, 第 283 页。

［33］〔汉〕蔡邕:《蔡中郎集》,《景印文渊阁四库全书》第 1063 册, 第 181 页。

［34］许维遹撰, 梁运华整理:《吕氏春秋集释》, 北京:中华书局, 2009 年, 第 420 页。

［35］王利器:《新语校注》, 北京:中华书局, 1986 年, 第 98 页。

［36］［38］［40］［42］〔晋〕杜预注,〔唐〕孔颖达等正义:《春秋左传正义》,〔清〕阮元校刻:《十三经注疏》, 第 4576, 4378, 4088, 4041 页。

［44］〔宋〕黎靖德编, 王星贤点校:《朱子语类》, 北京:中华书局, 1986 年, 第 2142 页。

［45］转引自〔清〕朱彝尊原著, 林庆彰等编审, 张广庆等点校:《点校补正经义考》第 6 册, 台北:“中央研究院”中国文哲研究所筹备处, 1997 年, 第 844 页。按:《孝经注疏·序》或题傅注撰。

［46］〔清〕阮元著, 邓经元点校:《孝经解》,《揅经室集(上)》, 第 48—49 页。按:此处阮元理解《史记》原文或有误。司马迁作《仲尼列传》时, 并未说他作《孝经》, 而在作《仲尼弟子列传》讲到曾参时说:“曾参, 南武城人, 字子舆, 少孔子四十六岁。孔子以为能通孝道, 故授之业。作《孝经》, 死于鲁。”(〔汉〕司马迁:《史记》,

第 2205 页。)是说曾参作《孝经》,死于鲁。而非说孔子。

〔47〕旧题〔汉〕孔安国:《古文孝经孔氏传》,《景印文渊阁四库全书》第 182 册,第 5 页。